Qingsong Yuer Mingjia Zhidao

轻松育儿名家指导

付娟娟/编著

中国人口出版社
China Population Publishing House
全国百佳出版单位

图书在版编目（CIP）数据

轻松育儿名家指导／付娟娟编著．—北京：中国人口出版社，2014.9

ISBN 978-7-5101-2396-2

Ⅰ．①轻⋯ Ⅱ．①付⋯ Ⅲ．①胎教－基本知识 Ⅳ．①G61

中国版本图书馆CIP数据核字（2014）第221479号

轻松育儿名家指导

付娟娟 编著

出版发行	中国人口出版社
印　　刷	沈阳美程在线印刷有限公司
开　　本	820毫米×1400毫米　1/24
印　　张	10
字　　数	200千
版　　次	2014年11月第1版
印　　次	2014年11月第1次印刷
书　　号	ISBN 978-7-5101-2396-2
定　　价	35. 80元

社　　长	张晓林
网　　址	www.rkcbs.net
电子信箱	rkcbs@126.com
总编室电话	(010) 83519392
发行部电话	(010) 83514662
传　　真	(010) 83515922
地　　址	北京市西城区广安门南街80号中加大厦
邮政编码	100054

前 言

宝宝出生后，也许新父母们还没从兴奋中回过神来，就开始不得不面对许多措手不及的问题。有人形象地把婴儿比作完全无法沟通的裸机一部，且没配任何文档，待机极短，2小时一充，耗电量惊人，且无法退货更换走三包，随机需要大量周边配件，且铃声很烦，需要自己慢慢摸索着安装语音系统、操作系统。

随着宝宝慢慢长大，父母也许逐渐掌握了他的生活规律和脾气爱好，以上问题刚得以改善，新的问题又接踵而来：宝宝发育正常吗？母乳喂养遇到困难如何继续坚持？如何给宝宝添加辅食？如何杜绝宝宝营养不良或营养过剩？怎样保证宝宝的优质睡眠？怎样避免宝宝受到伤害？宝宝遇到危险怎么办？生病了怎么照护？宝宝各项能力都逐渐增强时，如何开发宝宝的潜能？宝宝的早期教育怎么做……

在孩子成长的每个阶段，父母都小心翼翼而又有些茫然，心里总有许多疑虑。

本书挑选了0~3岁宝宝在发育、饮食和营养、护理、常见疾病、早教五大方面最具代表性的问题进行详尽解答，相信父母在养育宝宝过程中遇到的许多问题都能在书中找到答案。

轻松育儿名家指导

目录

第一章 生长发育疑难指导

CONTENTS

第二章 喂养常见问题大全

CONTENTS

CONTENTS

第三章 宝宝护理常识

CONTENTS

CONTENTS

第四章 常见疾病轻松应对

CONTENTS

第五章 妈妈最关心的早教问题

第一章

生长发育疑难指导

宝宝健康成长，是每个父母最希望的事，然而每个宝宝发育都有其个体特征，父母无须过度纠结宝宝与同龄人的对比情况，也无须过度纠结宝宝的每一个发育数据。

宝宝发育情况监测

Baobao Fayu Qingkuang Jiance

体格发育常用指标有哪些

常用发育指标

生长发育指标是评价宝宝健康水平及营养状况的重要指标，常用的有下列几项：

1 体重：反映宝宝生长发育的最重要也是最灵敏的指标，它提示宝宝营养状况，尤其是近期的营养状况。体重受多种因素影响，如营养、辅食添加、疾病等。0~3个月体重增长最快，一般月增长600~1000克，最少不低于600克；3~6个月，月增长600~800克；6~12个月平均月增长300克，1岁以后生长速度明显减慢，1~3岁小儿平均每月体重增长150克。

2 身高：反映的是长期营养状况，短期内疾病和营养缺乏对身高的影响不大，主要受遗传、种族、环境影响。身高也是出生后第一年增长最快，平均第一年增长25厘米，第二年增长10厘米，第三年增长4~7.5厘米。

3 头围：反映宝宝脑发育的一个重要指标。出生时头围平均34厘米；1岁时平均46厘米；3岁时头围平均为48厘米，与成人相差不多。

4 胸围：反映身体形态与呼吸器官的发育情况，表示胸廓的容量及胸部骨骼、肌肉和脂肪的发育。宝宝出生时胸围小于头围，随着月龄的增长，胸围逐渐赶上头围，一般1岁时胸围与头围相等。由于现在营养状况普遍较好，不少宝宝不到1岁胸围就赶上头围。1岁以后胸围的增长速度明显大于头围，并逐渐超过头围。

如何测量宝宝的发育情况

在宝宝半岁前，以上指标应该每个月测量一次，具体测量方法如下：

1 体重测量方法：让宝宝排空大小便，去除鞋帽、衣服，只留短裤，测量三次取平均值，就是宝宝的体重值。如果室温较低，不能脱衣服，测量值要减去衣服的重量。可以把每次的测量值记录下来，绘成体重增长曲线，监测宝宝发育是否正常。

2 身高测量方法：脱去鞋帽、袜子，让宝宝仰卧在测量板上，头和肩胛、臀部、双足跟贴紧测量板，压平双膝，读取头顶和脚底延长线的距离。测量三次取平均值，即为宝宝的身长。身长值记录下来，可以做成

身长增长曲线。

3 头围测量方法：将一条软皮尺，沿着眉间过后脑勺最突出处，围绕头部一周，所得出的数值即为宝宝的头围值。

4 胸围测量方法：用一条软皮尺，沿着两乳头间连线，向后过双侧肩胛骨绕胸部一周得出的数值为胸围值。

如何绘制发育曲线

怎么知道宝宝生长发育是否正常，怎么掌握宝宝的自身生长发育规律呢？这就要利用生长发育曲线了。生长发育曲线是通过检测众多正常婴幼儿发育过程后描绘出来的，整个曲线由若干条连续曲线组成。

如何绘制发育曲线

宝宝的体重、身高一般随年龄的增大而增加，但也不是一个呈直线上升的过程，而是有一定规律的。所以，可以在宝宝出生后第一年每个月各称一次体重和量一次身高；1~3岁，每隔半年进行一次。将每次结果都标在生长发育图上，描成体重曲线和身高曲线。

宝宝的体重曲线与标准体重曲线平行，表示生长速度正常；体重曲线平坦或向下，则表示生长缓慢，应积极寻找原因。宝宝的身高曲线与标准身高曲线平行，表示生长速度正常；身高曲线平坦，则表示生长缓慢，应积极寻找原因。通常情况下，身高曲线是不会向下的，除非测量的方法不准确。

绘制发育曲线注意事项

做顺时记录：每月为宝宝量一次身高、体重和头围，把测量的结果记录在生长发育曲线表上。

连线观察：把每月描出的点连成一条曲线，观察宝宝的生长曲线是否一直在正常范围内，并且是匀速顺时增长。

做横向比较：每2~3个月，需要对生长曲线增长速度进行一次比较，如果出现突然增减，需要引起注意，必要时，带宝宝到医院进行检查。

如何给宝宝做智力测试

智力测试是对智力进行科学的测试，检查宝宝智力发展和智力结构状况。宝宝的智力测试是根据正常宝宝各个年龄段智力发育的典型表现，设计出各种项目反映宝宝精神发育各方面的能力。如常识、理解、记忆、算术、字词、符号、图像、排列、拼图等。

智力测试的方法

对于0~3岁的宝宝，主要采用筛查法，目前多用“丹佛婴儿智力发育量表”（简称DDST）。该方法包括测试宝宝的个人—社会适应、精细动作、语言和大运动四方面的能力，共有104个项目。可以在短时间内筛查出在生长发育或智力方面有问题的宝宝，是一种比较简单、快速、经济的方法。

不必过分纠结某次测试结果

智力测定是受很多条件的限制和影响的：首先测定智力的人员必须经过正规的培训，智力测定的环境要求安静、舒适，甚至对室内设备、光线、温度、湿度等都有严格的规定。此外，测评人说话的速度、声调、眼神等都可能对宝宝产生影响。宝宝当时的情绪、态度、以往的生活经验都会影响测试结果。所以对测试结果的解释要慎重，一次测试只能说明宝宝此时段的智力状态，不能轻易下结论。

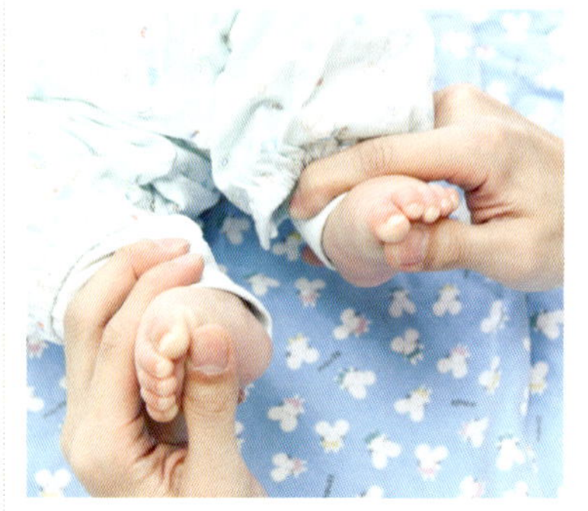

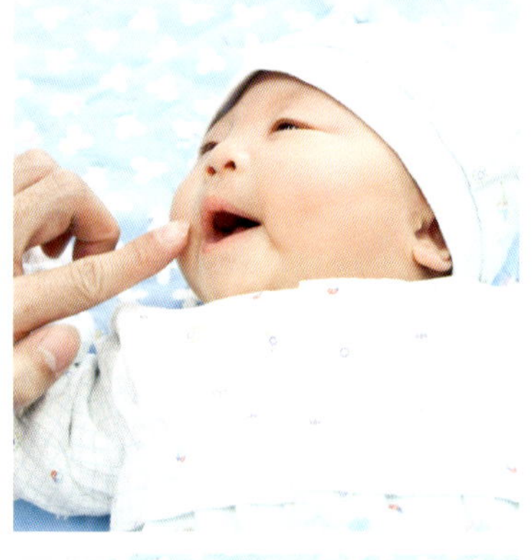

身高体重增长缓慢

Shengao Tizhong Zengzhang Huanman

宝宝的发育有什么规律

1 宝宝生长发育有一定顺序性。一般遵循从上到下、从粗到细、从近到远、从简单到复杂的规律。如出生后运动发育的规律是：先抬头，后抬胸（从上到下）；从抓握到手指拾取（从粗到细）；从腿到脚的活动（近到远）；先画直线，后画圈、图形（简单到复杂）。

2 宝宝生长发育是连续的、有阶段性的。生长发育在整个儿童时期不断进行，但各年龄阶段生长发育有一定的特点，不同年龄阶段生长速度不同。

3 宝宝生长发育有个体差异。宝宝生长发育虽有一定规律，但受遗传和环境的交互影响，存在相当大的个体差异。世界上没有两个宝宝是完全相同的，所以不要总是拿自己宝宝的弱项和其他宝宝的优势进行比较。

有的宝宝可能因为种种原因，如早产等，出生时体重就比同年龄同性别的宝宝低，因此他们需要更多的时间来追赶，以达到“标准体重”；有的可能就一直处于正常范围的低水平，但只要他自己的生长曲线是和标准血线平行增长的，并且在两个标准差之内，就可以认为是正常的。

4 宝宝的发育不是直线式的。宝宝发育速度是不均衡的，某一时段生长速度波动较大，有时较小。比如宝宝有时候一个月不长高，下个月会猛长，也有的宝宝一两个月不出牙，下一个月一次出1~2对牙等，所以父母也不用过分纠结每个月的数据。

怎么判定宝宝发育缓慢

判定宝宝发育有多项指标，一般根据宝宝本应该出生的时间，即预产期，而不是实际出生日来评估宝宝的发育状况，发育缓慢可能出现在一个或者几个方面：大运动和精细运动技能，如蹦跳与搭积木等；自理技能，如上厕所训练与穿衣服等；社交技能，如眼神交流及与他人玩耍等；与理解力相关的接受能力和说话相关的表达能力等。平时可通过身高生长曲线来判断，需要注意的是，每个宝宝的发育都不是绝对同步的，有早有晚，大致相同即可。

宝宝出生后3个月，平均每月长3.5厘米；出生后3~6个月，平均每月长2.0厘米；出生后6~12个月，平均每月长1.0~1.5厘米；宝宝出生第一年平均长25厘米，第二年平均长10厘米，第三年平均长7厘米。如果宝宝增长速度低于上述值的70%，那么可以判断为长得慢。宝宝应该注意合理喂养，不偏食、不挑食，少吃零食，保证充足的睡眠，经常运动，促进身体生长。

为什么身高体重增长缓慢

宝宝身高体重增长缓慢应该考虑四个方面的原因：

1 摄入营养不足。宝宝出生后，由母乳或牛乳喂养，其中，母乳的蛋白质丰富，有利于肠道食物的消化、吸收，因此，只要母乳充足，宝宝出生头半年体重增长迅速。但添加辅食后，宝宝吃奶量更少。宝宝并不像成人一样，一日三餐就饱了，宝宝辅食以淀粉类食物为主，蛋白质和钙、磷等矿物质含量不足，且消化系统对蛋白质的消化、吸收能力仍较差。此时，奶量供应不足，会影响宝宝的生长发育。

2 消化和吸收不良。消化不良表现为大便中含有很多未消化的食物颗粒。比如，尚无磨牙的9个月宝宝进食块状食物，就会因为咀嚼不够，引发吸收不良。吸收不良一般表现为大便性状好，但排便量多，这个时候就应该调整宝宝的饮食结构。

3 作息时间无规律。当宝宝的生活无规律时，如没有固定的进餐时间，睡眠不定时，致使吃饭不香、睡眠不实，导致食欲缺乏，身高体重增长慢。

4 病理原因。当宝宝患有各种疾病时也会表现为身高体重不增。患病时由于食欲减退，胃肠消化吸收不良，以及发热、腹泻等消耗增加，使人体的营养素入不敷出，家长应带宝宝到医院仔细检查，及时治疗。

促进宝宝动作发育

Cujin Baobao Dongzuo Fayu

按摩对发育有什么好处

给宝宝按摩有利于增进父母与宝宝的情感，还有利于帮助宝宝加快新陈代谢、减轻肌肉紧张等。给宝宝按摩对发育的好处多：

1 体重增加。通过对宝宝按摩，有助于对食物的消化、吸收和排泄，可以让宝宝体重增加。

2 安抚情绪。按摩可以降低某些压力激素，并且增加抵抗力。当宝宝哭闹时，身体会产生压力激素，这时免疫力会下降。通过按摩可以让宝宝的压力降低，免疫力恢复，放松情绪。

3 促进大脑和神经系统发育发展。通过皮肤接收到不同力度感官的刺激，传到大脑兴奋中枢感受点，多次刺激后形成由神经元构成的兴奋灶，加上无数条通往其他部分的神经纤维，刺激神经细胞形成和触觉的联系，促进宝宝的大脑和神经系统发育。

4 增强宝宝语言和认知能力。边按摩边说出按摩部位的名称，如按摩小手时，就说“按按宝宝的小手”，久而久之有利于提早认知该部位的名称。

5 促进与宝宝的感情。按摩做久了后也可以一边按摩一边与宝宝说话交谈，和宝宝两眼对视都可以促进感情交流。

6 减轻疼痛。按摩可以让疼痛减轻，这从宝宝的反应就可观察出。一个哭闹不休、身体不舒服的宝宝，借着按摩可以让他安静下来。例如胸部按摩可以使呼吸顺畅，腹部按摩可以消除胀气。

给宝宝按摩的方法

给宝宝按摩最好每天一次，室内光线不要太亮，室温在25~28℃。最佳按摩时间为喂奶1小时后，接触宝宝身体之前首先要让自己的双手温暖起来。

1 给宝宝热身。妈妈坐好伸直双腿，让宝宝脸朝上躺在腿上，头朝双脚的方向。在胸前打开再合拢他的胳膊，这能使宝宝放松背部，肺部可以更好地呼吸。然后上下移动宝宝的双腿，模拟走路的样子，这个动作使大脑的两侧都能得到刺激。

2 按摩胳膊和双手：用一只手轻握着宝宝的左手并将他的胳膊抬起，用另一只手按摩宝宝左胳膊，从肩膀到手腕，然后每一个手指的按摩，轻轻摩擦宝宝的小手，将他的手掌和手指打开。右侧做同样的动作。

3 按摩胸部。两手分别从胸部的外下侧向对侧肩部轻轻按摩，然后由上而下反复轻抚宝宝的身体，这个动作使宝宝呼吸循环更顺畅。

4 按摩腹部。轻轻地用整个手掌从宝宝的肋骨到骨盆位置按摩，用手指肚自右上腹滑向右下腹，左上腹滑向左下腹。多给宝宝做做腹部按摩，有助于肠胃蠕动和气体排出，可以帮助改善消化、吸收状况，缓解腹胀。

5 按摩腿部和脚部。用一只手扶着宝宝左脚踝，把左腿抬起，用另一只手按摩宝宝的左腿，从臀部到脚踝，然后用手掌抚摸宝宝的小脚丫，从脚后跟到脚趾自下而上地按摩。右侧做同样的动作。按摩腿脚能够增强宝宝的协调能力，使宝宝的肢体更灵活。

6 按摩背部。让宝宝俯卧在床上，用手掌从宝宝的脖子到臀部从上到下地按摩。也可以用一只手托起宝宝的臀部，另一只手轻轻地从脖子慢慢向下揉搓宝宝的脊梁骨。背部按摩有助于增强免疫力。

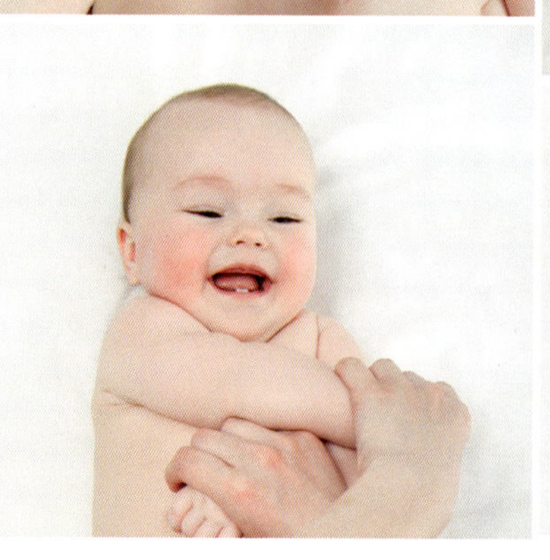

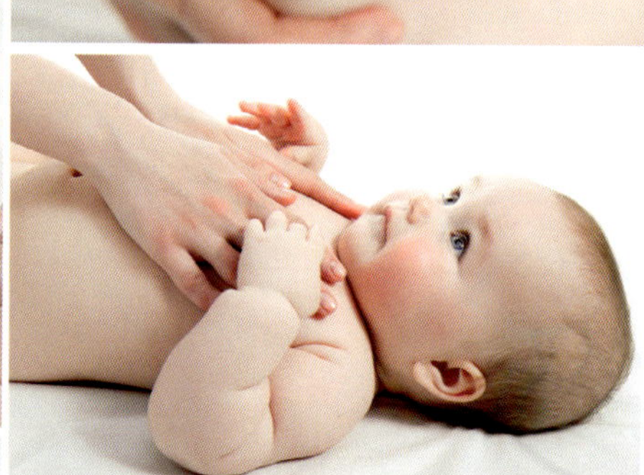

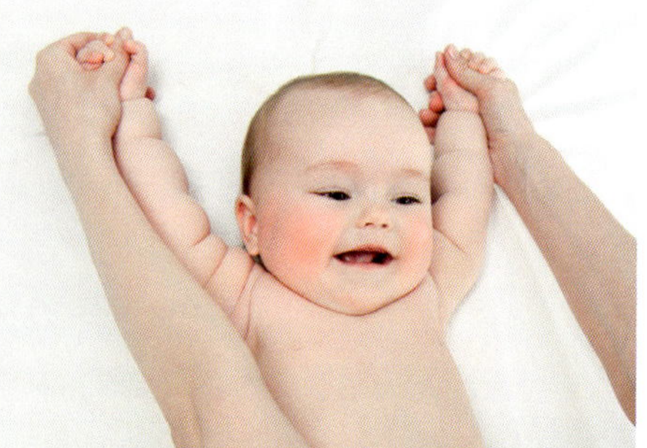

如何促进宝宝大动作发育

1 趴着有助于宝宝发育

0~3个月的宝宝运动能力很弱，大部分时候都是在仰卧，这时候可以适当地训练宝宝趴着。趴着既可作为宝宝大运动（爬、坐、站、走）的前提，又可促进精细动作发育，因趴着可促进宝宝尽早张开双手，而不是握拳。张开手是手部精细动作发育的起点。鼓励宝宝多趴很重要，但不要强迫。训练趴应在宝宝吃奶1个小时后，训练时间长短可视宝宝的承受情况。

2 如何训练翻身

三四个月大的宝宝趴着时，帮他把双臂放在胸前，宝宝会试着抬起胸部。躺着时，有翻身的愿望，但宝宝此时只能支配上身和上肢的力量，所以常常出现上半身俯卧位、下半身仰卧位的情形。这时候，父母可以帮宝宝一把，在宝宝的臀部或一侧大腿稍微给些力，让宝宝全身翻过去。

3 如何训练宝宝爬行

俗语说“六坐八爬”，宝宝七八个月的时候，就可以开始训练爬行了。爬行是一种综合性的健身强体活动，有助于视听觉、空间位置感觉、平衡感觉的发育，促进身体的协调；还可使血液循环流畅，并且促进肌肉、骨骼的生长发育。训练时把宝宝趴着放在地毯上，收拾好周围的用品，收起地上的电源插座等危险品。把玩具放在宝宝够不着的地方，但不能太远，宝宝想要拿，往前移动就能拿到。父母还要用手推他的脚底，辅助宝宝向前爬行。

4 如何训练宝宝站立

宝宝在9个月的时候就能在大人的扶持下站立了，可以经常扶着腋下让他站一会儿，在他站好之后，父母嘴里说着“站、站”，悄悄放开双手，这时宝宝可以保持几秒钟不倒。在宝宝能够双脚平放地面之后，就让他靠着墙、沙发等坚固的地方，悄悄放手，让他靠着站一会儿。能够靠着站比较久的时间以后，就把他面朝沙发或茶几放下，他会扶着这些家具稳稳当当地站一会儿。当宝宝喜欢上扶物站立之后，离独立站立就不远了，他会在不知不觉中就撒手，变成徒手站立。

刚开始训练的时候，每次时间不要太久，3~5分钟就可以了，以免宝宝太累。做站立训练的时候，如果宝宝有双腿屈曲的疲态，就要立刻扶住他，以免摔倒产生害怕站立的不良影响。

5 如何训练宝宝站立与俯卧、仰卧结合

父母在训练宝宝站立时，可以将坐、站、爬这几种动作结合起来，让宝宝掌握从仰卧、俯卧转为爬、跪的动作要领，逐渐学会保持平衡的技巧，尽早能够自己独立站起来。具体可以这样做：让宝宝俯卧，父母握着宝宝的肘部，将他拉成跪位，稍微休息一

会儿，再拉成站位，然后再回到跪位，趴着，反复训练几次；让宝宝仰卧，握着父母的手指，拉成座位，休息一会儿，再拉成站位，然后再让宝宝躺下，反复训练几次。

6 训练宝宝的平衡能力

宝宝能够扶物站立之后，就可以设计一些游戏，使他逐渐掌握保持平衡的技巧。

转身训练。宝宝扶着站立的时候，父母可以在宝宝的身后、左边或右边呼唤宝宝，使宝宝向左、向右、向后转身找寻，这对他保持平衡是很好的锻炼。

够高处的玩具。当宝宝扶物站立的时候，父母可以拿一个玩具悬在宝宝的头顶，引导宝宝去够取，宝宝在踮脚、向上伸出左手或右手的时候，会体会到平衡的技巧。

捡地上的玩具。当宝宝扶着茶几或沙发站立的时候，将玩具放在他脚下，引导他弯腰去取，下蹲再起身的动作让宝宝更能了解控制自己身体的方法，对成功实现徒手站立有很大的帮助。

如何锻炼宝宝精细动作能力

手不仅是动作器官，而且是智慧的来源。多动手，大脑才能聪明，切不可怕宝宝抓脸便给他戴上手套，或捆起来不让动。应当创造条件，在不同生长发育阶段，让宝宝充分地去抓、握、拍、打、敲、叩、击、打、挖、画……使宝宝心灵手巧。

0~3个月的宝宝

刚生下来的宝宝还不会做什么精细动作，整天握着小拳头，用其余四指包着大拇指。由于先天的抓握反射，将东西塞到他手掌里的时候，他会自然将物品抓住。这时候就可以经常给宝宝一些不同形状和质感的东西来让他抓握。

此外，妈妈平时可以多展开宝宝的小拳头，给他按摩小手，捏捏小指头，对于促进宝宝手部的神经发育有很好的作用。

4~8个月的宝宝

4~8个月时，宝宝逐渐开始熟练使用双手，而且视觉也会逐渐变得敏锐，因此是锻炼宝宝手部精细动作的黄金时期，父母可以利用各种道具引导宝宝做各种动作：拿、放、敲、扔、移、转、撕、摸等。

1 学习传递：父母把玩具放在手上递给他，让他到自己的手里抓取。

2 锻炼手眼协调：把玩具摆在他的左边、右边、前边引导他动手去抓。

3 学习放手的动作：准备几个玩具，第一个给宝宝拿着，再递一个给他，引导他用空着的手去抓，然后再递一个，引导他放下手中的一个玩具来拿另一个。

4 感觉敲的动作：把喝水的小杯子、勺子放桌子上给宝宝玩，让他抓住小勺子去敲打小杯子、桌子发出声音。

9~12个月的宝宝

随着体验增多，各种动作宝宝都能很快掌握。到了9~10个月，宝宝能够在物品上进行挤、拍、滑动、捅、擦、敲或打等动作，能准确地把大多数物品抓在手里、放到嘴里。在这个时期，可以让宝宝多做一些手部的游戏，锻炼手部灵活性，促进精细动作能力的发展，也促进大脑发育。

1 捡球与扔球。可以准备一个乒乓球，乒乓球质量较轻，大小也适合宝宝单手抓握，与宝宝玩捡球和扔球的游戏。把球放在地上后，告诉宝宝："把球捡起来。"也可做手势多说几次，等宝宝捡起来之后，再命令他："把球扔给妈妈。"刚开始宝宝扔的动作方向性很差，宝宝会一次次地捡起来再扔给妈妈。

2 撕纸游戏。准备一些干净的纸，撕一个小口子给宝宝看作为示范，然后给宝宝，让他撕着玩。撕纸发出的声音和纸大小的变化可以激发宝宝的兴趣，而动作本身可以让宝宝体会两只手相对用力地感觉。

3 翻书页。把宝宝抱在膝头，让他跟着一起看书，并鼓励他翻书页。刚开始时宝宝会一次翻几页，可以预先压住下面的，以便宝宝只能翻起一页，或者在一页的下面夹一张彩色卡片，激发宝宝兴趣。

4 涂鸦。宝宝现在的能力足够拿着笔，在纸上画出各种线条了，妈妈可以准备一些白纸和蜡笔给宝宝，由他自己涂鸦。

13个月至1岁半的宝宝

此期宝宝开始有了主动性，应和宝宝开展很多动手游戏，以促进手—眼—脑协调能力的快速发展，学会许多操作技能。

1 盖瓶盖。将用过的盒子、瓶子、杯子当玩具。父母先示范打开一个瓶盖，再盖上，然后让宝宝模仿。宝宝打开一个，再盖上，父母再给他另一个不同的，他又打开，盖上，练得熟练后，再练习给不同大小形状的瓶子配盖。宝宝在这种开开、盖上、配盖的简单游戏中，大大促进了动作智能的发展。

2 玩积木。搭积木是宝宝空间知觉和手—眼—脑协调水平的重要标志。开始搭时总搭不上，放歪或掉下来，家长在旁稍微扶一下，放上一个，要拍手给予表扬，以增强宝宝搭高楼的兴趣和成功的满足。

3 用手指将小球投入杯内。大人先示范用拇指和食指拿稳小球，拿到杯口时说"放开"，让小球落入杯内。孩子拿球时，大人也告诉他拿到杯口时"放开"。当孩子放入第一个球，家长点头表示赞同，以后孩子会继续将桌上4~5个球准确地放入杯内。倒出、放入，这是手—眼—脑协调不可忽视的训练。

4 玩沙。玩沙是锻炼宝宝精细动作的经典游戏，是促进皮肤触觉统合能力发展的重要方法之一。用玩具小铲将沙土装进小桶内，或者用小碗将沙土盛满倒扣过来做馒头，宝宝常常乐此不疲。注意宝宝玩的沙土要先过筛将石头和杂物去掉，用水冲洗过。每次玩之前要用带喷头的水壶将沙土稍微浇湿，以免尘土飞扬。玩耍完毕用塑料布将沙土盖上。

1岁半以上的宝宝

1岁半以上的宝宝手指已经相当灵活了，爸爸妈妈可以开始教宝宝穿衣服、扣扣子、用筷子吃饭等，甚至可以设计一些手工类的游戏来陪宝宝玩耍。

宝宝过于安静正常吗

宝宝出生后哭闹是正常现象，但有的宝宝面部表情少、活动少、吃奶吮吸力不强、过于安静就需要警惕了。表现为安静、动作少的新生宝宝，往往肌张力低下，精神呆滞，反应不灵敏，慢慢长大智力发育落后逐渐明显，这种现象有的可能是因为患有先天性脑发育不全症。有的宝宝因为营养不良，导致肌肉发育不良，或患有先天性脑发育不全症，父母可以按照以下几点观察新生宝宝的情况，如果宝宝有相似表现，需要去医院检查，以明确诊断。

1 对周围的人或事物不感兴趣。一般1个月大的宝宝就会用眼睛注意周围环境，再大一点就会转动眼球，跟踪他有兴趣的事物。但是智力低下的宝宝由于眼睛功能发育不全，表情呆滞，对周围环境无动于衷。

2 对各种声音没反应。宝宝对周围的声响常常特别敏感，会害怕很大的噪声或者打雷之类的巨响。如果他对声音没有什么反应，即便是听到不普通的声音也显得特别“老实”，就需要带宝宝去医院检查一下。

3 不会笑。正常宝宝2个月左右就会笑了，到4个月的时候能放声大笑。假如不会笑或很晚才会笑，便要想到智力障碍的可能。

4 反应迟钝动作笨拙。出生3~5个月的宝宝特别喜欢玩自己的手，如果到6个月后仍不会玩手或到2~3岁还喜欢将玩具往嘴里放就不正常了。与同龄正常宝宝相比，智力低下的宝宝动作笨拙，等到学会走路后两脚还是相互乱踢，无目的活动表现多。

5 喂养困难常流涎。喂宝宝吃固体食物发现不容易咽下，并且常常出现呕吐也是智障的征兆。此外，1岁以内小儿流涎可以说是正常现象，但1周岁后还淌口水则常常是智力障碍的征兆。

宝宝学走路会遇到的问题

Baobao Xue Zoulu Hui Yudao De Wenti

能不能用学步车

现在大部分家庭都会给宝宝买学步车，使用学步车确实给大人带来了许多便利，但学步车的使用，对宝宝来说弊大于利，建议不要常用。

可以给宝宝正常使用学步车的最佳时间是宝宝10个月以后会站的时候，在宝宝不到10个月的时候，最好不使用。

过度使用学步车对宝宝的不利影响

学步车可以帮助宝宝学走路，但有些弊端，据观察，用学步车的宝宝会比不使用的宝宝学会走路的时间更长。而且长期坐学步车的宝宝会有依赖性，学走路时，人也会向前冲，并且是腰部用力，不是正常的腿部用力，这样宝宝容易形成八字步；或因学步车高度不符合实际身高，从而在无形中养成踮脚走路的习惯，以后脱离学步车独自行走的时候，就容易发生摔倒的情况。所以常用学步车不利于宝宝腿部发育。

另外，宝宝没有危险意识，但是坐学步车却让他行动自由了，很容易发生意外伤害，因此父母要多注意他的安全，不能把宝宝完全交给学步车。

使用学步车的注意事项

1 学步车不能移动太快，如果每秒移动1米，就容易翻车，所以学步车的滑轮上要安装减速插销。

2 不要让宝宝和学步车到不平的地面、台阶、斜坡等，以免发生翻车。

3 在学步车的移动范围内，不要有太多杂物，更不要有伤害性比较明显的物品，比如电暖气、刀具、有毒物品、热水、电插座等。另外，该关的门关上，该开的门打开并固定好，不要让宝宝在开关门的时候夹伤手。

4 提防宝宝将身体全部重量都放在学步车上围，将车压翻。

走路晚要紧吗

有的父母总希望自己的宝宝比同龄的宝宝早学会走路，认为这样的宝宝才聪明。一般情况下，发育较早的宝宝从1岁左右开始会走，大部分宝宝到15个月也都能走路了。这当中，每个宝宝都有自己的发展轨迹，大可不必与周围的宝宝一致，走路早晚跟宝宝的聪明与否并无关联。

走路是宝宝综合能力发育的结果

宝宝学会走路取决于体能和平衡力，只有让宝宝每天自由活动，才能提高体能和平衡力，不断地完成成长的各种能力。

其实宝宝学走路的基础是在一岁前就打下的。3个月时宝宝学会抬头，加强了颈部肌肉的力量。6个月时学会双手支撑，学会了坐，加强了臂部肌肉力量。7~9个月时学会爬行，加强了腹部肌肉的力量。12个月时会站、会扶走或独走，加强了腿部肌肉的力量。因此宝宝学会走路之前就要及早及时进行训练。只要宝宝各方面力量训练到位了，宝宝走路就是自然而然的事，千万不要在宝宝能力还没达标时过早地训练行走。

如何训练宝宝走路

独立行走是宝宝在发育过程中稍加帮助就能完成的一种运动技能。在宝宝能扶东西站的时候就可以引导宝宝学习走路，但要注意几点：

1 要让宝宝保持愉快的心情独自走路，大人不要强迫。愉快的心情是学习所必需的，宝宝如果不想走，父母硬叫他走，会产生逆反心理，索性蹲下不走了。

2 在生活中，让宝宝短距离内拿东西，在拿东西走过来的过程中，可以让宝宝扶东西完成任务并表扬，这可建立起他的自信心。

3 在学习的过程中一定要看护好宝宝，尽量不要让宝宝摔倒。

为什么走路老摔跤

宝宝刚学会走路时，腿部力量不够，平衡感差，走起来趺趺撞撞，常表现为剪刀步和醉步，这两种步态的共同点是趺撞、不稳，但父母不要过多干预，在趺撞中他能很好地控制脚步，找准平衡。

如果过了一段时间，宝宝还是爱摔跤，妈妈应留心观察是否存在下面的问题：

1 有可能是宝宝的鞋不合脚，一定要注意给他买穿着舒服的鞋，尤其是在学走路的关键时期，不然会养成不正确的走路姿势。

2 常使用学步车的宝宝平衡能力较差，走起路来爱摔跤，妈妈可以带他爬爬楼梯，锻炼一下平衡感。

3 宝宝学走路的时候，偶尔不小心摔倒是正常的，如果反复摔倒就要警惕了，及时去医院检查腿部骨骼关节，其次检查一下微量元素。如果到 2 岁后还是趺撞着走，或者经常摔跤，那么就要带他去医院检查。

走路O形腿正常吗

所谓O形腿是指两侧对称的膝外翻，宝宝的小腿通常较短粗，所以其骨弓的幅度会看起来更明显。而这种膝外翻的程度，在走路时会更觉得像O形腿。

宝宝站起来之后，很多父母发现了宝宝走路出现O形腿，这不一定是不正常现象。如果在学习走路之前出现O形腿，就不必担忧。因为宝宝在学走路之前，腹肌尚未发达，当站立时，腹部向前挺，同时腰椎会向前弯，以弥补骨盆的前倾。走路时，常采取双膝分开的姿势，下肢稍微向外弯曲成轻度的O形腿，属于生理性弯曲，正常现象。

如果宝宝已经能走稳后仍是O形腿，则需及时去医院检查。另需要注意的是：合理喂养，多去户外活动。在宝宝的发育阶段，腿部力量不能承受身体重量，容易引起腿部变形，因此不要过早、过久地站立和学步，其实顺其自然是很重要的，宝宝都还坐不稳就硬要他坐车、学站立甚至学走路，若其躯干及腿的力道还不能承受体重，长期下来，使腿部承受太多的负担，会导致体态扭曲，可能造成O形腿。

宝宝走路姿势怪异怎么办

宝宝会走路了，父母要注意观察宝宝的走路姿势，一些异常的走路姿势可能是骨骼、肌肉等发育不良的表现，要及时发现矫正。

1 踮脚：很多宝宝刚开始走路都是踮着脚用脚尖走，移动速度特别快，都是正常的，过一段时间就会自行纠正了，父母也可以提醒并训练他改正。但是如果踮脚走路半年以上还没有改正的意思，而且姿势僵硬，就要去医院检查，看是否有脑部疾病或者跟腱问题。

2 跛脚：如果宝宝走路跛脚，或者向两侧摇摆像鸭子一样，站立时腰部向前突出很明显，要重视，这可能是髋关节脱位导致的，应早发现早纠正。

宝宝姿势异常

Baobao Zishi Yichang

什么叫姿势异常

正常和异常都是相对的，要知道异常动作先要了解什么是正常动作。很多宝宝几个月时就已经有症状，肢体运动不协调、不对称，只要父母多留意，很多疾病都可以控制在初始阶段，所以父母得细心观察，及早发现，及早诊治。

日常生活中，有的宝宝出现一些怪姿势，父母常常会以个体发育状况不同来解释。但是很多异常的姿势或动作其实意味着疾病的存在。从动作来讲下列四种症状最为常见：

1 歪脖子：头倾向一侧，下巴朝向对侧肩膀；颈部活动受限制。

2 企鹅步：在走路时身体向两侧一摇一摆，站立时腰部向前突出明显，此时要考虑宝宝是否患有先天性髋关节脱位。

3 频繁眨眼、抽搐：宝宝不由自主重复地挤眉弄眼、努嘴、吸鼻等，易惊、少动或乱动；喂奶时出现吸吮无力、吞咽困难或经常呛、噎、吐奶；宝宝的嘴不能很好地闭合。

4 肢体运动不协调、发育落后：2~3个月还不会笑或抬头，持续哭闹，手指紧握，不会张开，大拇指经常内扣；四肢肌张力高，不爱动；6~7个月时还不会翻身，不会主动取物；8~9个月不会坐，甚至不会抓、握；12个月时不能站立，扶站时尖足；能行走后剪刀步等。

为什么会姿势异常

宝宝姿势异常，无法做一些简单的动作，父母要警惕宝宝是不是患有小儿脑瘫了，姿势异常是脑瘫功能障碍的主要特征之一。是由于宝宝肌张力异常、原始反射残存、选择性运动控制能力差和肌群间力量失调等因素造成的，具体表现为宝宝维持正常姿势困难，到了会爬会坐会走的年龄却不能爬坐走，出现正常姿势以外的、难看的、刻板的、少见的异常姿势。

这种现象可能跟遗传、免疫、生化代谢紊乱、脑神经结构异常或中枢神经的损伤有关系，如精神创伤、心理紧张、剖宫产、早产等。有的宝宝因营养不良致使肌肉发育不良，或患先天性肌弛缓综合征，肌张力低下，表情迟钝。这些都需去医院检查，以明确诊断。

姿势异常如何矫正

宝宝姿势异常，应去医院进行检查和治疗。姿势异常只要早发现、早干预、早治疗，是能够恢复正常的。如果经医院检查，并不严重，父母可以尝试自己在家给宝宝做保健训练。

2~6个月宝宝训练法

1 俯卧抬头训练：一般在空腹情况下、即在喂奶前1小时、觉醒状态下进行。宝宝俯卧时，两臂屈肘，手心向下支撑身体，父母一边叫着他的名字，一边用一些带响的和色彩鲜艳的玩具，在前面逗引他抬头看。开始每次训练30秒左右，以后逐渐延长时间，每天可练习数次。

2 转头训练：父母手持色彩鲜艳的玩具，最好是可摇响的，在距离宝宝眼睛30厘米远的地方，慢慢地移到左边，再从左边慢慢地移到右边，让他的头随着玩具做180度的转动。这是可以集动作训练、视觉训练和听觉训练为一体的综合训练。

3 头竖直训练：每天适当地竖抱起宝宝数次，让宝宝练习头部竖起。练习时，父母一定要注意保护好孩子。一手扶住宝宝的胸部，一手托住宝宝的臀部，使宝宝面部朝前、背靠父母。

4 抓手指训练：父母伸出大拇指或食指，放在宝宝的手心里，让他抓握。等他会抓以后，再把手指从他的手心移到掌的边

缘，看他是否也能去抓。

5 按摩。经常打开宝宝的双手，按摩他的手掌手心，帮他打开紧握的拳头；按摩宝宝的四肢，降低其肌张力，让宝宝四肢放松下来。

7~12个月宝宝训练法

1 放进去、拿出来：放进去、拿出来，是7个月左右的宝宝最常玩的游戏。如一个大口的塑料瓶，再加上一些可以放进去、拿出来的东西，就是非常有趣的玩具了。请注意，要有意识地让他两手都去练习放进去、拿出来。

2 翻身训练：让宝宝侧卧在床上，一侧腿交叉搭在另一侧腿上，用宝宝感兴趣的玩具逗引他去取，引发他翻身的欲望。当宝宝开始翻身时，父母可以用手压在宝宝臀部，给予一定的力量，让宝宝自己翻过去。需要注意的是父母要逐渐减少自己的力道，而训练宝宝自己翻过去。

3 抓住栏杆站起来：可以在宝宝扶站比较稳定以后，让他站在泡沫爬垫上，孩子抓住床栏杆站好，父母将他喜欢的玩具挂在宝宝侧迈一两步才能拿得着的地方。刚开始宝宝会失去平衡倒下，父母用手将他顺势放倒但必须是减缓他着地的力量，特别是要注意宝宝头部的保护，随后用玩具逗他爬起来，鼓励他继续扶着床栏站起来，挪动脚去拿他想要拿到手的玩具。要注意不要让宝宝向前边较硬的地板倒下。

1~3岁宝宝训练方法

1 滚“毛毛虫”游戏：让宝宝躺在被子或垫子上，像毛毛虫一样骨碌骨碌翻着滚。宝宝最初还要父母帮着滚，掌握了诀窍后就会自己滚着玩了。这是个全身运动，能锻炼腰部力量，也是最适合的室内消遣游戏，能均衡地活动宝宝手脚，具有相当的运动量。

2 抛接球：父母与宝宝相对站好，两人之间保持90~100厘米的距离。父母手拿球，宝宝双手伸出准备接球。父母将球抛到宝宝胸前说：“宝宝接球。”注意抛的劲儿不要太大、太猛，便于宝宝双手接住。宝宝接住球，再让宝宝将球抛给父母，父母接住球要及时表扬、抚摸宝宝。开始时，父母和宝宝应当站得近一点，然后，渐渐增大两人间的距离，让宝宝逐渐学会较大距离的抛接球。这项活动能够锻炼宝宝手眼协调性，促进宝宝空间知觉的发展。

宝宝的外形发育

Baobao De Waixing Fayu

宝宝头睡偏了怎么办

宝宝出生后，头颅都是正常对称的，婴幼儿时期骨质密度低，骨骼发育快。宝宝头之所以容易变形，主要和他的骨质特点和睡眠姿势有关。如果父母不注意宝宝的睡眠姿势，让宝宝的头朝一个方向睡，时间长了宝宝的头就容易变形。如宝宝总是头侧向一边睡，或者习惯于仰卧的话，就会出现头颅不对称的现象形成扁头。

1岁之内的宝宝，每天的睡眠占了一大半的时间，因此，预防宝宝睡偏了头，首先是要注意宝宝睡眠时的头部位置，保持枕部两侧受力均匀，合理使用枕头。另外，宝宝睡觉时容易习惯于面向母亲，在喂奶时也把头转向母亲一侧。母亲应经常和宝宝调换睡眠位置交替着睡，这样就不会总是把头转向固定的一侧。

对于偏头宝宝要及时采取措施加以矫正，年龄越小越好，最好在1岁内进行。具体方法是，对于凸头的宝宝可以让他仰卧，并用比较硬的枕头，使凸头的情况逐步得到缓解。对于总是动的宝宝可以用沙袋固定方法来矫正。方法是：用旧布做成长小枕头似的布袋，里面装沙子，用两层布包好以防漏沙。对扁头的宝宝可让他朝左侧或右侧睡，用沙袋在枕部固定。凸头的宝宝可让他仰卧，两个沙袋放在头的两侧加以固定。用这些方法可逐步达到矫正头型的目的。

宝宝大舌头会影响说话吗

造成发音不准的原因主要有两种：一是先天性生理缺陷，比如先天性唇裂和腭裂、牙齿缺失或畸形以及舌系带过短等；二是后天疾病所致，比如宝宝小时候因神经系统疾病致使发声器官运动不协调、因听力受损等情况造成听不准音而无法正确模仿、大脑发育障碍等都可以引起发音不准。

舌系带过短，表现在宝宝伸舌时舌尖呈“W”状，很难伸出唇外。舌系带过短，可能会影响发卷舌音，有些音发音不准，俗称大舌头。舌系带过短常造成吸吮、咀嚼和语言障碍，特别是在发音时，由于舌尖不能抵达前腭部，不能发出卷舌音，使人感到有大舌头的感觉。建议在宝宝学说话前，进行舌系带松解手术，否则因发音不准，造成被其他小朋友嘲笑，导致心理阴影。再有，学说话后再手术，有些音需要特别矫正，比较费力。

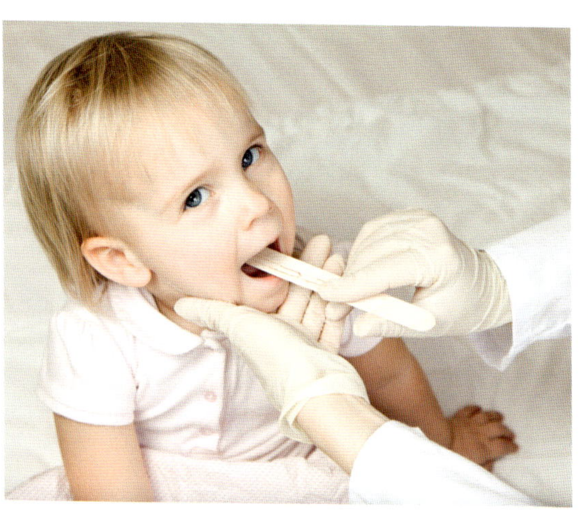

如何及早发现视力异常

宝宝的视力异常与否，可以在平时多观察，或者用一些方法做检查：

1 在日常生活中，看宝宝对事物的反应，了解宝宝的视力情况。比如是否追视妈妈、追视奶瓶、追视玩具等跟他有密切关系的人或物品，如果追视能力低于同年龄的宝宝，则要怀疑低视力，应该去医院检查。

2 将不同大小的白色球，放在黑布上，摆在离宝宝3米远的地方，然后让白色小球在黑布上来回滚动，看是否会引起宝宝的注意和追视。这个测试要两只眼睛分别进行。

3 将宝宝的两只眼睛轮流遮盖，看他的反应，如果宝宝拒绝遮盖某一只眼睛，说明另一只眼睛视力有问题。

4 可在宝宝睡着时，用手电光晃他的眼睛，如引起宝宝皱眉、身体扭动甚至觉醒，说明有光感。如反复检查几次，宝宝均无任何反应，应引起注意。

5 把不同密度的条纹图给宝宝看，视力越好对条纹密度高的图越感兴趣。

通过以上方法仅能大致了解视力的好坏，如果怀疑视力有问题，应尽快咨询医生或做检查。此外，在宝宝6个月的时候可以做视力筛查，不妨在体检的时候顺便做。视力筛查可能发现宝宝有远视、近视和散光，如果程度轻微不用担心，多数是生理性的，如果较严重，则需要配戴眼镜矫正。

宝宝是斜视吗

宝宝斜视是指左右两眼的视线不能同时落在同一物体上。眼球向外偏斜，称外斜视，俗称“斜白眼”。当然，斜视并不仅指两眼相对位置有明显畸形的情况，也包括斜度很小，表面不易察觉，而双眼视功能不正常的情况，并且还包括那些根本没有斜位但双眼不正常的情况。因此，斜视的概念应理解为两眼的相对位置和双眼视功能两方面的异常。

如何判断宝宝是否斜视

生下来几个月的宝宝，眼睛常常是一会儿内斜，一会儿外斜。3个月以后的宝宝，眼睛就逐渐稳定下来了。但如果到了6个月以后，宝宝的眼睛看起来还是有内斜或外斜，应该去医院眼科检查。

有一种方法可以初步看一下宝宝是否有斜视。在灯光下，看宝宝两个眼仁里的灯影，如果灯影总是落在两个眼仁中间的黑色部位的同一个地方，眼睛就不存在斜视的可能。如果灯影不能落在两个眼仁的同一个地方，就有可能存在斜视。

如何预防宝宝斜视

宝宝斜视，如果父母在护理上不尽心，就有可能加重宝宝斜视。如经常只让宝宝看一侧光线，不注意经常变换体位；或者把宝宝床上的玩具挂得太近，使宝宝两眼经常注视近物，等等。

1 父母要注意变换宝宝睡眠的体位，使光线投射方向经常改变，今天头睡左边，明天睡右边，隔日调换，这样就能使宝宝的眼球不再经常只转向一侧；小床上的玩具不能挂得太近，至少距离1米以上，也可在各个角度多挂几个，以免宝宝只注意一点，这样就可避免宝宝发生斜视了。

2 随着宝宝面部骨骼的发育，尤其是眼眶及鼻骨的发育，假性内视是会逐步消失的。一旦发现宝宝有斜视，就应该及时看医生，进行纠正。如果顺其自然，越大越不好治了。这是因为，斜视的宝宝，两只眼睛不能协调地聚焦到物体上，就会分别受到不同的物体影响，即重影。宝宝不能分析这是怎么回事，在这种情况下，大脑就会自动地学会去忽视和压抑一只眼睛的视觉，长期下去，大脑就失去了对那只眼的支配能力。因此，及早纠正斜视是很重要的，是保护宝宝视力所必须做的。父母一旦怀疑宝宝有斜视的可能，就要带宝宝看眼科医生。

第二章

喂养常见问题大全

良好的营养和饮食方式是保证宝宝健康成长的基础，在宝宝小的时候，每个妈妈都要尽量做到母乳喂养；在宝宝6个月后，妈妈就可以动手，给宝宝做美味又营养的辅食了，看着宝宝吃得很香的模样，妈妈心里一定会充盈幸福和满足感吧！

让母乳分泌量供需平衡

Rang Muru Fenmiliang Gongxu Pingheng

如何判断奶量够不够

由于宝宝无法直接用言语和妈妈沟通，而判断母乳是否充足却没有一个量化的标准，妈妈也没法计算自己一天能产生多少奶量，因此，担心自己奶量不够是妈妈经常遇到的问题。其实，妈妈可以通过观察自己和宝宝的状况来判断奶量的充足与否。

根据妈妈乳房的满胀来判断

喂奶前，妈妈可以观察乳房的情况来作为判断乳汁量的参考。

1 乳房如要撑爆一般地胀，有乳汁从乳头不间断地溢出的满胀感。

2 乳头挺立，乳尖会有触电的感觉，并会有乳汁溢出的满胀感。

两种情况都有，或者只有其中一种情况，都说明母乳是足够的。如果两种现象都没有，而且乳房还回到了怀孕前的大小，说明母乳可能不足。

根据宝宝的表现来判断

1 生长发育情况。妈妈要坚持测量宝宝的生长发育情况，绘制发育曲线，如果宝宝各项指标都发育正常，表明母乳充足。

2 吞咽的声音。如果妈妈乳汁充足，宝宝吃奶时平均每吸吮2~3下就会发出吞咽声，并能保持这种状态连续吃约15分钟，基本上就吃饱了；反之，如果妈妈乳汁稀少，喂奶时听不到咽奶声，即是乳汁不足。

3 吃奶后的满足感。如喂饱后宝宝对妈妈笑，或者不哭了，或马上安静入眠，且睡眠时间较长，说明宝宝吃饱了。如果吃奶后还哭，或者咬着奶头不放，或者睡不到2小时就醒，都说明奶量不足。

4 大小便的次数。1~2个月的宝宝每天尿8~9次，大便4~5次，呈金黄色稠便；稍大些的宝宝大小便次数略微减少，说明奶量够了。如果奶量不够，宝宝尿量不多，大便少，且呈绿色稀便，妈妈就要想办法催奶了。

5 抵抗力情况。营养摄入充分的宝宝，通常抵抗力比较强，不容易生病。如果宝宝经常感冒发烧，抵抗力弱，妈妈就要考虑是不是母乳不够导致宝宝营养不良。

6 宝宝的情绪表现。妈妈要留心观察宝宝的情绪好坏以及睡眠时间的长短，这是宝宝是否健康的表现，也可用来辅助判断母乳是否足够。如果发觉宝宝心情不好，经常睡醒了就哭闹不安的话，也可能是母乳不足。

需要注意的是，每个宝宝有着自己的进食量。由于不同的宝宝胃肠的吸收消化能力、身体代谢等都会有所不同，维持自身生长所需能量也不同，所以，妈妈们不要陷入跟别的宝宝比较的怪圈，只要身高体重增长正常，无须过分纠结宝宝每天具体的进食量。

如何让奶水多起来

只要保证正确的喂奶方法和充足的营养，大部分妈妈的母乳量都是可以满足宝宝需要的。如果感觉奶水不是很充足，可以尝试下面的方法来改善母乳偏少的状况。

促进母乳分泌的方法

勤喂：宝宝的吮吸可以促进泌乳素发挥作用，因此，妈妈要勤喂宝宝，最好每隔一两个小时就喂一次。尤其对于1~3个月的宝宝，不用急着立规矩，定时定点哺喂。只要宝宝想吃，就可以喂。

饮食催乳：哺乳妈妈的饮食很重要，吃得合理与否对母乳是否充足、是否营养有直接的关系。首先母乳中70%都是水分，因而妈妈补水非常重要，白开水、牛奶、鲜榨果汁、各种汤水都要适当饮用。另外要有充分的优质蛋白质摄入，瘦肉、鸡蛋、鱼都要经常食用。有些食物对催乳有明显的作用，如猪蹄、鲫鱼、小母鸡、木瓜、莲藕、莴笋、黄花菜等，妈妈可以多吃些。

充分休息：如果睡眠不好，乳汁的分泌量就会下降，妈妈照顾宝宝非常疲劳，所以要想办法让自己多休息一会儿。充分的休息与放松，会使母乳分泌量增多。

放松心情：心情不好也会影响乳汁分泌，因此妈妈要学会放松并使自己保持愉悦的情绪。

加强锻炼：健康的身体才能保证充足而

高质量的母乳分泌，妈妈平时要学会养生，除了良好的睡眠和好的心情外，运动是促进身体新陈代谢、增强体质的关键。

按摩乳房：热敷、按摩乳房都可以刺激乳汁分泌，并且有助于乳腺管畅通。妈妈可以经常用温水热敷乳房，也可以请有经验的催乳师帮忙按摩催乳。

不要急着添加奶粉

乳汁不够时千万不要着急给宝宝喂奶粉，要让宝宝多吮吸，并适当饮用些催乳汤水，乳汁就会慢慢变得丰沛起来。如果不做些努力，急着加奶粉，母乳丰沛起来的可能性就几乎没有了。

宝宝一旦体重增长不理想，或者不能长时间睡觉，周围人就会怪罪到母乳身上，尤其是奶奶、姥姥等会反复劝说妈妈添加奶粉或者断了母乳。这时候，建议父母一定要跟长辈好好沟通，坚定母乳喂养的决心，不要动摇。这种状况不一定是母乳造成的，可能还有别的原因，需要从多个角度、方面考虑，不要轻易结束纯母乳喂养。

奶水过多怎么办

奶水不足固然让人苦恼，奶水过多烦恼也不少。妈妈们会面临漏奶的尴尬、胀奶的痛苦，严重的甚至会因为乳汁淤塞导致乳腺炎，所以在确定乳汁过多时也要及时排解。

如何判断乳汁分泌是否过多

母乳过多时容易漏奶，在宝宝吃的时候还会喷薄而出，胀奶时乳房紧绷，乳头凹陷，宝宝可能好不容易才含上奶头，也许马上又挣扎着吐出来。另外，宝宝还经常会被奶呛得咳嗽或喷奶，他可能还会因此不愿意吃奶，变得很烦躁。这些情况通常被认为是母乳过多造成的。

乳汁过多的主要原因

1 乳汁过多一般出现在母乳喂养早期，当妈妈开始“下奶”时，乳房会分泌大量乳汁。这是由于妈妈的身体为了以防万一，要下足够的奶来喂双胞胎甚至是三胞胎。不过，一旦宝宝开始充分而有效地吃奶了，下奶量应该就会开始调整到正好和宝宝需要的奶量吻合。

通常几个星期之后，随着母乳喂养形成规律，母乳过多的现象就会自行调节好了。

2 对有些妈妈来说，乳汁过多的问题在奶下来以后仍然存在，这一般是由于宝宝含乳头的方法不正确。如果宝宝乳头含得不好，就无法有效地吃奶，就需要吃更多次，吃奶次数太过频繁，即使乳房内会积聚乳汁，可能在一段时间内还是会使妈妈一直都下很多奶。

要提醒的是，当乳汁分泌过多时，妈妈千万不要想办法减少乳汁的分泌量，因为宝宝以后对乳汁的需求量会越来越大。

如何让宝宝正确含住乳头

1 每次喂奶前，用手或吸奶器挤出一些奶，让乳汁流的速度慢下来。

2 当宝宝开始吸吮并刺激妈妈的泌乳反射时，要轻轻地让他停止吸吮，用毛巾接住最初喷出来的奶，等乳汁流得慢一些后，再让宝宝继续吸吮。

3 变换一下喂奶姿势。如果平时用的是摇篮式抱法，那现在不妨试试让宝宝坐起来，面向着妈妈吃奶，新姿势可改善宝宝含住乳头的方式。

乳汁太多时要防止呛奶

乳汁太多时，宝宝吞咽很急，一口接不上一口，很容易呛奶，是“乳冲”造成的。

解决“乳冲”的办法是：妈妈一手的食指和中指做成剪刀样，夹住乳房，让乳汁慢慢流出。

纠正宝宝的坏习惯

Jiuzheng Baobao De Huaixiguan

宝宝乳头混淆如何纠正

有的妈妈由于下奶晚或者别的原因，在宝宝出生时没有及时哺喂母乳，而选择用奶瓶喂养，导致宝宝不会吸吮或不愿吸吮母乳，这就是乳头混淆。

发生乳头混淆时，有的妈妈不得不将母乳挤出来装在奶瓶里给宝宝喝，这样做麻烦自不必说，没有宝宝的吮吸，奶水也会渐渐减退。此外，这种喂养方式也减少了母子间亲密接触的机会，因为母乳喂养不只是喂宝宝食物，要考虑的远不只是营养因素。母乳的好处，除了营养，还能给宝宝提供安全感和自信，预防吮指癖、恋物癖和口欲期固结，帮助学步儿更快地从沮丧中恢复投入探索，等等。

乳头混淆的纠正方法

1 停止使用人工奶嘴（同时也包括安抚奶嘴）是把宝宝重新赢回妈妈乳房的第一步。如果宝宝执意不肯吃奶，可以挤出来用杯子、碗、滴药管或者小勺喂。

2 制订喂奶的时间表。有的妈妈以为，饿着宝宝，宝宝最后就不得不吃母乳了，这是错误的。饥饿的宝宝不会有耐心来探索吸吮母亲乳头的技术的。最好在宝宝不太饿、心情好的时候尝试给母乳，这样宝宝会更有耐心多尝试一会儿。

3 分散宝宝的注意力。妈妈可以先抱着宝宝玩，让宝宝接近胸部，然后自然地把乳头送到宝宝嘴边。不要突然喂母乳，不要强迫喂，也不要过于频繁地尝试喂奶，这都会让宝宝更讨厌吃母乳这件事。

4 让宝宝能更轻松地吃到母乳。乳头混淆的宝宝拒绝妈妈乳头的最大原因是觉得这样吃奶没有吃奶瓶来得快，来得容易。妈妈可以先挤出些奶水并且刺激产生喷乳反射，让宝宝第一口就吸到奶水，可以鼓励他继续吸下去。

5 安抚宝宝的情绪。乳头混淆的宝宝吃不到心爱的奶瓶，都会哭闹的。妈妈或其他家人要允许宝宝用哭泣表达不满，也要温柔慈爱地给予安慰，更要对纠正计划坚定乐观。

纠正乳头混淆需要妈妈付出耐心和坚持，如果宝宝一哭闹，妈妈就焦虑，或者放弃努力，都是不恰当的做法。

宝宝为什么偏好吃一边奶

有的宝宝在吃奶时只吸吮他偏好的那侧奶，拒绝另一侧，导致妈妈常常一侧乳房不够吃，另一侧乳房又胀痛，长期下来，不常吃的那侧乳房会逐渐地减少乳汁分泌量，进而造成双侧乳房大小不同，不光对宝宝健康不利，对妈妈的外观影响也很大。

宝宝偏好吃一边奶的原因

1 妈妈乳房不对称。

有的妈妈两侧的乳房大小不一样，奶水量也不一样，常常出现一侧乳房奶水充足，而另一侧较少的情况。这样，有的宝宝就喜欢吃奶水充足的那侧，因为吃起来省力，而有的宝宝却偏好奶水流得较慢的那一侧，因为不容易呛到。

2 宝宝吃奶时遇惊吓。

如果宝宝在吃某一侧奶时受到了惊吓，如宝宝吃得正认真的时候，妈妈突然因为宝宝咬疼了大叫，宝宝便容易把不愉快与当时吃的那侧奶联系起来，以后会尽量避免吃那侧奶。

3 妈妈乳房有病变。

还有一种很少见的情况。当有肿瘤在一侧乳房开始生长时，宝宝会拒绝吃这一侧的奶，即使他以前两侧的奶都吃得很好。

4 宝宝生病了。

宝宝耳朵有感染或者鼻塞，躺在患侧吃奶会有疼痛和不适感，所以只偏向一侧吃奶。

5 其他原因。

比如疝气、胃的问题，神经方面的问题，都可以是引起宝宝只吃一侧乳房的原因。

纠正宝宝坏习惯的小窍门

1 从一开始哺乳，妈妈就要坚持两边轮换着喂奶。

2 转移宝宝注意力。比如喂奶前先抱一会儿宝宝，让他的头贴着他不喜欢的一侧。妈妈跟他说话、玩耍，在他忘情而毫无防备的情况下，悄悄将乳头塞入口中。或者在宝宝处于快要睡着状态时，偷偷地调换。

3 在宝宝较饿时让他先吃不太喜好的那一边乳房，宝宝这时可能会忽略掉自己的小癖好。

4 如果以上方法都行不通，妈妈可以观察乳房是否有病变，或者宝宝是否生病。

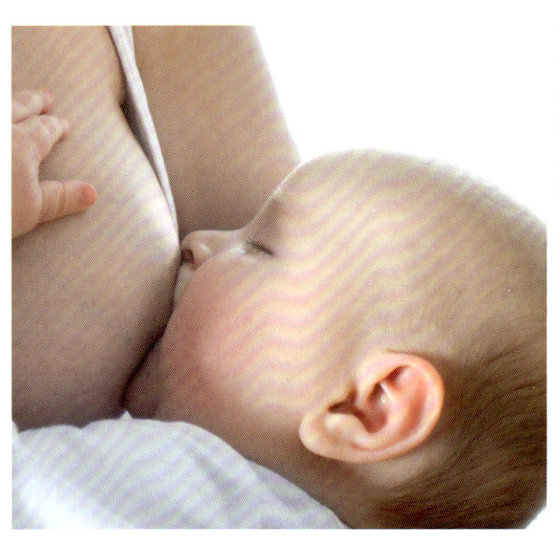

频繁吃夜奶如何纠正

宝宝频繁吃夜奶是否正常

对于3个月以内的宝宝来说，晚上吃母乳是很正常的。因为母乳消化快，宝宝饿得也快，不可能吃下去就能够睡整夜，有时候是因为饿了，需要吃夜奶来补充宝宝体能。所以前3个月妈妈无须纠正宝宝吃夜奶的习惯，可以在夜晚按需哺乳。

对于3个月以上的宝宝，如果还频繁醒来吃夜奶就不太好了，会影响睡眠，对于生长发育是不利的，妈妈要纠正这种行为。

频繁吃夜奶的原因

宝宝频繁要吃夜奶一般有三个原因：一是白天睡眠太多，活动太少；二是父母不恰当的回应强化了这种行为；三是对妈妈的依恋。

频繁吃夜奶如何纠正

1 临睡前让宝宝吃饱，避免宝宝因为饥饿醒来。如果母乳不够吃，可以在临睡前给宝宝喂一顿奶粉，6个月以上的宝宝可以在睡前吃一顿辅食。

2 夜间醒来时尽量不开灯，更不要一哭就送乳头。试着拍拍宝宝，用喃喃的话语安慰他，逐步减少喂奶次数。如果不是因为饥饿，宝宝夜间醒来需要吃奶才能睡着只是需要安抚，是不好的睡眠习惯，建议用其他安抚办法。

3 增加宝宝白天的活动量，带他出去玩玩，或者跟爸爸妈妈做做游戏，在下午5点钟之后就不要让宝宝睡觉了，有利于夜间睡眠安稳。

4 睡前让宝宝安静下来，不要玩得太兴奋。宝宝的神经系统还没发育完全，睡前玩得太兴奋会使宝宝入睡困难，而且入睡了也容易醒来。

5 大多数的妈妈都会有重返职场、重新投入工作的问题。妈妈上班后，宝宝一天见妈妈的时间减少，宝宝需要与妈妈有身体上的接触，比如拥抱和爱抚，也希望听到妈妈的声音，闻到妈妈的气息。如果妈妈与宝宝相处的时间不够，宝宝的情感需求没有得到充分的满足，宝宝就会向外寻求另外的方式，平衡自己情感的需要。晚上吃夜奶对宝宝来说是一种补偿。对于这种情况，妈妈要抽时间多陪宝宝，以安抚宝宝的情绪。

宝宝只吃前奶能否保证营养

每次哺乳过程，乳汁的成分也有所变化，刚开始的乳汁为前奶，吸大约15分钟以后为后奶，前奶含蛋白质较多，而后奶的脂肪含量较高。有的宝宝食欲较小，刚吃点前奶就饱了，也有的宝宝力气较小，不愿意吃需要花费更大力气才能吃到的后奶。这种习惯是不利于宝宝成长的，前奶和后奶营养成分不同，应设法都让宝宝吃到。

前奶看上去比较稀薄、清淡，好像没什么营养，实际上这样的奶水富含水分和蛋白质，尤其是水分。吃足前奶的宝宝在出生后前4个月，基本上都不需要额外补水。

前奶吸完后，奶水变得较浓稠，颜色也变成了白色，这就是后奶了，后奶富含脂肪、乳糖和其他营养素，是宝宝的热量保证，吃足后奶后，宝宝就不那么容易饿了，睡眠时间也会延长。

前奶、后奶都要吃到

哺乳时应先让宝宝吸空一侧乳房，再吸另一侧乳房，这样能保证宝宝吃到足够的前奶，保证营养，然后也能尽量吃上足够的后奶，以免饿得太快。

如果一侧没有吃完，换了另一侧，过一会儿再换回来，宝宝很容易因为吃了较大量的前奶，在吃足后奶之前就吃饱了，这样容易缺乏脂肪、乳糖等能量物质，而且宝宝饿得快，睡眠时间会缩短，影响身体发育。

一定要注意吃完一侧乳房再吃另一侧，否则宝宝吃的只是前奶，没有吃到后奶会很容易饿，也不利于健康。

宝宝吃不到后奶怎么办

吃奶需要耗费很大的体力，而刚出生的宝宝力气很小，常常吃不了几口就累得睡着了，很难吃到后奶，这时妈妈可以试着捏捏宝宝的耳朵或弹弹宝宝的脚心，把宝宝弄醒，让他继续吃奶。

如果经过努力宝宝仍然无法吃到后奶，妈妈也不用太心急，只需要多一些耐心，多让宝宝吃几次，等到宝宝力气大一些，就能吃空乳房了。

宝宝为什么吃奶时间特别长

有的宝宝性子慢，吃奶时间长，可能一次要吃30分钟左右，但是大多数情况下宝宝都不宜一次吃太久的奶，宝宝吮吸时间长没有什么好处，妈妈应找到宝宝吃奶时间长的原因，帮助宝宝改掉这个习惯。

喂奶间隔短

妈妈不知道宝宝怎样才算是吃饱了，老是担心宝宝会饿着，只要一听到宝宝哭，就给他喂奶。喂奶间隔太短，乳房分泌的乳汁量不够宝宝吃，这样宝宝每次都吃不到充足的乳汁，所以吃奶时间就相对较长。

虽然母乳是遵循按需喂养的原则，但仍然是有哺乳间隙的，1~2个小时。对于吃奶间隔时间过短的宝宝，妈妈应该有意识地延长哺乳间隔时间，就能改掉宝宝吮奶时间过长的习惯。

宝宝吃奶不专心

刚出生10多天的宝宝在吃奶的前五六分钟时间内就已经吃饱，剩下的时间只是含着乳头玩了，觉得这样可以得到妈妈更多的爱，有的干脆就含着乳头睡着了。

妈妈不能无限制地满足宝宝的要求，在宝宝吃饱的情况下，要及时停止喂乳。也就是说，如果宝宝吮奶20分钟后，妈妈没有听到吞咽声，就可以停止哺喂了。

妈妈中断宝宝吸吮行为后，如果宝宝以哭闹或其他方式抗议，妈妈可采取转移目标或暂时回避的方式来安慰宝宝，这样会逐渐改掉宝宝的坏习惯。

宝宝的外形发育

Baobao De Waixing Fayu

爱护乳房是哺乳成功的保证

如何保护乳房

妈妈分娩后就要及时给新生宝宝哺乳了，妈妈的乳房是宝宝的粮仓，妈妈的乳房健康是实现纯母乳喂养的保障。乳房非常重要而又脆弱，所以在哺乳期，妈妈需要特别注意呵护乳房。

乳房的清洁

每次喂奶前要用温水洗手、洗乳头，喂奶后要用清洁的小毛巾保护奶头。经过清洗和牵拉乳头，乳头皮肤必然变厚，韧性增加，就能经得起宝宝的吸吮。

注意不要用香皂或沐浴露来清洗乳房，因为香皂或沐浴露会洗去皮肤表面的角质层细胞，损害皮肤表面的保护层，使乳头容易皲裂。

乳房的照护

喂奶前可以对乳房做一些柔和的按摩，这样有利于刺激泌乳反射。哺乳期应选择质地柔软、吸水性强、大小合适的胸罩，以防止乳房下垂和生活、工作中的震荡。

哺乳期乳腺腺泡、腺管都处于增生发育状态，血液循环丰富，如果受到较强的外力挤压，容易出现组织挫伤，所以在哺乳期还需要保护乳房不要受挤压。

喂奶姿势正确

喂奶时要让宝宝含住乳头和大部分乳晕，每次哺乳，应两侧乳房交替进行，让两侧乳房都能得到充足的时间进行恢复。

在夜晚不要让宝宝含着乳头睡觉，以免乳头浸软、皲裂而使细菌侵入。

此外，哺乳结束后不要强行用力拉出乳头，以免引起乳头损伤，如宝宝咬着乳头不放时可以轻碰宝宝的嘴唇或用手指轻轻挡住宝宝的鼻孔促其张嘴。

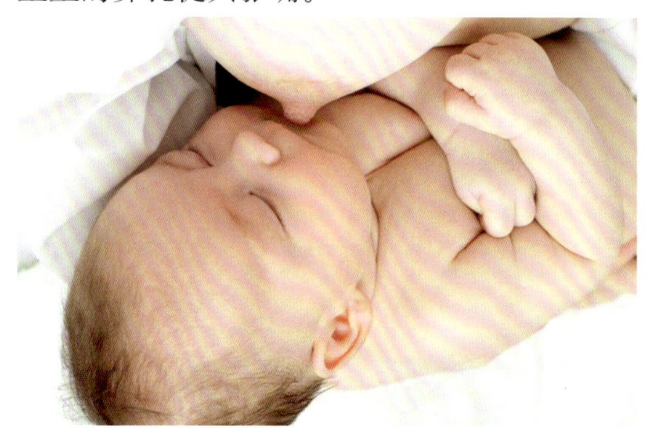

哺乳时乳头疼痛怎么办

受到宝宝强有力的吮吸，妈妈的乳头常常会发生皲裂，乳头变得粗糙僵硬，并且出现细微裂纹，严重时会出血，任何触碰甚至凉风吹过都会引起钻心的刺痛。这种情况下，妈妈应该怎样喂养宝宝呢?

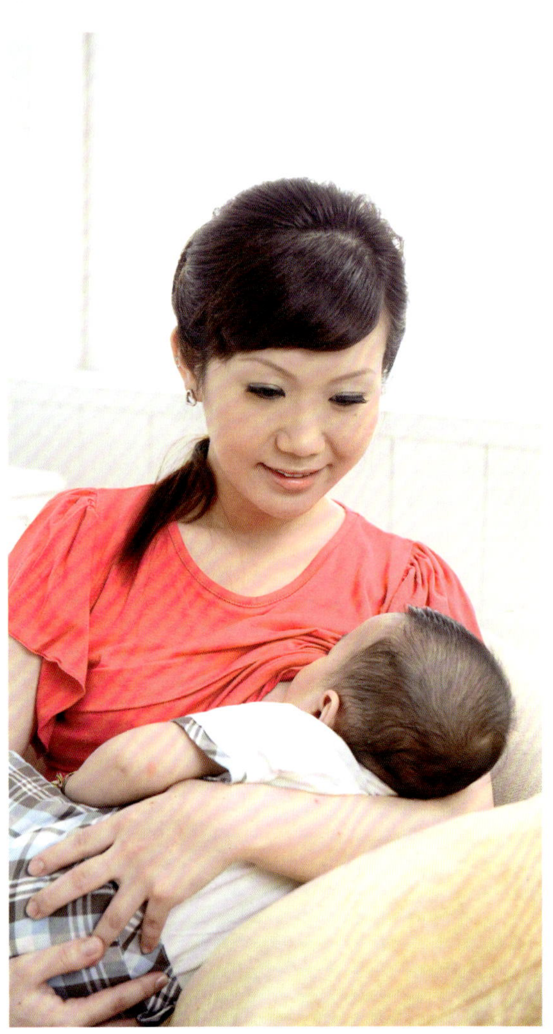

1 每次喂奶前用温热毛巾敷乳房和乳头3~5分钟，同时按摩乳房以刺激泌乳。先挤出少量乳汁使乳晕变软再开始哺乳。

2 每次喂奶前后，都要用温开水洗净乳头、乳晕，保持干燥清洁，防止再发生裂口。

3 哺乳时应先从疼痛较轻的一侧乳房开始，以减轻对另一侧乳房的吸吮力，并注意宝宝含乳的姿势，让乳头和一部分乳晕含吮在婴儿口内，以防乳头皮肤皲裂加剧。

4 如果只是较轻的小裂口，可以涂些小儿鱼肝油，喂奶时注意先将药物洗净；也可外涂一些红枣香油蜂蜜膏，即取1份香油、1份蜂蜜，再把红枣洗净去核，加适量水煮1个小时，过滤去渣留汁，将枣汁熬浓后放入香油、蜂蜜以微火熬煮一会儿，除去泡沫后冷却成膏，每次喂奶后涂于裂口处，效果很好。

5 勤哺乳，以利于乳汁排空，乳晕变软，利于婴儿吸吮。

6 哺乳后穿戴宽松内衣和胸罩，并放正乳头罩，有利于空气流通和皮损的愈合。

7 如果乳头疼痛剧烈或乳房肿胀，宝宝不能很好地吸吮乳头，可暂时停止哺乳24小时，但应将乳汁挤出，用小杯或小匙喂养宝宝。

产后奶胀怎么办

有的新妈妈产后3天双乳胀满，出现硬结、疼痛，甚至延至腋窝部的副乳腺，伴有低热。对这种现象不用急，一般不是疾病所致，主要是乳腺淋巴潴留、静脉充盈和间质水肿及乳腺导管不畅所致。等到产后7天乳汁畅流后，痛感多能消退。

防治胀奶的方法

1 早开奶、勤哺乳，使乳腺管疏通，利于乳汁的排出。

2 积极排空乳房，尽量让孩子把乳房内的奶汁吸干净。如果吃奶量太少，可用手挤奶，使乳房变软，同时暂时减少食用鱼汤、肉汤等。妈妈在挤奶时注意手指要固定，禁止挤压乳头和牵拉乳头。

3 哺乳前热敷乳房，并可做些轻柔按摩，用手由四周向乳头方向轻轻按摩，以促进乳汁畅通。

4 佩戴合适的乳罩，将乳房托起，有利于乳房的血液循环，从而可减轻疼痛。

5 如果乳房胀痛严重或出现红、肿、热、痛等，要请医生来帮助治疗。

如何缓解胀痛不适感

1 热敷。胀奶时，妈妈可自行热敷乳房，使阻塞在乳腺中的乳块变得通畅，乳房循环也会变得好一些。热敷时，注意避开乳晕和乳头部位。因为这两处的皮肤较嫩，容易烫伤。

2 按摩。当热敷过乳房，使血液流通后，即可按摩乳房。乳房按摩的方式有很多种，一般以双手托住单边乳房，并从乳房底部交替按摩至乳头，再将乳汁挤出在容器中的方式为主。待乳房变得较为柔软了，宝宝才容易含住奶头。

3 用吸奶器挤出乳汁。妈妈若感到奶胀且疼得厉害时，可使用手动或电动吸奶器来辅助挤奶，效果也是不错的。

4 冲热水澡。当乳房又胀又疼时，妈妈不妨先冲个热水澡，将全身洗得热乎乎的，感觉会舒服些。

5 如果奶胀疼痛的情形非常严重的话，不妨以冷敷的方式止痛，一定要记住先将奶汁挤出后再进行冷敷。

如何预防乳腺炎

哺乳期妈妈容易犯乳腺炎，自身痛苦不说，有时候还不得不中止母乳喂养。乳腺炎的发生，一般是因为乳汁淤积，或乳头破损，妈妈只要在平时哺乳时多加注意，是可以预防的。

乳腺炎的生成原因及症状

乳腺炎通常发生在产后1~2周，习惯以某侧乳房喂食宝宝的妈妈感染率更高。产后的乳腺炎可分为淤积性的乳腺炎和化脓性的乳腺炎。

淤积性乳腺炎：淤积性乳腺炎是因为妈妈在哺乳时，乳汁没有吸空。没有吸空的乳汁遗留在乳腺内，发生分解，从而刺激乳腺发炎。妈妈如果乳腺发炎，会感到乳房胀痛，能摸到肿块，并有压痛，同时伴有轻度发热。这种乳腺炎如果及时排除淤积的乳汁，症状就会得到缓解。

化脓性乳腺炎：一部分化脓性乳腺炎是淤积性乳腺炎发展的结果，另一部分则是外部细菌感染所致——外部细菌通过妈妈乳头进入乳腺，引起乳腺感染，进而导致化脓性乳腺炎。化脓性乳腺炎的症状表现为妈妈的身体持续高烧不退，有时可以达到39℃，乳房的肿块变得柔软、有波动感，这种情况就说明乳房肿块已经化脓了，需要医生切开脓包排脓。

乳腺炎的预防

1 保持乳房清洁、舒适。在首次哺乳前，要仔细清洁乳房，尤其是乳头及乳晕部位。然后用毛巾对乳房热敷，这样可以帮助乳腺管畅通。此后，每次哺乳时，都要用热水清洁乳房。内衣要经常更换，以免不洁内衣污染乳头，进而感染乳腺，同时不要佩戴有钢托的乳罩，以免钢托挤压乳房，造成局部乳腺乳汁淤积。

2 避免摄入过多油脂。产后不要无节制地进补高蛋白、高脂肪的食物，适当控制这些食物的摄入量，同时注意多喝水，保证乳汁的畅通，是预防乳腺炎的有效手段。

3 学会正确的哺乳方法，不要过早催乳。宝宝在1周以前的食量非常小，妈妈现有的奶水已足够他食用。另外，给宝宝哺乳时，让宝宝把乳头及大部分乳晕都含住，要吸空一侧乳房，再换另一侧；不让宝宝含着乳头睡觉，以免过度地用力吮吸，使乳头皲裂，细菌入侵。宝宝如果吸不完妈妈的乳汁时，在哺乳后，可以用吸奶器把残留的奶水吸干，避免淤积。有的妈妈喜欢躺在床上喂奶，甚至让宝宝口含乳头睡觉，这样更容易造成乳汁排出不畅，使细菌有了可乘之机。

4 及时处理乳头皮肤破损。乳头皮肤破损时，一般可搽鱼肝油。如有皲裂或小溃疡致吸乳疼痛者，可暂停哺乳数天，并用3%

硼酸水洗乳头，或涂920软膏，或涂碱式碳酸铋蓖麻油。同时每日将奶挤出或用吸乳器吸出，也可以在乳头上套一个橡皮奶头再行喂奶。

5 乳房比较大的妈妈，可用宽布兜将乳房托起。如果出现乳管不通、乳房发胀发硬、阵阵抽痛，可进行乳房按摩、顺理，将淤积的乳汁挤出。同时注意是否有炎症存在，如有，要抓紧治疗。

乳腺炎的治疗

治疗乳腺炎的方式以口服抗生素为主，平时的居家护理只需以消毒过的棉花棒蘸生理食盐水清洁乳头、乳晕、乳房即可。如果感染状况太严重，就得以外科手术治疗，切开乳房将化脓之处取出、清理干净。

哪些情况需要停止哺乳

虽然母乳喂养是最好的喂养方法，但为了保证母婴的健康，在妈妈患有某些疾病时，应避免母乳喂养，因为它们可能直接影响妈妈和宝宝的身体健康。

1 结核。患结核的妈妈应接受适当的抗结核治疗，直到痊愈前，不宜照看和喂养宝宝。宝宝必须立即接种卡介苗，至少应与母亲隔离6周。如条件所限不能彻底隔离时，要定期为宝宝做身体检查。

2 心脏病。大多数情况下，哺乳会加重妈妈的负担。有心衰及重症心脏病的妈妈不适宜哺乳。只有心脏病的代偿期或瓣膜损伤已做修补术而且效果良好者，才可以哺乳。

3 甲状腺功能亢进。抗甲亢的药如硫氧嘧啶等都可随乳汁分泌出来，如宝宝长期食用这种母乳，可引起甲状腺肿大及甲状腺功能不足。

4 严重的肾脏病和糖尿病。但妈妈如患糖尿病，经饮食及胰岛素治疗，病情已趋稳定时，可以用母乳喂养宝宝。

5 急性感染病。如肺炎等经抗生素治疗能很快治愈，因此仅需终止数天哺乳。

6 精神病。患这种病的妈妈由于不能像正常人那样爱抚和照看孩子，宝宝饥一顿、饱一餐，容易患营养不良，而且智力开发也会受影响，因此不适合母乳喂养。

7 乳腺炎。如果一侧乳房患有乳腺炎，用另一侧的健康乳房给宝宝喂奶即可；如果两侧乳房均患有乳腺炎，则建议先暂停哺喂母乳。因为乳头或乳晕上已有伤口，若再加上吸吮的刺激，可能会让妈妈感到很不舒服，妈妈也会担心细菌感染给宝宝，因此建议妈妈若患有乳腺炎时，最好暂停哺喂。

在上述情况下，如果母亲坚持哺乳，便会加重机体的负担，不利于疾病的痊愈，甚至引起严重的并发症，对宝宝和妈妈的健康都会产生不利影响。

上班族的快乐"备奶"法

Shangbanzu De Kuaile Beinai Fa

如何正确挤出母乳

挤奶前的准备工作

挤奶前，先喝一大杯温水或汤，然后找一个比较私密和安静的空间。妈妈先洗净双手，让自己全身放松，可以闭目想象宝宝的样子，然后对乳房进行按摩来刺激乳汁分泌。按摩方法为双手围住乳房，大拇指朝上，四指朝下，然后轻轻挤压乳房，来回重复10次。

挤奶的三种方法

挤奶的方法一般有三种，妈妈可以根据自己的情况进行选择：

1 吸奶器挤奶法。吸奶器挤奶是最省力和方便的，但如果吸得太频繁或者太用力的话会有些痛。建议吸的时候频率应先慢，待乳房适应后再逐渐加快频率。另外吸完后可以用鱼肝油涂一下乳头，也可以预防乳头被吸破。注意在每次使用前都要将吸奶器消毒。

2 手工挤奶法。按摩后把盛奶的容器放在靠近乳房的地方。挤奶时，把拇指放在乳头、乳晕的上方，食指放在乳头、乳晕的下方，其他手指托住乳房。拇指、食指向胸壁方向挤压，挤压时手指一定要固定，不能在皮肤上滑来滑去。最初挤几下子可能奶不下来，多重复几次奶就会下来了。

3 热瓶挤奶法。取一个容量为1升的大口瓶（注意瓶口的直径不应小于2厘米），用开水将瓶装满，数分钟后倒掉开水。用毛巾包住拿起瓶子，将瓶口在凉开水中冷却一下。将瓶口套在乳头上，不要漏气。一会儿工夫，瓶内形成负压，乳头被吸进瓶内，慢慢地将奶吸进瓶中。待乳汁停止流出时，轻轻压迫瓶子周围的皮肤，瓶子就可被取下了。

每次挤奶的时间以20分钟为宜，双侧乳房轮流进行。例如，一侧乳房先挤5分钟，再挤另一侧乳房，这样交替挤下奶会多一些。

挤出的母乳如何保存

乳汁挤出后，应立即装入已消毒过的干净奶瓶中或冷冻塑料袋里。在奶瓶或冷冻袋的外面贴好标签，详细注明时间，按时间先后给宝宝食用。

母乳应冷藏或冷冻储存

乳汁经过4℃以下冷藏，必须在12小时内喂完，要想保存1周左右，须采取冷冻。如果单位没有冰箱，可以将奶放在保温杯中保存，里面用保鲜袋放上冰块，回家后放在冰箱里。

冷冻室存放的奶水，用之前应该在前一夜就移到冷藏室解冻，解冻后再温热喂给宝宝吃。注意解冻后的母乳须在3小时内尽快食用，宝宝一顿没有吃完的奶水，不能再放回冰箱冷藏或冷冻，最好丢弃不用。

冷冻过的母乳怎样喂食

在冰箱里保存的母乳应该遵循先进先出的原则喂给宝宝，即每次都喂最早挤出来的那部分。乳汁从冰箱里拿出来的时候，看上去上层比较黄、下层比较清，这是发生了油脂分离，是正常现象，只要轻轻摇晃，使脂肪混合均匀即可。

喂之前，要给奶水加温，正确的方法是放在60℃的温水中隔水温热。加热时需要注意：

1 温水的水位不要超过奶瓶盖或奶袋的封口，以免污染奶水。

2 不要用过于高温的水加热，高温会破坏营养。如果是热奶器加热，把奶放进去，温度调到最低就可以。

3 不要使用微波炉解冻母乳，温度太高会破坏母乳中的免疫物质。

人工喂养方案

Rengong Weiyang Fang'an

何时需要人工喂养

人工喂养是指由于各种原因造成的主观上不愿进行母乳喂养，或者客观上限制了母乳喂养，而采用其他乳品和代乳品进行喂哺宝宝的一种方法。

除了前文提到的妈妈患有某些不宜哺乳的疾病外，有少部分宝宝患有一些先天性疾病，也不适合吃母乳，这时候的宝宝就需要妈妈用奶粉进行人工喂养。

半乳糖血症

宝宝如果患有半乳糖血症，不能母乳喂养。半乳糖血症是先天性的酶缺乏症，由于酶的缺乏，母乳中的乳糖不能很好地代谢，会生成有毒的物质，有毒物质会影响神经中枢的发育，从而导致宝宝智力低下、白内障等。这时候妈妈可以为宝宝选择不含乳糖的特制奶粉进行喂养。

苯丙酮尿症

患有苯丙酮尿症的宝宝，由于酶的缺乏，不能使苯丙氨酸转化为酪氨酸，造成苯丙氨酸在体内的堆积，这会干扰脑组织代谢，从而导致智力障碍、毛发和皮肤色素的减退。这种情况下，妈妈可以给宝宝买特制的专供苯丙酮尿症宝宝食用的奶粉。

枫糖尿症

患有枫糖尿症的宝宝，最主要的要控制蛋白质的摄入，因此不能母乳喂养。妈妈可以为宝宝选择蛋白质含量较低的食物如米粉、特制奶粉等喂养。

如何选择配方奶

给宝宝选择配方奶粉，一定要选最适合宝宝的奶粉，适合宝宝的奶粉吃后无便秘、无腹泻，体重和身高正常增长，食欲正常，睡眠充足，无皮疹等异常情况，因此奶粉选择需要一段时间的观察和比较。

看营养成分

挑选奶粉不在营养多少，而在于是否适合宝宝的生理条件，当然类母乳的奶粉是最好的。

看冲调性和口感

质量好的奶粉呈天然乳黄色，冲调性好，冲后无结块，液体呈乳白色，品尝奶香味浓；而质量差或乳成分很低的奶粉冲调性差，即所谓的冲不开，品尝奶香味差甚至无奶的味道，或有香精调香的香味；另外，淀粉含量较高的产品冲后呈糨糊状。所谓“速溶”奶粉，都是掺有辅助剂的，真正速溶纯奶粉是没有的。

选择大厂家

规模较大的生产企业技术力量雄厚，产品配方设计较为科学、合理，对原材料的质量控制较严，生产设备先进，企业管理水平较高，产品质量也有所保证。选择一个认为最适当的品牌后，不要老换，以免引起宝宝的排斥。

选择奶粉的几个误区

误区一：营养成分越多的配方奶粉越好

虽然有些品牌的奶粉中强化了某些营养成分，但对于宝宝来说，增加的营养成分并没有对他们有什么效果，过多地添加反而破坏了营养的均衡性，加重宝宝的器官负担，甚至引起中毒。

误区二：进口奶粉的比国产奶粉好

进口奶粉多是根据西方人的体质特点而设计的，配方未达到本土化。纵然个别成分技术领先，却未必适合中国宝宝的体质。

误区三：味道越香浓的配方奶粉越好

奶粉原本淡香、无特殊气味，芳香物质仅能改变奶粉的口感，并不能增加奶粉的营养。所以，奶粉不能仅以味道是否香浓来论其好坏。

误区四：含钙量和浓度越高的配方奶粉越适合宝宝

有些厂家为了寻找卖点，在天然牛奶当中加进了化学钙，人为提高了产品的含钙量。但过多的化学钙并不能被人体所吸收利用，反而会使大便变得坚硬，难以排出，久而久之还容易在人体中沉淀，甚至造成结石。

误区五：越贵的配方奶粉越好

只有适合宝宝的奶粉才是最好的，有的宝宝吃高档奶粉后可能根本吸收不了，出现拉肚子的现象，这说明宝宝不适合这种奶粉。

如何安排喂养时间和量

喂养量的确定

人工喂养的宝宝每次喂奶的量可根据宝宝的体重来确定，以下数据可供妈妈参考，但需注意的是，每个宝宝的食量不同，所以，妈妈还需根据自己宝宝的情况做一些调整，喂养的量是否合适，应以宝宝的发育是否正常作为主要标准。

每1千克体重，每天需要100~200毫升奶，例如，一个3千克的宝宝每天需要的奶量约是450毫升，即每顿60~70毫升，每天喂养6~8次。这是一个平均的值，妈妈可以根据宝宝吃完奶之后的表现适当调整。

喂养时间的安排

奶粉的成分和母乳大多相同，不过，奶粉中含有数倍于母乳的蛋白质、脂肪和矿物质，新生宝宝不成熟的消化系统无法完全承受。由于无法根据个体安排奶粉量，人工喂养就需要为宝宝制订一个固定的时间表，以防过饱或消化不良。

一般来说，新生宝宝喂奶的时间间隔和次数应根据宝宝的饥饿情况来定：新生宝宝的胃大概每3个小时就会排空一次，因此一般每隔3~4个小时喂一次奶即可。在晚上可以4个小时喂一次。

但有的宝宝胃容量较小，或者消化较快，每隔约2个小时，胃就会排空，这时妈妈最好满足宝宝的需求，不必一定要等到3个小时才喂。如果宝宝胎龄偏小，还需要缩短喂奶间隔，每顿少喂一点。

有的宝宝胃容量较大，或消化速度较慢，两次喂奶间隔时间较长，但不宜超过4小时。

宝宝不肯喝奶粉怎么办

宝宝不爱喝奶粉的原因

宝宝如果不肯喝奶粉，有可能是不喜欢奶粉的味道，也可能是不喜欢奶嘴的触感，妈妈可以通过多次调试来找到原因并进行改进。

1 如果母乳装在奶瓶里，宝宝喜欢吃，说明宝宝是不喜欢奶粉的味道，妈妈可以为宝宝换一种味道接近母乳的奶粉。

2 如果奶粉调好放在杯子里或小勺子里，宝宝愿意喝，说明宝宝是不喜欢奶嘴的触感，妈妈可以给宝宝换一种较柔软、接近妈妈乳头触感的奶嘴再试试。或者在喂奶前，用热水烫一下奶嘴，使之软化并接近妈妈乳头的触感，如果宝宝还是不肯接受，妈妈可以继续用小勺子喂宝宝。

选择宝宝喜欢的奶嘴

奶嘴的选择很重要，它影响着宝宝吃奶时的速度和舒适度。奶嘴的开口大小、材质的软硬程度、奶瓶的手感气味等，都能成为宝宝不爱吃配方奶的原因。

1 奶嘴孔的大小：奶嘴孔的大小以奶瓶倒立时，奶以滴状连续流出为宜。喝水的奶嘴孔一般小于喝奶的奶嘴孔，应用时应区分清楚。过大的奶嘴孔在宝宝吸吮的时候过急会引起呛奶，过小的奶嘴孔会让宝宝在吃奶的时候费劲。

2 奶嘴的口感和气味：尽量选用与妈妈的乳头相似的奶嘴，对不喜欢橡胶味道的宝宝，可以换成异戊二烯胶或硅胶做成的奶嘴。

3 奶嘴的软硬程度：选择奶嘴的时候，橡皮奶头不宜过硬和过软。过硬宝宝吸不动；过软奶头会因吸吮时的负压而粘在一起，吸不出奶。

4 奶嘴的开口方式：市售的奶嘴有两种开口方式，小洞洞和十字叉。小洞洞奶嘴上留有一个洞口，给细菌的侵入开了方便之门，而十字叉的开口不用时处于封闭状态，挡住了细菌的入侵。宝宝吮吸时，十字叉能依宝宝的吸吮力量大小而开合，起到调节进食流量的作用。

其他办法

如果经过调整，宝宝还是抗拒喝奶粉，妈妈也不要灰心，可以尝试下面的方法：

1 多尝试几次：要有耐心，也要有信心，多喂几次，对一种新食物的尝试，一般不会超过10~15次，宝宝就会接受了。

2 换一种配方奶：配方奶的种类很多，如果宝宝实在不喜欢这款奶粉，可以尝试换一种，建议先买试用装或小包装，待宝宝喜欢后再买大包装。

3 给宝宝更多的关爱：当需要给宝宝喂配方奶时，妈妈在喂奶时应多与宝宝进行母子对视和交流，让宝宝充分感受到妈妈的爱。

4 让宝宝闻到妈妈的气味：宝宝对妈妈的气味很敏感，在妈妈怀里很有安全感，喂奶时可以给宝宝裹上一件妈妈的衣服，或者把他紧紧抱在怀里，降低他对奶瓶和奶嘴的陌生感。

混合喂养后宝宝不爱吃母乳怎么办

有的宝宝在吃过奶粉以后，就不再愿意吃母乳，这也可能有下面两个原因：

1 奶粉味道香浓、甜度较大，宝宝喜欢这种奶粉，就开始拒绝不太香浓的母乳，妈妈这时候可以通过选择甜度较低、味道接近母乳的奶粉来调整宝宝的口味偏好。

2 奶嘴的出奶孔较大，宝宝不需要费很大力就可以吃饱，从而拒绝要费很大力气才能吃饱的母乳。在购买奶嘴时，可以选择那些奶孔较小的奶头，让宝宝吃奶时适当出些力，使宝宝吃奶粉时的感觉，与吃母乳时的感觉相似。

总之，奶粉和母乳味道越接近，奶头和妈妈乳头越相似，宝宝就越容易奶粉、母乳二者都接受。到了喂母乳时，妈妈不要因为宝宝一时抗拒而心软喂奶粉，宝宝会偷懒，他一开始也许会一心一意等待奶瓶，拒绝妈妈的乳头，甚至哭起来，但只要妈妈坚持将乳头和乳晕递给宝宝，宝宝实在饿了自然也就会吃的，吃几次就适应了。

宝宝吃奶粉上火了怎么办

宝宝吃奶粉上火主要是因为奶粉中含有不易消化的物质，如果奶粉由全脂牛奶制成，或奶粉中含有棕榈油和乳脂，宝宝吃了就比较容易上火。

如果现在给宝宝吃的奶粉有这样的成分，可以给宝宝换一种奶粉，最好选择含有精制植物油的奶粉。另外，要给宝宝多喂水，可以在两次喂奶之间喂奶粉一半量的水，宝宝如果不喜欢喝白开水，可以在白开水里加一点点金银花露，可以帮宝宝降火。等到宝宝长到4~5个月后，就可以加些菜汁、果汁等，防止上火了。

怎样度过宝宝厌奶期

宝宝为什么会厌奶

厌奶主要发生在人工喂养的宝宝身上，这种现象最早出现在4个月的时候，也有的宝宝从6个月开始，也就是在吃了辅食后开始厌奶。

厌奶的主要表现就是宝宝不喜欢吃奶了，吃奶量急剧下降或者干脆不吃，也不觉得饿，也不会主动要吃的，每当把奶瓶放到他嘴边的时候，就转头避开。但是厌奶的时候，宝宝精神、身体都很正常，玩得也很开心。

宝宝厌奶原因很多，可能是厌烦了现在吃奶的方法；也有可能是前段时间吃得太多，有些积食了，肠胃负担过重，需要休息一段时间；而吃了辅食后厌奶的宝宝大部分是因为喜新厌旧，更喜欢辅食丰富的口感和味道，因而有些厌奶；另外，此时的宝宝对外界的关注程度大大提高，总是被吸引，总是想玩，让妈妈有一种宝宝厌奶了的感觉。

宝宝厌奶一般不会持续太长时间，有的只几天就会恢复正常，最长时间也不超过1个月。父母在这段时间多调整喂养方法，就可以让宝宝顺利度过这段厌奶期。

厌奶时怎么喂养

宝宝厌奶的时候，父母可以多尝试一些方法，避开引起厌奶的因素。

1 换一下喂奶方式，把奶瓶换成杯子、勺子、小碗等轮流使用，如果宝宝是因为吃奶方式太单一而厌奶，这个方法就很有效。

2 增加宝宝的运动量，并在奶里加些乳酸菌，帮助宝宝消化，消除积食，过不了几天，食欲就会恢复正常。

3 适当减少喂奶的次数，间隔时间长了，宝宝感到饥饿，就会吃一些。喂的时候，不要逼迫宝宝，以免增加宝宝对奶水的厌恶感。

4 对于那些特别爱玩的、对环境变化很敏感的宝宝，妈妈应该选一个安静的地方，远离人群敦促他吃奶，一般就可以正常进食。

宝宝厌奶对身体其实没有很严重的不良影响，所以不要担心。另外，也不要总是设法让宝宝吃，甚至在他睡得迷迷糊糊时，往嘴里塞奶瓶，这会让宝宝更反感，厌奶情绪更严重。

混合喂养方案

Hunhe Weiyang Fang'an

何时需要混合喂养

如果一些客观原因，确实不能每顿都给宝宝喂母乳了，这时候妈妈可以购买合适的奶粉进行混合喂养。混合喂养虽不如母乳喂养效果好，但要比完全人工喂养好得多，宝宝是否适宜混合喂养需要妈妈多观察，结合自己的实际情况来确定。

从宝宝的日常表现中观察

观察宝宝在日常生活中的表现，可以看出母乳是否足够，宝宝能不能吃饱，需不需要添加奶粉。如果宝宝出现以下的状况，就说明可能没吃饱：宝宝吃奶吞咽时间累计不足10分钟；宝宝吃奶到最后会哭一会儿；宝宝睡眠时间较短，醒来就要吃奶；宝宝大便呈绿色黏液状等，出现这些情形时，妈妈需要酌情为宝宝添加奶粉。

注意宝宝体重增加情况

留心宝宝体重增加情况，体重增加情况可以反映母乳的营养是否充足，也可以作为是否给宝宝添加奶粉的依据。如果宝宝每周体重增长不足125克，或在满月时体重增长不足500克，就说明宝宝吃不饱，需要进行混合喂养。

产假结束的情况

有的妈妈在产假结束后，需要重新回到工作岗位，不能够继续给宝宝全母乳喂养，这时候，也需要混合喂养。

如何计算喂奶量

不同于人工喂养可以精确地掌握宝宝的进食量，混合喂养时，妈妈很难计算宝宝喝了多少母乳，还需要添加多少奶粉。这时，就需要综合宝宝的发育情况、大小便情况和精神状态来进行判断了。

发育情况

如果宝宝一周体重增长低于200克，可能是母乳量不足了，可添加1次配方奶，加多少可根据宝宝的需要。妈妈可以先准备100毫升配方奶粉，如果宝宝一次都喝光，好像还不饱，下次就冲120毫升，如果宝宝不再半夜哭，或者不再闹人了，体重每天增长30克以上，或一周增加200克以上了，就表明配方奶粉的添加量合适。如果宝宝仍然饿得哭，夜里醒来的次数增加，体重增长不理想，可以一天加2次或者3次，但不要过量，过量添加奶粉，会影响母乳摄入，也会使宝宝消化不良。

大小便和精神情况

如果宝宝大小便量少，精神状态不好，总是不明原因地哭闹，睡觉又总醒，妈妈应考虑是否奶粉添加量太少。

如何安排母乳和奶粉的时间

混合喂养的方式

混合喂养根据宝宝和妈妈的实际情况，可以采取补授法或代授法：

补授法：每天哺喂母乳的次数照常，但每次喂完母乳后，补喂配方奶。

代授法：以配方奶完全代替一次或几次母乳哺喂，但总次数以不超过每天哺乳次数的一半为宜。

混合喂养时，如果想长期用母乳来喂养，最好采取第一种方法。因为每天用母乳喂，不足部分用人工营养品补充的方法可相对保证母乳的长期分泌。但第一种方法一顿既吃母乳又吃奶粉，宝宝可能不好消化，这种情况下妈妈可以喂了母乳后过一会儿再喂奶粉。

如果宝宝只是体重增长不理想，而不是每顿都吃不饱，可以每天添加1~2次奶粉。如果宝宝每顿都吃不饱，妈妈可以在两顿母乳之间的一顿，用奶粉代替。

混合喂养时，要避免一直增加奶粉的量，这会减少母乳分泌的量，尤其是在减少母乳喂养次数的情况下，母乳会越来越少，这对继续母乳喂养很不利。

适应性也差，不适合断奶，需要等到宝宝完全适应了之后再断。

4 刚刚换看护人的时候不宜断奶。刚换看护人，宝宝对看护人感觉陌生，一时难以适应，而看护人也不能掌握好宝宝的饮食规律和进食特点，容易出现营养不良的状况，所以还要等一段时间，宝宝和新的看护人磨合好了，再断不迟。

此外，在决定断奶前，带宝宝到医院做一个体格检查，确定宝宝的身体机能一切良好，断奶不会有不良影响再断，就不会有任何问题了。

如何断奶可降低宝宝的不适

提前为断奶做准备

如果计划断奶，妈妈应该在正式断奶之前留足1~2个月的时间作为过渡，让宝宝渐渐适应，这样可以帮助宝宝顺利断奶。

妈妈在心理上应把断奶看成是一个自然的过程。在完全断奶前应该有一个逐步的准备阶段，也就是逐步添加辅食的过程。在宝宝断奶的过程中，肠细胞需要时间逐步发育成熟，消化道里的酶也随之改变，所以断奶应该一步一步地进行，慢慢减少吃奶的次数，并逐渐增加辅食的次数和量。

提倡自然断奶法

自然断奶法过渡平缓、轻松，不会伤及宝宝感情，是值得提倡和应用的。

自然断奶法最主要的特点就是循序渐进，逐渐拉长喂奶间隔，减少喂奶次数，坚持2~3个月以后，把剩下的唯一一顿断掉，断奶就大功告成了。

具体可以这样做：如果宝宝现在每天要吃4次奶，隔4个小时要吃1次，那么开始断奶后，就可以尝试改为3次奶，其中的1次改为喂奶粉或者辅食。

打乱吃奶规律

宝宝吃奶其实也是一种习惯行为，到了一定的时间就会自然而然想吃奶。如果能把这种习惯打破，模糊他吃奶的概念，让他在固定的时间吃不到固定的奶，对顺利断奶也是很有助益的。

首先，在准备断掉的那顿奶前给宝宝吃些辅食或点心，不要让他因为饥饿而想起吃奶这件事来，坚持时间久了他就会忘掉这一习惯。

其次，宝宝一般在睡前，像午睡、晚睡前都习惯找妈妈，顺便吃奶，吃着奶入睡或者吃完奶才能安心睡，很多妈妈也习惯在宝宝犯困烦躁的时候用奶水安慰。在断奶的时候，这种习惯可以打破，在宝宝犯困的时

候，把他交给爸爸或者其他人，让他跟别人玩，玩累了自然就睡了，慢慢地，宝宝就会模糊了睡前想要吃奶这件事。

最后，形成习惯的那顿奶比如早上睡醒后、午睡前或晚上睡觉前必须吃的那一顿奶比较难断，比较难用辅食或奶粉替代。在断这一顿奶的时候，可以从改变宝宝的习惯开始，比如早上妈妈早早起床，中午让别人带宝宝外出玩耍，让他不能在这个时间吃到奶，慢慢地就会忘记这个习惯。

一直坚持下去，总是让宝宝不能定时地吃到奶，他就会慢慢淡忘吃奶的事，断奶就更容易成功。

避免勾起宝宝吃奶的欲望

给宝宝断奶的时候，要尽量少让宝宝接触有关乳房和吃奶的内容，以便让他忘掉吃奶这回事。

首先，要回避电视或图片上小宝宝吃奶的情景，别让他看到，妈妈也不要在宝宝面前裸露乳房，更不要让宝宝触摸乳房，以免勾起他吃奶的欲望。

其次，如果宝宝看到其他小宝宝吃奶，也要吃的话，可以告诉他："小宝宝吃妈妈奶，但是你长大了，就不能再吃了。"宝宝对自己长大了这个评价是很在意和自豪的，一般都不会再坚持要吃。

另外，妈妈身上有独特的奶香味，宝宝闻到了也会兴起吃奶的念头，在需要断奶的时候，妈妈不妨往身上喷点香水遮掩一下。

断奶需要家人的配合

宝宝如果整天跟着妈妈，时不时就会想到吃奶的问题，而妈妈也不忍或不耐烦继续坚持，很难断掉，所以在宝宝断奶时妈妈需尽量少跟宝宝接触，以减少宝宝对妈妈的依赖。最好有爸爸以及其他家人积极参与到断奶过程中来，让宝宝跟其他人建立起亲密关系，对妈妈的依赖就会少一些。

错误的断奶方法

1 往奶头上涂墨汁、辣椒水、万金油之类的刺激物。这种对宝宝来说，相当于残忍的"酷刑"的断奶法只会给宝宝带来不安和痛苦，而且还会因恐惧而拒绝吃东西，从而影响了身心的健康。

2 突然断奶，把宝宝送到娘家或婆家，几天甚至好久不见宝宝。长时间的母子分离，会让宝宝缺乏安全感，特别是对母乳依

赖较强的宝宝，因看不到妈妈而产生焦虑情绪，不愿吃东西，烦躁不安，哭闹剧烈，睡眠不好，甚至还会生病、消瘦。

3 有的妈妈不喝汤水，还用毛巾勒住胸部，用胶布封住乳头，想将奶水憋回去。这些所谓的“速效断奶法”，显然违背了生理规律，而且很容易引起乳房胀痛。

断奶切忌反反复复

断奶不仅仅是考验宝宝，对妈妈来说也是一个大挑战，妈妈的态度是否坚决决定了断奶进程是否顺利。很多妈妈在断奶后忍受不了从被需要、被依赖的地位降到可有可无而懊恼，进而在断去几天后又重新喂母乳；还有的妈妈对给宝宝断奶有强烈的内疚感，看到宝宝因为吃不到奶而啼哭，或者不肯吃辅食而挨饿，就不忍心坚持了，于是放弃了断奶。而重新喂母乳的妈妈过一段时间一般都会再次尝试断奶，断不掉就继续再喂。

这样做的结果，会导致宝宝在经历过多次失去、获得的过程之后，会更加害怕失去母乳，下次断奶会更加困难。反反复复的过程让妈妈和宝宝都备受折磨。所以，即使不断奶一直喂到没奶，也比反复断奶要好。

建议准备断奶的妈妈一定要调整好自己的情绪和心态，断或者不断，都要坚持，不要摇摆不定、反反复复。如果下不了决心断奶，就一直喂到没奶为止也可以，只要合理增加奶粉和辅食即可。

断奶是否要断掉所有奶类食品

断奶指的是断母乳，并不是断所有奶类食品，反而在母乳断掉后，还应该适当增加喂奶类食品，每天都要喂2~3顿奶粉，保证有500毫升以上的奶类摄入。

断奶后对奶粉不适应怎么办

配方奶中的蛋白质、脂肪和碳水化合物的种类和数量与母乳有很大差异。断奶初期添加配方奶易出现消化不良的问题，引起腹泻或便秘等。对于纯母乳喂养的宝宝，建议不要立即断奶，可以设置一个过渡期，在过渡期内，逐渐给宝宝添加适合他的奶粉。

对配方奶不适应的宝宝，如果只是出现消化方面的问题，可换成部分水解配方；若出现湿疹、大便带血等情况应换成深度水解或氨基酸配方。

为防止断奶后对奶粉不适应，妈妈应该在准备断母乳的前两个月就设置一个过渡期，每天添加一点奶粉，并逐渐增加添加量，这样，即使宝宝对某种奶粉不适应，妈妈还有机会去更换奶粉种类，不要等到断奶后才开始喝奶粉，这样如果出现突发情况就很难应对。

宝宝对夜奶过度依赖怎么办

断奶最难断的就是夜奶，白天宝宝醒着时，可以借助玩具或外出来转移注意力，然而到了夜晚，如果不给宝宝吃，他就会哭闹。许多妈妈都为断夜奶伤透了脑筋，那么，夜奶应该如何断呢？

1 入睡前一顿让宝宝吃饱，这样胃排空的时间就会比较长，从而减少宝宝因为饥饿醒来的可能性。

2 断夜奶不可急于求成，要慢慢地减少晚上的喂奶次数和分量，逐渐拉长间隔时间。比如刚开始半夜12点左右醒来吃一次，然后3点左右吃一次，不妨尝试每天推迟数分钟，逐渐推迟到4点多吃一次，最后就拖到早上6~7点醒来再吃早餐。

3 宝宝半夜醒来时不要急着喂奶，先尝试用其他方法哄睡。

断奶期间如何安抚宝宝

许多宝宝在断奶时会哭闹，拒绝食物，甚至养成咬被角、吮手指的毛病，这些宝宝不同程度的有恋乳危机。

断奶期是第一次母婴分离，也是宝宝成长过程中的一个重要里程碑。从完全吸食母乳到断奶，习惯于母亲香甜的乳汁到彻底告别，宝宝需要一个适应过程，更需要妈妈采取正确的方式从生理到心理上戒断宝宝对母乳的依恋。

1 转移宝宝注意。宝宝出现碰触乳房行为时，不动声色地握住他的手，拉着他去做他感兴趣的事情，比如，讲故事、玩游戏、和他一起看动画片等，转移他的注意力，也逐渐淡化他对乳房的关注。给宝宝布置充满温馨与童趣的房间，鼓励宝宝听音乐，看适合他的漫画与图书，培养宝宝的兴趣与爱好，引导他过充实而有规律的生活。条件允许的话，经常陪宝宝到大自然中走走，让绚丽多姿的大自然开阔他的视野，陶冶他的心灵，丰富他的内心体验，让宝宝在心旷神怡中养成开朗豁达的心胸，改正摸乳房的不良习惯。

2 加强亲子沟通。宝宝碰触妈妈乳房其实是情感上依恋母亲、渴望母爱的信号，所以，不管工作多忙，每天一定抽点时间陪宝宝，跟他交谈、陪他游戏，让他享受到充沛健康的母爱，如果宝宝能感受到并且获得了安全感，自己就会减少对母乳的依恋。

3 断乳时，宝宝会吵闹几天的。但不管怎样吵闹妈妈也不能动摇，这样宝宝只好死心。假如坚持了2天，到第3天见宝宝哭得太可怜而又重新授乳时，则宝宝认为这两天是故意整他。因此，让宝宝知道吃母乳已不行，妈妈也得采取果断措施。

断母乳后宝宝的营养

妈妈给宝宝断母乳后，一定要注意宝宝的营养，每天要给宝宝添加600毫升左右的配方奶，每天在吃足够量的辅食，满足宝宝的正常生长发育。

10个月宝宝新陈代谢比较旺盛，宝宝不仅需要植物蛋白，也需要动物蛋白。如植物蛋白有蘑菇、豆腐等，动物蛋白有鱼肉，肌肉，猪肉、牛奶等。

主食可选择粥、面条、馒头。

副食：鸡蛋黄、鱼肉、鸡肉、肝、猪肉、豆腐、蔬菜、水果等。

宝宝一天的食谱：

早上6:00，配方奶180~200毫升，没有断母乳的可以继续喂母乳。

中间妈妈可以给宝宝两根磨牙棒，练习宝宝咀嚼功能。

上午10:00，大米粥半小碗，鸡蛋黄一个，蔬菜末30~40克。

下午2:00，配方奶180~200毫升，没有断母乳的可以继续喂母乳。

下午4:00，苹果半个用勺刮成末，或香蕉半根用勺刮成末。

晚上6:00，带汤面条半小碗，鱼肉泥或鸡肉泥或豆腐需要20~30克，蔬菜末30~40克。

晚上10:00，配方奶180~200毫升，没有断母乳的可以继续喂母乳。

夏天天气热，妈妈可以给宝宝煮些绿豆汤，给宝宝喝。做法：妈妈可以将绿豆洗干净，放入高压锅中，加入适量的水，调定时按钮压25分钟，让其自然放气完就煮好了。

宝宝补钙问题全解

Baobao Bugai Wenti Quanjie

哪些情况常被误认为缺钙

宝宝缺钙是许多妈妈都会担心的问题，宝宝缺钙时，会表现出头汗多、肋骨外翻、出牙晚等许多症状，但是，出现这些症状的原因很多，并不能表明就一定是缺钙造成的。

头汗多

宝宝头出汗多是常见现象，这并不能表明宝宝就是缺钙了。宝宝头汗多，通常有如下几个原因：

1 宝宝全身汗毛孔开放很少，散热部位主要在头部，因此头部出汗多。

2 宝宝自主神经发育尚不成熟，易出汗，当然表现在头部居多。

3 穿盖过多也是很常见的原因，因为宝宝手脚偏凉，父母常会误以为宝宝冷而给他穿过多的衣服导致头汗多。

4 会翻身之前的宝宝，总是一个姿势睡觉，后脑勺也容易捂出汗。

肋骨外翻

宝宝肋骨外翻现象非常常见，偏瘦的宝宝更为明显，与缺钙没有直接的联系。肋骨外翻与膈肌发育有关。膈肌位于胸腹之间，分割出胸、腹部，附着于倒数第二肋间的内缘。因宝宝膈肌发育尚不成熟，处于较僵硬状态，造成往里牵拉肋缘的现象，形成肋缘外翘。2~3岁膈肌发育成熟后外翘的肋缘自然消失。

也有一种情况，妈妈给宝宝穿的裤子裤腰太紧，有时候也会显得肋骨外翻，这种情况下如果尝试给宝宝穿背带裤，会有所改善。

出牙晚

有些妈妈一见宝宝该出牙时没长牙以为是缺钙，就给宝宝吃鱼肝油和钙片，这是不可取的。宝宝的出牙快慢原因有多种：可能是缺钙，可能是遗传原因，也可能是妈妈怀孕时缺乏一些营养。

如果盲目补钙，可能会引起身体水肿、多汗、厌食、恶心、便秘、消化不良等症状，严重的还容易引起高钙尿症，同时补钙过量还可能限制大脑发育，并影响生长发育。血钙浓度过高，钙如果沉积在眼角膜周边将影响视力，沉积在心脏瓣膜上将影响心脏功能，沉积在血管壁上将加重血管硬化。

1岁左右的宝宝如果没出牙，只要没有其他毛病，注意合理、及时地添加泥糊状食品，多晒太阳，就能保证今后牙齿依次长出来。是否需要补钙治疗，要看宝宝是否缺钙，补钙也必须遵医嘱，切不可滥用钙剂等药物盲目补钙。当然，为了防止宝宝缺钙，可适当地多吃些含钙高的食物。

何时需要补钙

前面说到，宝宝头汗多、肋骨外翻、出牙晚等不一定是缺钙，但如果出现这些症状，或者宝宝原本黑色的头发变黄、晚上睡觉不踏实等，妈妈找不到别的原因而怀疑他缺钙时，可以带宝宝到医院做一个微量元素检查。

在确定宝宝确实缺钙时，应遵医嘱，补充钙剂。

为什么一直补钙还缺钙

有的宝宝每天喝的奶中含有足量的钙，也有的宝宝还额外补充钙剂，但这样的宝宝仍然缺钙，这是为什么呢?

一般来说，宝宝补钙还缺钙的原因不外乎两个：一是吸收效果不佳；二是补钙的方法不对。遇到这种情况，妈妈要注意下面的问题：

1 补钙的重点在于吸收

当钙随食物吃进以后，还需要多种因素来促进机体的吸收与利用，才能充分发挥作用。就是最易消化吸收的牛奶，钙的吸收率也只有50%，其他含钙食物吸收率更低。维生素D能调节体内钙、磷代谢，促进钙的吸收利用。

2 各营养元素之间的微妙关系会影响到钙的吸收

钙磷比例需均衡

正常情况下，宝宝体内的钙、磷两种矿物元素的比例是2:1，如果宝宝的食谱恰恰是这个比例，那么钙的吸收利用率就会高。碳酸饮料、可乐、咖啡、汉堡包、比萨饼、小麦胚芽、炸薯条等食物都富含磷，如果过度使用，会使体内钙与磷的比例高达1:10以上，磷一旦多了，会把体内的钙“赶”出体外，导致缺钙。

补钙要补镁

钙与镁的比例为2:1时，最利于钙的吸收与利用。但是很多妈妈往往只注重补钙，却忘了补镁，导致体内镁元素不足，进而累及钙的吸收。富含镁的食物有坚果（杏仁、腰果和花生）、黄豆、瓜子（向日葵子、南瓜子）、谷物（特别是黑麦、小米和大麦）、海产品（金枪鱼、鲭鱼、小虾、龙虾）等。

3 蛋白质摄入过量会影响钙吸收

如果天天给宝宝安排大鱼大肉却缺少青菜水果，打破了食物的酸碱平衡的话，无论怎么补钙也是无济于事。

4 盐分摄入过多影响钙吸收

盐的摄入量越大，钙的吸收越差，尿中钙的排出量越多，所以减少盐的摄入等于补钙。特别是小宝宝，对盐的敏感度较高，不可按照成人口味给盐，只要适当地有点咸味即可。

给宝宝补充钙剂要注意什么

对于需要额外补充钙剂的宝宝，在补充时需要严格遵守医嘱，服用不当，反而会对身体造成不良影响。此外，在补充钙剂时，需要注意以下细节：

1 “少量多次”的原则

当人体每次摄入钙低于或等于50毫克时，钙的吸收率最高，所以给宝宝服钙片时，尽量采取“少量多次”的原则，以达到最好的吸收效果。

2 碳酸钙的最佳服用时间是饭后半小时

此时服用钙制剂，吸收率最高、利用率最好，能充分发挥钙剂的各种效能。而进餐时胃分泌较多的胃酸，有利于补钙剂的吸收率达到最高点。

3 钙剂不可与植物性的食物同吃

植物性的食物比如蔬菜中多数含有草酸盐、磷酸盐等盐类，它们可以和钙相结合生成多聚体而沉淀，从而妨碍钙剂的吸收。所以钙剂不可与植物性食物同吃，如食物中的豆腐和豆制品不宜与蔬菜一起烹制也是一样的道理。

4 钙剂不可与油脂类食物同吃

油脂分解之后生成的脂肪酸与钙结合形成奶块，不容易被肠道吸收，最终随大便排出体外。所以给宝宝补充钙剂的时候，不要同时吃油脂类食物。

补钙过量有什么不良后果

宝宝缺钙固然不好，但如果补钙过量，同样会给宝宝带来不良后果。短期补钙过量的后果是引起厌食、便秘，长期过量补钙还可能患上很多疾病：

1 长期过量补钙，可能造成囟门过早闭合，如果在6个月前闭合，很容易造成小头畸形，制约宝宝的大脑发育。

2 肠道中过量的钙会抑制铁、锌等二价离子的水平，影响宝宝铁、锌在体内的水平，导致食欲缺乏、免疫力下降、厌食、生长缓慢、贫血、精神疲乏等问题。

3 长期过量补钙，还会出现骨骼过早钙化，骨骺提早闭合，使骨发育受到影响，最终会影响身高。还会使骨质变脆，容易发生骨折，并增加了泌尿系统形成结石的机会等。

因此，父母一定要遵医嘱，不要随便补钙或者增加补钙量，以免造成不必要的伤害。不要超过每天400毫克。如果发现有可能钙过量的症状，就要尽快检查宝宝是否补钙过量。

宝宝补钙美食

糖水火龙果——补钙补铁

原料：熟透火龙果1个。

调料：糖少许。

做法：

1 将火龙果去皮，取肉，切成小方块。

2 锅置火上，放入火龙果，加入糖和水，用小火煮15分钟左右，将火龙果连汤倒入碗中，凉凉后喂食即可。

做法小叮咛

也可将火龙果换成樱桃或其他宝宝喜欢吃的水果。

营养早知道

火龙果营养丰富，婴儿食用能补充钙、铁，有利于生长发育。

山药胡萝卜粥——补钙

原料：淮山药30克，胡萝卜20克，大米20克。

做法：

1 淮山药、胡萝卜均削皮，切小丁。

2 大米淘洗干净，入锅加水煮滚。

3 加入山药及胡萝卜一起煮开，转小火续煮约15分钟即成。

做法小叮咛

水不宜放太多，2杯水即可。

营养早知道

山药可促进肠胃蠕动，有利于宝宝的脾胃消化吸收；还具有抗菌、增强免疫力的功能。山药营养价值高，能有效补充宝宝的营养素，为宝宝的健康打好基础。

合理饮食防缺铁

Heli Yinshi Fang Quetie

宝宝缺铁有哪些症状

宝宝在胎宝宝期储备在身体里的铁大概可以保证6个月之需，如果没有及时合理地补充，就有可能会缺铁，导致缺铁性贫血。

宝宝如果缺铁了，会有一些症状，妈妈平时要留心观察，如果宝宝有下面的现象，要及时带宝宝去医院检查。

1 一般表现

口唇、口腔黏膜、眼睑、甲床、手掌苍白，有时烦躁不安，并伴有心率加快、食欲缺乏、恶心、呕吐、腹泻、腹胀或便秘等现象，而且免疫力差，易患各种感染。

2 其他系统的表现

消化系统：有食欲缺乏、恶心、呕吐、腹泻、腹胀或便秘等现象。

呼吸循环系统：由于缺氧，可有代偿性呼吸、心率加快，活动或哭闹后更明显，严重者可出现心脏杂音、心脏扩大甚至心力衰竭。

免疫功能降低：易患各种感染。T淋巴细胞功能减弱及粒细胞杀菌能力降低。

肝、脾、淋巴结肿大：由于骨髓外造血反应，肝、脾、淋巴结可有轻度的肿大，年龄愈大，病程愈长，贫血愈重者，肿大愈明显。

何时应额外补充铁剂

如果宝宝缺铁，医生会给开一些铁剂补充，一般情况下，遵医嘱服用，缺铁现象很快就会改善。宝宝服用铁剂可能会有些不良反应，比如胃部不适、恶心、呕吐、腹泻等，尤以服药的最初几天为重，此时不宜停药，不过可以改变服用方法，比如饭后服用，或者隔2~3天服用一次，可以减轻不良反应。

需要提醒的一点是，铁虽然是人体的必需微量元素，但铁过量比缺铁的后果更严重。因此，不要随便补铁，需做完检查确定缺乏时再补。

哪些食物富含铁

对于轻度缺铁的宝宝，大部分都可以通过食用富含铁的食物获得补充铁，并不需要额外补充铁剂。

宝宝可以多摄入些动物肝、肉、血等食物，这些食物中铁含量也比较丰富。另外，要多吃一些含有维生素C的食物，如青椒、番茄、辣椒、菜花、土豆、杏、苹果、桃、橘子、橙子等。维生素C可以促进铁的吸收。

补充铁剂要注意什么问题

宝宝补充铁剂宜在医生指导下进行，此外，在补充铁剂时，妈妈需要注意如下问题：

1 铁剂不宜放置过久。补铁制剂是二价铁，放置过久，存贮不当，二价铁可氧化成三价铁而影响吸收。

2 铁剂不宜过量服用。铁剂药片、药丸，外面包有糖衣，易被宝宝吞服。如果用量较大，会刺激胃肠黏膜，引起腹痛、腹泻等症状，严重者可发生昏迷，甚至死亡。

3 服用铁剂后，可使宝宝大便变黑，这是正常现象，停药后就会消失。

4 铁剂不宜在饭前服用。铁剂对胃黏膜有刺激性，饭前服使人难以耐受，宜饭后服。

5 铁剂不宜与茶、牛奶、咖啡同服。牛奶含磷高，影响铁的吸收；茶和咖啡中的鞣酸可使铁的吸收减少75%。宜用温开水送服。

6 服用铁剂时加服维生素C，能促进铁吸收。

宝宝补锌专题

宝宝缺锌有哪些症状

锌是促进宝宝生长发育的重要元素，如果缺锌就会使得宝宝的机体生理功能产生紊乱。一般来说，如果发现宝宝有下面的症状，可能是缺锌造成的：

1 消化功能减退，食欲缺乏。缺锌会影响舌黏膜的功能，从而使味觉敏感度下降，引起宝宝厌食，严重的甚至出现异食癖，比如喜欢吃泥土、煤渣等。

2 反复口腔溃疡。缺锌的宝宝经常口腔里长溃疡，或者舌苔上出现一片片舌黏膜剥脱，就类似地图状，被称为地图舌。

3 生长发育变慢。锌是人体代谢必需微量元素之一，一旦缺乏就会影响细胞代谢，妨碍生长激素的功能，导致生长发育受到影响，使宝宝身材矮小。

4 免疫功能降低。缺锌会损害细胞的免疫功能，使宝宝容易患感染性疾病，比如经常发生上呼吸道感染或支气管肺炎等。

5 智能发育落后。缺锌会使脑细胞中的DNA和蛋白合成发生障碍，从而影响宝宝的智能发育。

此外，某些缺锌的宝宝还会出现指甲长白斑、手指长倒刺、视力下降、夜视困难、近视、远视、散光等症状。

如何通过食物来补锌

富含锌的食物有牛肉、羊肉、猪瘦肉、动物肝、花生、黄豆、胡萝卜、牡蛎等。据测定，动物性食物的含锌量高于植物性食物，且动物蛋白质分解后所产生的氨基酸能促进锌的吸收，吸收率一般在50%左右；而植物性食物所含锌，可与植物酸和纤维素结合形成不溶于水的化合物，从而妨碍人体吸收，吸收率仅20%左右。

宝宝应从6个月起，逐渐开始添加容易吸收的富锌辅食：瘦肉末、蛋黄、鱼泥、动物肝、牡蛎、花生米粉、核桃仁粉等。

对于1岁以上的宝宝，应注重饮食结构合理平衡，粗细杂粮混合搭配。平时还应注意不要吃过多的味精、白糖和甜食，以免影响锌的吸收。

何时应额外补充锌剂

大部分宝宝都可以通过食补来达到补锌的目的，但对于某些经过医院检查，确诊为明显缺锌的宝宝，可在医生指导下给予硫酸锌糖浆或葡萄糖酸锌等制剂。一般用药限定时间，不可超过2~4个月，复查正常后应及时停药。

锌的有效剂量与中毒剂量相距甚小，使用不当，很容易导致过量，诱发缺铁、缺铜、贫血等一系列病症。

补锌过量的危害

补锌过量会引起锌中毒，表现为恶心、呕吐、腹痛、腹泻等消化道症状。这是由于锌在胃液中易转化为氯化锌，氯化锌对胃有强烈的腐蚀性，可导致胃黏膜充血、水肿、糜烂，甚至引起胃血管破裂出血。

补锌过量损害肝脏，严重者会有黄疸性肝炎的表现。

锌中毒可致神经元和胶质细胞的损伤，此外，过高的血锌会抑制白细胞的吞噬作用和杀菌能力，使人体抵抗力下降，容易遭受病菌侵袭。

摄锌过多还会妨碍铁、铜等二价离子的吸收，不仅引起贫血，还会使体内胆固醇、尿酸等增高，以及心肌弹性蛋白分子之间交联不全，有增加罹患冠心病、心肌梗死的危险。

掌握添加辅食的时机

Zhangwo Tianjia Fushi De Shiji

何时开始添加辅食

世界卫生组织通过的新的婴儿喂养报告，提倡在前6个月纯母乳喂养，6个月以后在母乳喂养的基础上添加食物，母乳喂养最好坚持到2岁，以奶类为主、其他食物为辅。辅食指的是除母乳和配方奶以外的任何固体和液体食物，不包括维生素在内。

何时开始给宝宝添加辅食，也可以结合宝宝的表现来看，一般来说，如果宝宝有下面的行为，则可以考虑添加辅食：

宝宝越来越大，运动量也逐渐增加，母乳和奶粉已经不能满足他的营养需求了，妈妈会发现原本睡眠极好的宝宝开始频繁饿醒，这个信号表示应该开始添加辅食了。

宝宝开始对大人吃饭感兴趣，如果宝宝专注地看大人吃饭，甚至表示出很馋的样子，或者拿东西往嘴里塞，妈妈可以舀起食物放进宝宝嘴里，如果宝宝尝试着舔进嘴里并咽下，显得很高兴、很好吃的样子，说明他对吃东西有兴趣，这时你可以开始给宝宝添加辅食了。如果宝宝将食物吐出，把头转开或推开你的手，说明添加辅食的时机还不成熟，可以再等一段时间。

辅食能否取代乳制品

对于1岁以内的宝宝，应该以母乳或配方奶为主，同时辅助添加其他食物，这也是为什么把奶之外的食物称为辅食的原因，绝不能以辅食取代奶制品。

奶类是宝宝重要的营养来源，含有很多对身体发育有益的物质，能促进人体生长。所以即使在宝宝长大后，也应该坚持每天喝一定量的奶。

因此，宝宝添加了辅食后，也不能以辅食为主食，主食还应该是奶类食品。有母乳的妈妈要继续喂母乳，母乳不足的妈妈用配方奶作为补充，如果宝宝不喜欢吃配方奶，也可以给他试试酸奶、奶酪等，也可以尝试鲜牛奶。有的宝宝不喜欢配方奶，但喜欢鲜牛奶。在这些食物中，最先要保证宝宝把母乳吃完，然后是添加的奶粉，最后才是辅食。

对于1岁以上的宝宝，可以逐渐开始向成人饮食转变，可以一日三餐，但即使如此，每天也应该摄取一定量的奶制品。

如何防止宝宝辅食过敏

辅食过敏的表现

在给宝宝添加一种辅食后，要仔细观察，看有没有什么过敏的症状，一般来说，辅食过敏最主要的表现就是肠道和皮肤症状，即会出现稀便，或者皮肤上长疹子，严重的还会出现腹痛、腹泻或者哮喘。疹子是小红疙瘩，有的在顶上有小白点，可以是几颗，也可以是成片的，并且发痒，宝宝会用手抓或表现得烦躁。添加某种辅食后，一旦出现过敏现象就要停止添加这种辅食，以防过敏症状加重。

当然，并不是所有的过敏都是某样辅食引起的，如果父母不能判断宝宝的某些过敏表现是不是辅食引起的，可以到医院做皮肤过敏试验，试验可以帮助判断并找出过敏源。

预防辅食引起过敏

宝宝辅食过敏也是一个比较多发的问题，有过敏性疾病家族史的宝宝、早期曾经发生过过敏性皮肤病的宝宝和过早添加辅食的宝宝发生辅食过敏的概率相对高一些。为预防宝宝辅食过敏，一是不能过早添加辅食，最好不要早于6个月；二是有些致敏性高的食品不能过早添加。

1 麦粉比米粉的过敏性高，在初始添加谷物食物时不要以麦粉代替米粉。

2 纯牛奶及蛋白类食物不要过早添加，如乳酪、蛋糕、蛋白等最好等1岁以后再添加，蛋黄可以在7个月添加。蛋白是一种容易过敏的食物，不要在喂蛋黄的时候顺便喂点，也不要在蒸蛋羹的时候随便加点，都有可能引起过敏。

3 海鲜、鱼、虾是高致敏食物，不要过早加，最好等1岁以后。

4 花生致敏性也较高，要等到1岁以后再尝试，巧克力、柑橘类水果也可能引起一些宝宝过敏，不能过早添加。

另外，家族有过敏性疾病遗传的宝宝，过敏源一般跟长辈是一样的，需要特别避开。

过敏辅食逐渐脱敏

某种辅食引起过敏，需要暂时停止添加，但并不是说以后永远都不能添加了，而是过一段时间再进行尝试。

宝宝的适应能力、抗过敏能力是随着身体发育不断完善和加强的，所以这段时间过敏的食物可能过一段时间就不会再引起过敏，也有可能过敏反应会轻一些，可以采用逐渐脱敏的方法让宝宝慢慢适应曾经引起过敏的食物。

引起过敏的食物应马上停止喂食，过几个月后再少量喂食，观察反应，如果没有反应就可以正常添加，如果仍有反应，应再过几个月尝试，一直到宝宝没有反应了，就可以正常食用了。

如何正确食用鸡蛋

鸡蛋营养丰富，许多妈妈都会给宝宝吃，但给宝宝吃鸡蛋，也有许多注意事项。

1 鸡蛋不宜单吃。鸡蛋中富含蛋白质，几乎不含碳水化合物，但婴幼儿最易从碳水化合物获得能量。如果宝宝的一顿饮食中只有鸡蛋，人体会将部分蛋白质转换成能量，既浪费了蛋白质该发挥的促进生长的作用，又增加了体内代谢负担。若鸡蛋与米粉、粥等同服，会增加蛋白质的利用率。

2 食用鸡蛋清需防过敏。宝宝消化系统发育尚不完善，肠壁的通透性较高，鸡蛋清中蛋白分子较小，有时可通过肠壁而直接进入宝宝血液，使宝宝机体对导体蛋白分子产生过敏现象，导致湿疹、荨麻疹等病。

3 不宜过多吃鸡蛋。宝宝消化能力差，如果让他们大量吃鸡蛋．不但容易引起消化不良，而且由于鸡蛋蛋白中含有一种抗生物素蛋白，在肠道中与生物素结合后，能阻止维生素吸收，造成宝宝维生素缺乏，影响身体健康。

4 不宜吃未煮熟的鸡蛋。即使未打破的鸡蛋也很容易受到沙门氏菌的污染，因而煎蛋要煎3分钟，而煮蛋则需7分钟，否则容易导致细菌性中毒。

5 生病时不宜吃鸡蛋。生病时宝宝的肠胃功能往往较弱，吃鸡蛋难以消化。尤其发热时，更不应让宝宝吃鸡蛋，因为鸡蛋蛋白能产生额外热量，使机体内热量增加，不利于宝宝康复。

怎样让宝宝爱喝水

许多宝宝不爱喝水，各种方法齐上阵，效果却往往并不乐观，迫不得已强行灌服，宝宝不是吐出来就是呛咳，妈妈常为此伤透脑筋。

何时需要喂水

给宝宝添加辅食前，由于母乳和配方奶都是液体食物，水分占80%~90%，因此正常喂养下，宝宝一般不会太缺水，如果此时给宝宝喂水遭到拒绝，妈妈就不用费心思去喂了。但是，如果遇到天气热宝宝出汗多，或者发热腹泻等情况导致宝宝脱水较多时，应酌情给宝宝喂水。

添加辅食后，需要水参与消化，所以需要适量喂水，可以根据宝宝排尿的颜色和大便的情况，适当补充水分。

如何让宝宝爱喝水

1 少让宝宝喝果汁。喝惯了果汁或甜水的宝宝很难接受白开水，所以，平时不要让宝宝喝这些带有味道的饮料。

2 在喂水用具上做文章。选择宝宝喜欢的喝水用具，并经常更换。比如用勺子喂久了，可以试试吸管；玻璃杯子用久了，试试瓷器杯子等。

3 跟宝宝一起喝水。选择一个跟宝宝一样的水杯，妈妈先喝一口，并表现出很美味的样子，诱使宝宝来喝。或者在喝水时，加入一些小游戏，如跟宝宝“干杯”等。

逐渐使辅食多样化

Zhujian Shi Fushi Duoyanghua

如何使辅食多样化

辅食量由少到多

辅食添加量要遵循由少到多、循序渐进的原则。刚开始添加一种食物的时候，量不能太多，米粉一般每天10克就足够，蛋黄可以添加1/4个，蔬菜和水果每次添加5克左右即可。另外，刚开始每天只能添加1顿。这1顿安排在上午比较好，此后每次新增加的辅食种类都应该在上午添加，一旦出现过敏现象，比较严重可以及时去医院。

咀嚼难度由易到难

添加辅食还要考虑到宝宝的咀嚼和吞咽能力，在这一点上也应该遵循循序渐进的原则，由易到难地添加。

刚开始的时候，添加的辅食应该是稀泥糊状的，米粉、蛋黄都要加水调稀，调成流质，方便宝宝咀嚼、吞咽；之后可以是稠泥糊状，水不需要加那么多了，接下来可以在泥糊里留少量颗粒食物，比如豆腐泥糊里留有少量豆腐小丁、土豆糊里留少量土豆粒等，做成半流质食物即可，增加咀嚼难度；到了9个月可以尝试半固体食物，各种泥状、块状食物都可以尝试一些，肉泥、蔬菜泥、水果泥、烂米粥、烂面条等都可以吃一点，最后过渡到固体食物，就什么都可以吃了，把水果、面包、蔬菜剁成小块就可以吃了。

半固体食物到固体食物

经过一段时间的食用，宝宝可能对流质、软质辅食已经不感兴趣了，转而对着大人吃的食物流口水。父母在此时可以给宝宝预备一些接近成人饭食的食物，比如面片汤、豆腐汤、熟烂的稠粥等半固体辅食，慢慢地就可以过渡到肉末、菜丁、软饭、香蕉、蒸红薯等固体食物，还可以准备一些馒头片、水果条等当零食。此时的辅食仍然以蒸煮为主要的烹调方式，食物以软烂为好。

在添加半固体食物的初期，颗粒要小一些，看宝宝的反应，如果宝宝总是把液体咽下，而把颗粒吐出来，说明他对固体食物还感觉陌生，无法接受，就需要过段时间再尝试。

半固体、固体食物不但能帮宝宝磨磨发痒的牙床，还能锻炼肠胃的消化吸收能力，所以适时添加是必要的。

逐渐、少量添加油脂、调料

宝宝1岁以后，消化、吸收能力有所提高，可以承受油脂、调料等带给肠胃的压力，而他也不再满足于没有什么滋味的辅食，加点调料可以增加宝宝的食欲。

在辅食里加油脂和调料要控制好添加量，不要过多。其中油脂每天添加5克左右，最好是橄榄油、葵花子油等不需要高温烹调的油脂，不要吃动物油脂。调料方面只加盐即可，每天摄入量不超过4克，做好后妈妈可以尝一下，以咸味似有似无为好，这样可以让宝宝既能品尝到食物的天然风味，又能感受到食物加盐后的美味，有助于发展敏锐的味觉。加盐的时候，千万不能以大人的口味为标准，盐过量，会加重宝宝的肾脏负担，还会影响钾和锌的吸收。

此外，不要在宝宝的辅食里加味精，味精过量会降低宝宝体内的锌水平，导致缺锌。

制作辅食有什么原则

宝宝的辅食不同于成人食品，所以给宝宝制作辅食不是一件简单的事，不要掉以轻心，要注意以下方面：

1 宝宝的餐具、厨具要消毒

用来给宝宝做辅食的厨具表面都要彻底洗干净，过几天消一次毒，另外，不要用仿瓷或塑料材质的厨具制作辅食，只可用来盛装辅食。

2 选料、加工过程要注意卫生

用来给宝宝做辅食的材料能削皮的要削皮，不能削皮的要在流动的水下冲洗干净，其中鸡肝、猪肝等有毒素的食物要放在水里浸泡30分钟后，再用流动的水冲洗10分钟，才能用来制作辅食。

3 烹调方法以蒸煮为上

蒸煮的方式能最大限度地保留食物中的营养和它的原始味道，很适合宝宝。另外，刚开始添加辅食时不要加盐、油、调料，因为太早加会加重宝宝的肾脏负担，于健康不利，而且会妨碍宝宝体会食物的原始味道。在1岁以后，油盐就可以添加了，可以丰富宝宝的味觉感受，但只能加少许。

4 食物一定要熟透

大人有一些特别的口味喜好，比如喜欢吃较生的蔬菜和半熟的蛋黄等，但是这不适合宝宝，宝宝的辅食一定要全部熟透，这样才能保证附着其上的病菌和污染物能够最大限度地清除，保证宝宝健康。

5 辅食要现做现吃

做熟的辅食放置时间长了，其营养价值降低很多，而且容易滋生细菌，所以一次不要做太多，也不要吃剩饭。如果要吃剩饭，最少要蒸20分钟，充分杀菌才行。

如何选择辅食材料

给宝宝做辅食的食材要满足下面几个条件：

1 大部分蔬菜、水果都是新鲜的时候营养价值更高，放得越久营养流失越严重，所以最好需要的时候再去购买。

2 有些蔬菜营养价值在新鲜时和放置一段时间后没有什么变化，如甘蓝、甜瓜、青椒和菠菜，而有些特殊的蔬菜则在存放几天后营养价值会有所提升，如卷心菜，这两类食材可以提前购买，放置几天后再吃，还有利于其上的农药挥发。

3 不要给宝宝吃反季节的蔬菜和水果，这样的蔬菜、水果中往往含有大量的激素，吃太多可能导致宝宝性早熟。

4 宝宝的食材尽量天然、绿色，无公害、绿色、有机食品在添加剂、农药使用方面控制渐次增高，有机食品添加剂、农药最少，有条件可以给宝宝购买食用。

哪些食物应少吃或不吃

不适合给宝宝做辅食的食物也有很多，妈妈注意要避免：

1 刺激性大的食物不能给宝宝吃，包括辛辣、油炸、熏烤食物。此时的宝宝肠胃功能弱，受不了这些食物的刺激，吃后容易出现腹泻或便秘。

2 难消化的食物少给宝宝吃，包括牛蒡、藕粉等，这些食物淀粉含量太高，不适合宝宝的肠胃。

3 甜食少给宝宝吃，包括巧克力、奶油蛋糕、果酱等，一方面容易发胖，另一方面对宝宝的牙齿不好，容易引发龋齿，还有一点容易养成宝宝嗜食甜食的毛病，以后很难纠正。

4 有一些人工加工产品，比如腌渍菜、饮料等，含有人工色素、防腐剂、抗氧化剂、香料等添加剂，有可能引起过敏反应，而且其中容易残留污染物质，不适合宝宝吃。

5 不要给宝宝喝碳酸饮料和茶，碳酸饮料糖分含量过高，而碳酸会影响体内钙磷比例，引起缺钙，茶水中的鞣酸会与体内铁、钙、锌等元素结合，引起这些营养物质的缺乏，所以都不应该给宝宝饮用。

此外，还有些食物容易引起危险，如果冻、糖果、坚果、口香糖等也不要给宝宝吃。

汤泡饭更有营养吗

有些妈妈相信汤比食物更有营养，再加上给宝宝用汤泡饭、泡馒头、泡面包吃，宝宝容易吞咽，喂食也比较方便，许多妈妈就长期给宝宝吃汤泡饭，但这种做法弊大于利，所以不宜长期应用。

首先，汤泡过的饭，体积膨胀，同样的饭占用宝宝胃容量却加大了，致使每餐的实际摄入量减小了，宝宝这样吃很容易饥饿，长期下去还会营养不良。

其次，汤水与饭一起进入胃里，会冲淡胃液的浓度，不利于消化，长时间下去，可引发胃病。

再次，汤泡饭，太容易吞咽，一般不需经过咀嚼，不需接触唾液酶，就直接滑入食道，进入胃里。因为没有唾液酶的初步分解，胃的负担就会加重；宝宝习惯了汤泡饭以后，咀嚼能力就不能持续得到锻炼，成人后的脸型会受影响。

此外，汤泡饭的味道比较杂乱，宝宝不能明确尝到各种食物的具体味道，不利于他味觉的发育、完善。

因此，建议妈妈不要长期给宝宝吃汤泡饭。

锻炼宝宝咀嚼能力

Duanlian Baobao Jujue Nengli

宝宝咀嚼能力弱有什么后果

宝宝长牙后，就要开始注重培养他的咀嚼能力，有的妈妈说："我的孩子嗓子很细，都9个月了，吃点有渣的食物，就呛得把原来吃的食物都吐出来了。"其实这不是嗓子细，而是从小缺乏咀嚼能力锻炼的结果。

有的人理所当然地认为给宝宝的食物越烂软越助于消化，其实这是不对的，宝宝咀嚼能力弱，对宝宝的身体健康有较大的不利影响。

首先，宝宝的肠胃接触不到比较粗糙的、硬的食物的刺激和锻炼，其消化功能会受影响，无法达到正常食物的消化要求。

其次，忽略宝宝的咀嚼能力锻炼，给他食用加工特别细腻的食品，营养流失较严重，长期吃这样的食品容易造成营养吸收不良。

再次，宝宝的口腔肌肉功能得不到锻炼，会影响脸部、口腔肌肉的生长。而牙龈和牙齿没有得到适当的挤压和锻炼，发育和排列也容易受影响，可能不牢固或者牙列拥挤，而且舌头、嘴唇等口腔器官的灵活度也会受影响，影响宝宝的语言表达能力发展。

此外，如果家长没有积极训练宝宝的咀嚼能力，并忽略提供各个阶段不同的辅食，等宝宝过了1岁之后，家长就会发现宝宝因为没有良好的咀嚼能力，而无法咀嚼较粗或较硬的食物，有可能造成营养不均衡、挑食、吞咽困难等问题。

所以，锻炼咀嚼能力是必要的，不要因为担心宝宝嚼不动或者咽不下而不给他吃硬食。

哪些习惯会阻碍咀嚼能力发展

妈妈有些好心的做法，恰恰成了宝宝发展咀嚼能力的阻碍，要尽量避免。

首先，到了该加辅食的时候没加。宝宝锻炼咀嚼能力的最佳时期是6~12个月，在这段时间必须循序渐进地给宝宝加辅食，不然，宝宝的咀嚼能力就容易薄弱。

其次，把食物煮得太软烂。妈妈总是担心宝宝的咀嚼能力没那么好，因此总是给宝宝提供稀饭和煮烂的青菜、肉类等，宝宝没有机会接触较干、较硬的食物，咀嚼能力的发展也会受影响。

最后，辅食没有及时调整为主食。宝宝的辅食和奶类食品的比例是随着时间逐渐增大的，如果始终保持奶类食品为主，宝宝的咀嚼能力也很难获得较大的进步。

如何培养咀嚼能力

在宝宝的成长过程中，到某个月龄或年龄他就具备培养某种能力的条件和基础，这个月龄或年龄，就是培养该种能力的关键期。错过这个时机，培养就比较困难。

首先，给宝宝的食物既要注意适应其消化能力，也要注意锻炼促进消化能力。随着月龄的增长，食物要由细软逐渐变得粗硬。6个月左右可吃些泥状、糊状食物。7~8个月时可吃些烂粥、烂面条等有渣的食物，粥和面里还可加些切得碎碎的、炒得烂烂的纤维素少的菜末，刚加时大便里可能会带些菜末或颜色稍发绿，只要不是腹泻，都是正常的。9~10个月时可给些馒头片、面包片等有一定硬度的食物，既能增强咀嚼功能，且能刺激牙床，促进乳牙的萌出。1岁左右，蔬菜、肉类等辅食可切成碎末，2岁左右可切细丝、薄片、小丁。

其次，培养咀嚼能力要循序渐进，如果到了七八个月，宝宝仍然不接受用勺子喂食，而喜欢用奶瓶，那就要从用勺子开始训练，如果到了九十个月，宝宝仍然不能吃固体食物，就要训练他从软质固体食物开始吃，总之在薄弱环节着手就可以了。

最后，培养宝宝的咀嚼能力，还应注意喂饭不要太快，也不要等到宝宝过于饥饿时再喂食。喂饭时，等宝宝把食物嚼碎咽下后再喂第二勺。

向成人食物过渡

Xiang Chengren Shiwu Guodu

如何向成人食物过渡

宝宝1岁后，就可以开始向成人的食物过渡了。

宝宝的饮食越来越接近成人了，可以享用更多更美味的食物。

宝宝可以吃的食物性状接近成人饮食，可以吃软饭、肉丁、碎菜等，食物的种类也在增加，面包、面条、通心粉、薯类、蛋、肉、鱼、肝、豆腐、乳酪等都可以吃了，四季各色蔬菜、水果可以让宝宝特别多吃点，另外海产品紫菜、海带，含油脂丰富的坚果如核桃等也可以吃了，还可以用些黄油。宝宝每天要吃包括肉、蛋、奶、蔬菜、水果等在内的辅食10种左右，每个月吃过的辅食种类最好能达到30种。

多采用不同食物种类，是保持宝宝旺盛食欲一个要点，另外烹调时多变换花样也是很必要的，不要让宝宝吃腻辅食。

此外，要注意的是，给宝宝的食物种类可以增多，但在烹调方法上，还应以蒸煮为主，尽量避免油炸食物，也不能像成人食物一样，添加过多调料。

能否让宝宝上餐桌

宝宝的饮食习惯固定，饮食模式接近成人，能够跟上大人的饮食节奏，那就可以让他上餐桌了。宝宝上餐桌，可能会给大人吃饭带来一定的麻烦，但不要因此拒绝宝宝。宝宝上餐桌可以让他熟悉就餐程序，了解就餐秩序，有助于他养成良好的用餐习惯。

每到吃饭的时候，告诉宝宝要吃饭了，然后将他放到专用的餐椅上，让他坐在餐桌边等待。开饭之后，在他的小碗里放上饭菜，给他一把勺子让他自己吃。当然，现在的宝宝还不能自己吃饱，仍然需要妈妈喂他。

能否直接让宝宝吃成人饭

宝宝上了餐桌后，看到大人吃的饭和自己不一样，就开始对大人的饭感兴趣，但现在的宝宝还不适合吃大人的饭，嚼不碎菜中的粗纤维，也消化不了较硬的米饭颗粒，吃大人饭容易营养吸收不佳。

对付想要吃大人饭的宝宝，妈妈可以做做样子，让他以为自己吃的跟大人的一样，比如做饭的时候，将大米的中间挖一个凹坑，煮熟后，这里的饭比较软烂，适合宝宝吃，让他看到父母从锅里盛饭给他，然后把他吃的菜也放在大人吃的盘子里，他要的时候就挑给他，让他误以为自己吃的也一样就可以了。

如何安排一日三餐

1岁以后的宝宝，咀嚼能力增强，消化能力也更完善，饮食基本可以固定在一日三餐，另外加2顿奶。

奶可以安排在早上第一顿和晚上最后一顿，一般是早上六七点，和晚上七八点，每次给奶粉250毫升左右。

宝宝的三餐，肉类每次10~30克，蔬菜、豆腐等每次50~100克，谷类食物150毫克左右，和大人一起吃就可以。

此外，在两餐之间还可以再给些点心，点心可以是果汁、鲜水果泥等，一般120克就够，也可以是饼干、馒头干、面包等2片。

宝宝营养不良和营养过剩

Baobao Yingyang Buliang He Yingyang Guosheng

宝宝营养不良时有哪些表现

很多妈妈常常到发现宝宝出现身体消瘦、发育迟缓、贫血、缺钙等营养缺乏性疾病时才断定宝宝是营养不良了。

其实，宝宝营养状况滑坡，往往在疾病出现之前，就已有种种信号出现了。妈妈若能及时发现这些信号，并采取相应措施，就可将营养不良扼制在“萌芽”状态。以下信号特别值得妈妈们留心：

情绪变化

1 宝宝有郁郁寡欢、反应迟钝、表情麻木等表现的时候，往往是因为体内缺乏蛋白质与铁质，应多给宝宝吃一点水产品、肉类、奶制品、畜禽血、蛋黄等高铁、高蛋白质的食物。

2 宝宝忧心忡忡、惊恐不安、失眠健忘，表明体内B族维生素不足，此时补充一些豆类、动物肝、核桃仁、土豆等含B族维生素丰富的食品大有益处。

3 宝宝情绪多变、爱发脾气则与吃甜食过多有关，医学上称为“嗜糖性精神烦躁症”。除了减少甜食外，多安排点富含B族维生素的食物也是必要的。

4 宝宝固执、胆小怕事，多因维生素A、B族维生素、维生素C及钙质摄取不足所致，所以应多吃一些动物肝、鱼、虾、奶类、蔬菜、水果等食物。

行为反常

1 夜间磨牙、手脚抽动、易惊醒，常是缺乏钙质的信号，应及时增加绿色蔬菜、奶制品、鱼肉松、虾皮等。

2 喜欢吃纸屑、泥土等异物，称为“异食癖”。多与缺乏铁、锌、锰等微量元素有关。海带、木耳、蘑菇等含锌较多，禽肉及海产品中锌、锰含量高，是此类宝宝理想的“盘中餐”。

此外，如果宝宝长期营养不良，还可以出现各种并发症，如佝偻病、各种感染、腹泻、中耳炎、肾盂肾炎等，化验检查可发现宝宝有贫血征象。

宝宝胃口不佳怎么办

宝宝食欲不好，很可能是喂养方式不当引起的，父母要检讨下有没有下面的不当做法：

1 饮食没有规律。没有固定的进食时间，时早时晚，也不控制一餐的时间，时长时短，宝宝正常的消化规律会被打乱。消化不良自然会引起食欲不好。

2 零食不离手。给宝宝太多零食，甚至在饭前仍然吃零食，胃被占得满满的，血糖也总是处于高水平，到正餐的时候吃不下，就会食欲不佳。

3 积食。如果某段时间（如节假日）肉、蛋、奶无节制，吃得太多，会积食。积食了也会食欲不好。

4 进食环境差。如果一边玩一边吃，或者对吃饭有不好的印象，或者父母过度关注宝宝的进食，使他产生逆反心理，都会使宝宝对吃饭不感兴趣。

5 天气转热时，宝宝也会有食欲不佳的情况，这时候可适当给宝宝吃些有酸味或略带苦味的食物来给宝宝开胃。

如果没有任何喂养方式不当的问题，就要考虑可能是宝宝身体的问题，最大可能是缺锌。如果宝宝食欲不佳的情况下，还容易患皮炎、顽固性湿疹，并且头发枯黄、稀疏或脱落，就可能是缺锌了，要到医院做微量元素测定。

保证宝宝好食欲有什么方法

宝宝食欲不佳的时候，不要强迫进食，这可能会让他产生逆反心理，更不愿意吃饭，还是要多从其他方面想办法。

1 给宝宝做的食物要讲究，食物种类多变化，并且巧妙加工，尽量做到色香味俱全。

2 宝宝的饮食要规律，定点定时定量吃饭，不要随便安排，也不要总是诱导宝宝多吃。

3 不要突然改变宝宝的饮食习惯，比如妈妈逢节假日总想给宝宝吃点好的补偿一下平时上班看不到宝宝的遗憾，其实饮食的突然改变会引起宝宝消化紊乱，反而会影响食欲。

4 父母不要太关注宝宝的吃饭问题，宝宝一旦抓住父母这个心理，就会以不吃饭来要挟父母，满足他的要求。因此，父母注意不要总是投其所好，想吃什么就吃什么，也不要在饭桌上跟他讲条件，比如吃完了可以吃糖果或买玩具之类。

除了饮食合理安排，充足的睡眠、足够的运动也是保证好食欲的基础，因此宝宝食欲不佳要从多个方面着手调整。

宝宝患病期间食欲不佳怎么办

宝宝生病时，往往食欲不好，父母需要特别为宝宝安排饮食。

患病期间宝宝的肠胃蠕动慢，消化功能不佳，适应性较差，因此食物要容易消化，难以消化的油腻食物、方便食品等不要给宝宝吃。另外尽量少食多餐，这样肠胃的压力较小。正在添加辅食的宝宝，在患病期间最好不要增加新种类。

生病期间，宝宝的食物应以流质为主，如米汤、米粥、肉汤等，大量的水分可以促进身体的新陈代谢，有助于疾病痊愈。

宝宝偏食怎么办

宝宝的生长发育需要各种营养，如果偏食，就可能导致某种营养缺失而影响宝宝的身体健康。然而事实是，许多宝宝都或多或少存在偏食现象，这时候就需要父母花一点心思了。

1 改变烹调方式。比如宝宝不爱吃炒青菜，可以尝试把青菜跟肉类一起炒，或者在蒸鸡蛋羹时撒一点青菜末，也可以做成馅包在馄饨、饺子或包子里等。

2 养成良好的进餐习惯。给宝宝吃零食要有度，一日三餐要有规律，吃饭时让宝宝上餐桌，让他把吃饭当成一件严肃的事认真对待，而不是一边玩玩具一边吃。

3 树立正面的榜样。父母首先要做到不挑食不偏食，给宝宝以潜移默化的影响。此外，有机会还可以带宝宝跟不偏食的宝宝一起进餐，同伴的榜样作用是巨大的。

4 让宝宝的食物丰富多样。经常变换菜式，把食物做得漂亮，色香味俱全，宝宝是很难拒绝的。如果可以，妈妈就把辅食做出各种造型，花朵、小动物等都可以。

5 让进餐变得有趣。尝试把食物融合在故事和游戏里，让宝宝爱上每一样食物。比如，给宝宝念食物的儿歌，看各种食物的图片。这些儿歌和图片很多都将食物做了拟人化处理，容易被宝宝接受。在吃这些食物的时候，将这些儿歌重现，宝宝就很愿意吃了。

6 适当的奖励。有的宝宝偏爱某些食物，因此当他们不肯吃某种食物时，父母可以采取商量的态度，在他们尝试了该食物后，再用少量宝宝喜欢的食物作为奖励。最重要的是，不可强迫给孩子喂食。当父母动用“武力”喂食时，宝宝就会觉得吃饭是件很可怕的事，势必会产生强烈的抗拒感。

为什么宝宝吃得多却还消瘦

宝宝吃得多，摄入的营养素多，就应该长胖，这是有一定道理的，但是现实生活中，往往有的宝宝吃得多却总长不胖。

当然，胖不是衡量宝宝是否健康的标准。如果宝宝瘦，但是精神好，不容易生病，抵抗力强，大动作和精细动作都能够达标，那就不用太担心。但如果宝宝吃得多却精神不好，体质差，就可能存在下面的问题：

1 宝宝消化功能差

宝宝对食物的消化、吸收差，吃得多，拉得也多，食物的营养素没有被人体充分吸收、利用，这样宝宝就长不胖。所以，妈妈要让宝宝养成定时、定量的饮食习惯。

2 食物质量差

如果宝宝所食用的食物其主要营养素蛋白质、脂肪等含量低，长期吃这类食物，就算吃得再多，宝宝体重也不会增加。宝宝的食物应该以丰富、均衡为原则，要保证宝宝每天所需营养素的量。

3 摄入的营养素跟不上运动量的需要

1岁多的宝宝活动量加大，在饮食方面要求也更高，如果每天所摄取的营养素跟不上宝宝运动量的需要的话，宝宝就长不胖。

4 消化道有寄生虫

如蛔虫、钩虫等摄取和消耗了营养物质，这样宝宝就不能长胖。

5 疾病

不可忽视的一点，就是当宝宝有某种内分泌疾病的时候，他也可能表现为吃得多而体重下降，体质虚弱，此时应该带宝宝去医院做全面体检，查出原因，及时治疗。

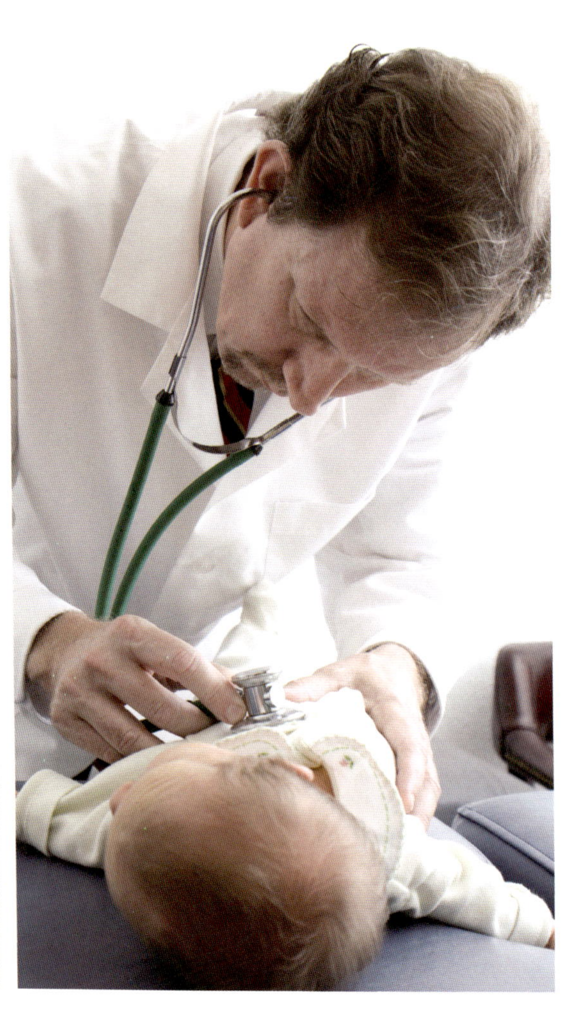

如何避免宝宝营养过剩

不要一味诱导宝宝多食

父母从本能上希望宝宝多吃一些，觉得吃得多就健康，宝宝胖胖的就觉得自己喂养很成功。其实这对宝宝并不好，一味地诱导宝宝多吃容易造成过量进食，从而导致肥胖。因此，父母要停止这种不当做法。

当宝宝表示不想再吃的时候，不要再想尽办法诱导或强迫宝宝“再吃一口”，宝宝的胃本来就小，而且身体消耗能量不是很多，这多出来的一口就可能变成脂肪积存在宝宝身上。最好是让宝宝自己决定自己的食量。如果宝宝摇头拒绝或是将喂进嘴里的食物吐出来，就不要再喂了。

喂食节奏由宝宝自己决定

喂食时，父母应尊重宝宝的节奏，等宝宝彻底吃完口中的食物时，再喂下一口，每次只喂少量。如果宝宝转开头或者抬手挡开勺子时，就是他已经吃饱了，不想再吃了，这时候最好停止喂食，这样一般就不会造成过量喂食了。

如果宝宝有能力了，就应当鼓励他自己吃饭，这样不但有助于开发他的运动技能，关键是可以由他自己掌握进食的节奏和进食量，很少会过量。

餐次不要安排太密集

有的父母总担心宝宝饿着，于是将餐次安排得很密集，这也是过量进食的一个原因。

首先，宝宝一般每隔4个小时进食1次，就不会饿着了，没有必要2个小时喂1次，这样不但会造成过量进食，引起肥胖，还可能会使宝宝厌食。除了固定的进食时间外，最好不要再给宝宝食物。

其次，饭后不要再给甜点等。有的父母希望宝宝多吃点，于是许诺饭后可以吃点心、糖果等，无端端地增加了进食量，不是一个好做法。在宝宝可以吃饼干、面包等零食后，也不要给太多。

其实，宝宝饿了就会要吃的，所以不要总担心宝宝会饿着。

理性对待宝宝吃零食

Lixing Duidai Baobao Chi Lingshi

宝宝爱吃零食怎么办

零食一般都是一些含糖、含油脂的东西，吃在嘴里会比较甜甜的、香香的，所以几乎每个宝宝都喜欢吃，但是要切记宝宝的生长不是那些零食就能满足的，而且宝宝的胃容量很小，如果经常吃零食，他会吃不下饭，久而久之，就会影响生长发育。要纠正宝宝吃零食的习惯不是一件容易的事，需要父母拿出耐心，循循诱导。

1 首先要保证主食可口。不要妄想宝宝会放弃美味的零食而选择寡淡无味的主食。所以做饭前适当征求宝宝的意见，多准备几样宝宝爱吃的食品。

2 零食要禁，也无须全禁。每天给宝宝固定零食，以免宝宝总是惦记。但要注意吃饭前不要让宝宝吃零食、喝饮料，让他有一定的饥饿感，坚持等到吃饭。

3 让宝宝专心吃饭。进餐中不要给宝宝提问题或讲其他事情，这样会分散宝宝的注意力，最好简单地讲一下饭菜的营养，刺激宝宝的食欲。

4 适当安排宝宝运动。如早上的锻炼身体和晚饭后的散步及运动游戏等。运动量的增加会刺激宝宝的食欲，让他感觉吃饭也很香。

5 多给宝宝灌输零食不健康的观念。时常编一些小故事，植入式地灌输零食不利健康的观念，让宝宝发自内心地了解，零食对身体并没有帮助，应该减少食用零食。

宝宝能吃哪些零食

零食是指主食以外的糖果、点心、饮料、水果等。合理控制宝宝的零食，但并不是说所有的零食都要绝对禁止。一些水果或是一些比较健康的小点心，可以适当给宝宝吃一点来解馋。

水果：水果是宝宝喜欢吃也能够吃的食物。水果中含有葡萄糖、果糖、蔗糖，易被人体吸收；水果中的有机酸可促进消化，增进食欲；水果中含有果胶，有预防便秘的作用；此外，水果还是维生素C的主要来源。

谷类食物：含碳水化合物较多的谷类食物制成的食品，易于消化，可适量摄入。如松软的面包、蛋糕、脆饼干等可作为宝宝的午后加餐。

坚果类：如花生、瓜子、开心果、榛子、核桃等，含有人体需要的一些脂肪酸、B族维生素、微量元素锌等，这些都是宝宝长身体时需要的营养素。挑选时要注意选择少盐非油炸的。

蛋类、豆制品、牛奶、酸奶：含有丰富的钙和蛋白质，有益于骨骼和牙齿生长。

甘薯类：含丰富的维生素、矿物质和膳食纤维，有益生长。

此外，妈妈可以自制一些小零食，如烤一些小饼干或小糕点、榨一杯果汁、烤一个红薯等给宝宝当零食。自制的优势是可以选择健康安全的食材，控制糖和油脂的加入，可以不添加防腐剂和色素等，既营养又美味。

要注意的是，宝宝的胃容量很小，消化能力有限，吃零食一定要适量。吃零食的时间最好放在两次正餐中间。注意不能不停地给宝宝吃零食，因为宝宝口中老是塞满食物容易发生龋齿，尤其是含糖食品，会影响食欲和营养的吸收。

第三章

宝宝护理常识

护理宝宝跟护理花园是一样的，园丁的精心付出，会开出漂亮的花朵；而父母的精心付出，也一定会养育出聪明伶俐的宝宝。

新生宝宝的特殊照料

Xinsheng Baobao De Teshu Zhaoliao

新生宝宝为什么会长牙

有的新生宝宝出生时口腔内牙床上或口腔顶部两侧有粟米状或米粒大小的白色颗粒，数目不一，看上去很像刚长出的小牙。有的人认为这是孕妇补钙过度导致的婴儿牙齿过早萌出，这是不科学的，因为这并不是真正的牙齿，而是俗称的“马牙”，会在一段时间后脱落。

“马牙”是由上皮细胞堆积而形成的。在胎宝宝时期，乳牙就开始发育了，而乳牙的前身就是上、下颌牙板。在胎宝宝出生前，牙胚已形成到一定程度，牙板就会退化吸收了。但有的胎宝宝的一部分牙板角化形成“上皮珠”，存在于牙龈的黏膜上，这就是我们所看到的“马牙”。

“马牙”属于正常生理现象，几个星期后会自行消失，不会影响宝宝吃奶，不需特别处理，一段时间会自行消失。若口腔长溃疡，溃疡面凹陷于正常黏膜，会引起吃奶时疼痛。有时局部黏膜会有少量渗血，几天后自行愈合。

过去的一些老人认为“马牙”不祥，应该去掉，就想用蘸盐水的布去擦，或用缝衣针去挑破。殊不知这样做的危害很大，宝宝的口腔黏膜很薄，血管很丰富，如有破口极易引起感染，甚至造成败血症。

新生宝宝螳螂嘴能用针挑吗

新生宝宝在口腔的两侧颊部都各有一个较厚的脂肪垫隆起，俗称“螳螂嘴”。它是口腔黏膜下的脂肪组织，在吸吮时，它可以使口腔内的负压增大，帮助宝宝有力地吸吮。

“螳螂嘴”属于正常的生理现象，随着吸吮期的结束，就会慢慢消退，无须特殊处理。有些老人认为，把它去掉就会增加新生宝宝的食欲，而采用一些无知的手段处理，如用针挑、刀割或用粗布擦拭等，这是极其危险的，与挑“马牙”一样，挑螳螂嘴也会引起口腔黏膜破损，造成感染。轻者局部出血或发生口腔炎，重者可引起败血症，危及新生宝宝的生命，其后果是极其严重的。

新生宝宝脱皮是否正常

几乎所有的新生宝宝都会出现脱皮的现象，无论是轻微的皮屑，还是像蛇一样的脱皮，只要宝宝饮食、睡眠都没问题均属于正常现象。由于胎宝宝一直生活在羊水里，当接触外界环境后，皮肤就开始干燥，表皮逐渐脱落，1~2周后一般就可自然落净，呈现出粉红色、非常柔软光滑的皮肤。

由于新生宝宝的皮肤角质层比较薄，皮肤下的毛细血管丰富，脱皮时，妈妈千万不要硬往下揭，这样会损伤皮肤，引发感染。如果脱皮伴有红肿或水疱等其他症状，则可能为病征，需要就诊。

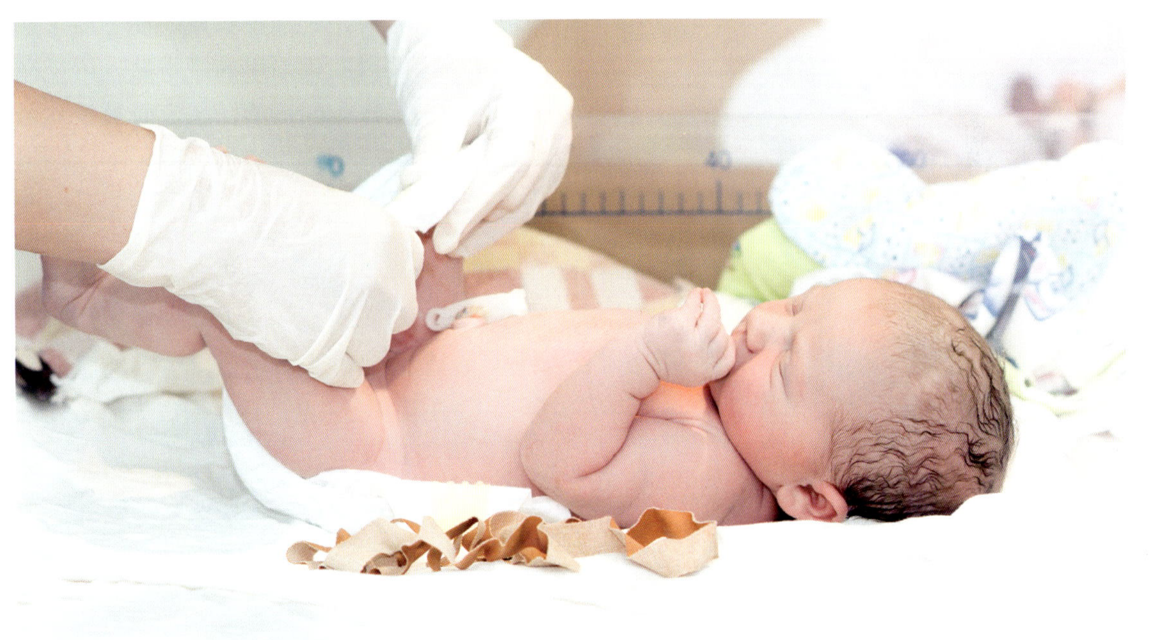

如何护理脐部

脐带脱落前的护理

宝宝出生后1~2周内，脐残端会自动脱落。脐带内的血管与新生宝宝血循环系统相连接，脐带结扎后，形成天然创面，是细菌最好的滋养地，如果不注意消毒，就会发生感染。

1 洗净双手，一只手轻轻提起脐带的结扎线，另一只手用酒精棉签仔细地在脐窝和脐带根部细细擦拭，再用新的酒精棉签从脐窝中心向外转圈擦拭消毒，消毒完毕后把用手提过的结扎线也用酒精消消毒。

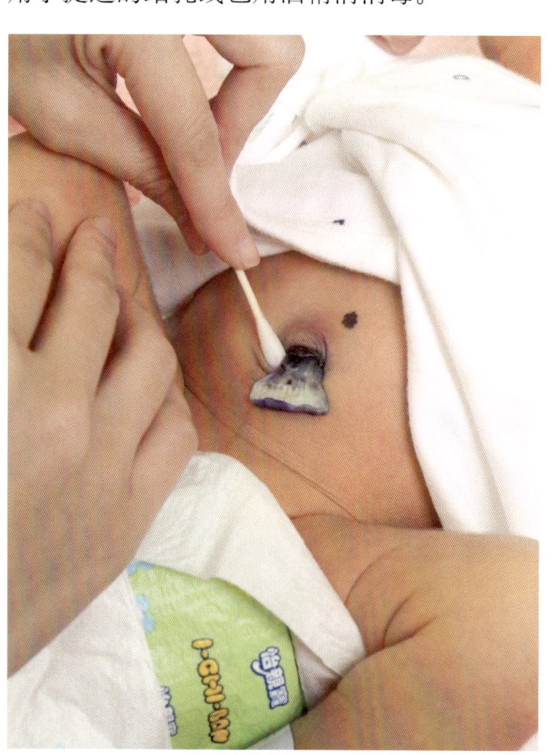

2 新生宝宝脐部需要一直保持干燥，因此，在脐带脱落之前，不能让宝宝泡在浴盆里洗澡，尿布不要盖到脐部，以免尿液弄湿脐部创面，引起感染。当脐带被水或尿液浸湿时，应马上用干棉球或纱布擦干，并进行脐部护理。

3 妈妈还要注意，干瘪而未脱落的脐带很可能会让幼嫩的宝宝有磨痛感，因此妈妈在给宝宝穿衣、喂奶时注意不要碰到它。如果这个时期的宝宝突然大哭，又找不到其他原因，那可能就是脐带磨疼他了。

4 脐带布要经常换洗，脐带布可用一块长形的布条，两端缝上2根带子，这样的脐带布使用方便，应准备数根，便于经常换洗。有些医院会准备专用的脐带贴，可以减少很多护理工作，只需遵医嘱定时更换就可以了。

脐带脱落后的护理

脐带残端脱落后，妈妈要每天检查脐部是否异常，对新生宝宝脐端的护理工作还要持续到一个月，因为新生宝宝体内的脐血管要经过3~4周才能完全闭合。每次先消毒肚脐中央，再消毒肚脐外围。不要让尿布的前端盖住新生宝宝的肚脐，要保证肚脐透气，直到确定脐带基部完全干燥。

1 新生宝宝的脐带脱落后，脐窝处经常会有少量的液体渗出，妈妈可以先用2%的碘酒消毒，然后用75%的酒精擦拭，然后再盖上消毒纱布即可。

2 新生宝宝脐带脱落后，有的脐部会鼓起一个大包，内部充满气体，俗称“气肚脐”， 新生宝宝几个月后就会自愈的，这种情况护理时尽量不要让新生宝宝哭，新生宝宝哭时腹压增大，哭的时间久了就会出现脐疝。

3 如果脐带根部发红，或脐带脱落后伤口不愈合，脐窝湿润、流水、有脓性分泌物等现象，应立即就诊。

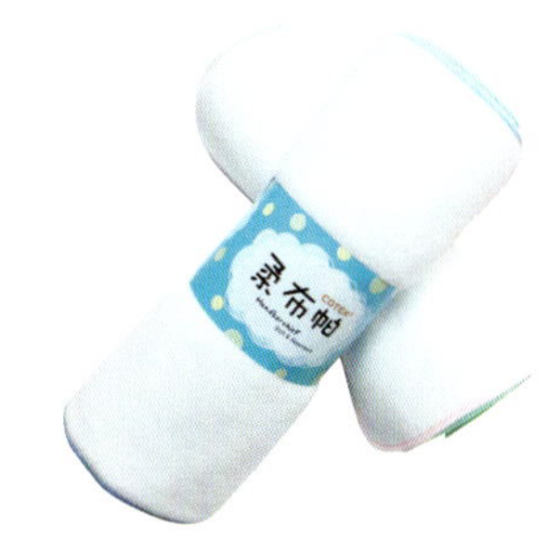

“月经”和“乳房肿大”是病吗

女性怀孕时体内激素与催乳素等含量逐渐增多，到分娩前达到最高峰。这些激素的功能在于促进母体乳腺发育和乳汁分泌，而胎宝宝在母体内也受到这些激素的影响。因此，许多宝宝出生时胸部都会稍稍突起，有些甚至会分泌乳汁，与初乳相似，乳量少至数滴，多可达20毫升。这些都属于正常现象，不需要任何治疗，慢慢会恢复正常，妈妈千万不要挤压乳房，以免损伤、感染，引起乳腺炎。

同样的原因，有些刚刚出生的女宝宝居然有阴道流血，有时候还有白带，家长不必感到惊慌，可用消毒纱布或棉签轻轻擦去阴道流出的少量血液和分泌物，但不能局部贴敷料或敷药，这样反而会引起刺激和感染。

要注意的是，如果宝宝阴道出血量较多、持续时间较长，就应考虑是否为新生宝宝出血性疾病，须及时请医生诊治。

宝宝大小便的护理

Baobao Daxiaobian De Huli

怎样给宝宝换尿布

换尿布的方法

1 在给宝宝换尿布前，先要在宝宝下身铺一块大的换隔布垫，防止在换尿布期间宝宝突然撒尿或拉屎，把床单弄脏。

2 一手将宝宝屁股轻轻托起，一手撤出尿湿的尿布。如果是男孩，则要把尿布多叠几层放在会阴前面，如果是女孩，则可以在屁股下面多叠几层尿布，以增加特殊部位的吸湿性。

3 给宝宝换完尿布后，要认真检查大腿根部尿布是否露出，松紧是否合适，进行合理的调整就可以了。

换尿布的注意事项

1 换尿布要事先做好准备，快速更换。天气较冷时，妈妈应该先将尿布放在暖气上焐热，或用手搓暖和后再给宝宝换上。

2 不要把尿布包得太紧，以容得下两三根手指的宽度为宜，这样可以使宝宝的大腿活动自如。但也不要太松，以免尿布容易掉。

3 尿布不要盖住肚脐。尿布的后方要到宝宝的腰部，前方位于肚脐下两三厘米处，如此可以减少过多肌肤沾染尿便的机会，也可保持肚脐清洁。

4 不能用爽身粉涂抹宝宝的屁股。因为宝宝尿湿后，擦在屁股上的爽身粉容易阻塞汗腺，使宝宝的屁股产生湿疹。

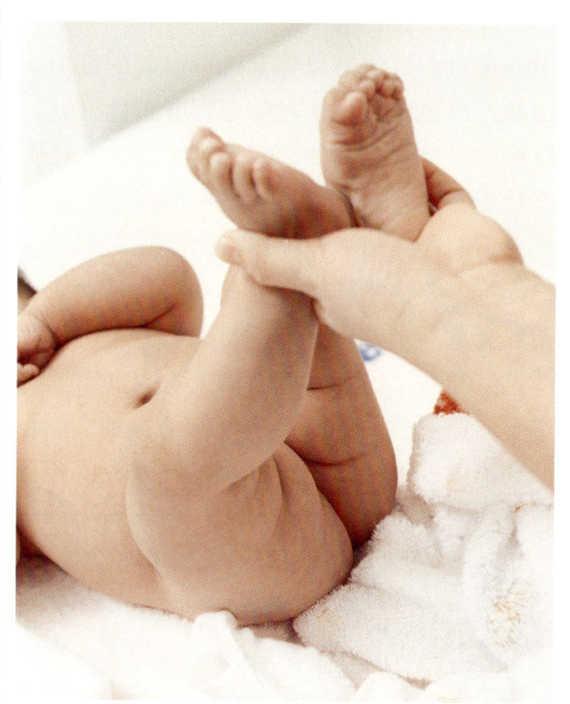

如何合理使用尿布和纸尿裤

尿布和纸尿裤各有优势，将尿布和纸尿裤交替使用，外出和夜间用纸尿裤，在家用尿布，这样既可节省经费又可发挥各自的优点。

尿布吸湿性、透气性都较纸尿裤好，不容易起湿疹。但在外出时，携带尿布和更换尿布都不太方便，用纸尿裤就比较合适。晚上睡觉时，为了不影响宝宝和妈妈的睡眠可以给宝宝使用纸尿裤，因纸尿裤持续时间长，在宝宝睡觉时不会打扰他的睡眠，而且不容易浸透和漏出大小便，能保证宝宝充足的睡眠。

尿布价格较低，而且可以重复使用，尿布的吸收度与密合度较好，不易引起皮肤过敏或尿布疹，但是清洗、携带不方便；纸尿布的优点是方便携带、不必清洗，但是过敏肤质的宝宝必须勤更换。

总之，在确保宝宝健康、舒适的基础上，方便操作即可。

如何识别宝宝大小便信号

对于还不会用语言表达便意的小宝宝而言，妈妈需要多观察宝宝要大小便的表现来及时帮助宝宝解开尿布或纸尿裤。在大小便的时候，宝宝会出现明显的表情变化，妈妈多观察，就能够看懂宝宝排便的信号，并实现适时把便。

宝宝要排大便的信号非常明显，玩得正开心的时候，突然目光发直、表情呆滞，小脸也憋得发红，同时还表现出用力的感觉，这时候妈妈就可以赶快拿来便盆给宝宝把便了。宝宝要排小便的信号是，身体会突然打战，在睡梦中则会突然扭动身体。

不过要明白此时把便并不是训练排便，现在的宝宝还没有控制排便的功能，好处是可以让妈妈少洗几块尿布，也能使宝宝的屁股更清洁。

给宝宝把便好不好

对于1岁以内的宝宝，还不能自己控制大小便，此时把便为时尚早，如果妈妈识别了宝宝要大小便的信号，宝宝又不十分抗拒的话，把一下也无大碍，否则，强行把便不光会造成宝宝的逆反心理，严重的甚至会引起宝宝紧张性尿频。

如果把便的时候，宝宝不配合，总是打挺不排，但一放到床上，立刻又拉又尿，父母也不要生气，这表明宝宝不喜欢把便，不喜欢大人干预他排便，那就不要强行把了。

宝宝真正能够自己控制大小便，大约需要等到2岁半，在1岁以后再训练不迟。

什么时候开始训练如厕

训练宝宝如厕的时间没有具体标准，可以按照宝宝自身的情况来，一般来说，如果宝宝有下列情况，则可以视为训练排便的适当时机：

1 宝宝已形成自己的排便习惯，比较定时，而且在快要大便的时候会脸红、神情专注。如果平时固定在厕所排便，宝宝可能会在想大便时表达想去厕所的意思。

2 宝宝的能力已经发展到一定程度，能自如地自行穿上裤子和脱下裤子；能自己走到放置便盆的地方，坐在便盆上解决；能较长时间不尿湿尿布，最长能达到3~6小时的持续干爽状态，这显示他的膀胱功能和控制能力都在不断提高。

3 知道尿尿和大便的区别，可能会在换尿布的时候提到这些。男孩子很有兴趣跟爸爸一起上厕所，并模仿爸爸的动作。如果尿布湿了，他会觉得不舒服，而且会向你抱怨求助。

4 能理解成人的话，并听从一些简单的指令。

5 开始能意识到自己需要大小便时的那些感觉，而且能表现出来，譬如样子看起来很不自在、身体蜷缩起来，很快他就能学会在大小便之前告诉你他的这些需要。

如何训练宝宝如厕

训练宝宝如厕可按以下步骤来进行：

第一步，摸清宝宝排便规律

训练宝宝养成定时大便的习惯时，要先摸清宝宝每天大约什么时间排便，到了这个时间爸爸妈妈就要格外注意了，如果发现宝宝有出现脸红、瞪眼、凝视、憋足力气等表现，或者玩得好好的突然安静下来一动不动，就应把宝宝抱到便盆前，并用“嗯、嗯”的发音使宝宝形成条件反射，久而久之宝宝一到时间就会有便意了。

第二步，让宝宝熟悉便盆或厕所

宝宝能够坐稳时，就可以开始训练他坐便盆。

将便盆放在宝宝游戏地方的旁边，也允许他当作一般小椅子用，或是穿着衣服进行假装上厕所的游戏。鼓励宝宝每天在便盆上坐一会儿，并把纸尿裤上的粪便放入便盆内，指给宝宝看，使他逐渐理解便盆的用途。

如果不打算使用便盆，则在每次感觉到宝宝需要大小便时，带他去厕所解决。不用担心宝宝会抗拒，因为小家伙在马桶上大小便以及对冲水马桶都会感到很新奇。

当宝宝被带到便盆旁，妈妈可以协助他，或试着让他自己处理。当发现宝宝有排便的表情时，要称赞、鼓励他，加强宝宝的动机。宝宝顺利完成后，要给他鼓励和称赞，增加宝宝对自己如厕的兴趣。

第三步，教会宝宝穿脱裤子

穿脱裤子也是宝宝必须学会的上厕所技能。为了便于穿脱，宝宝学上厕所的阶段应该给宝宝穿带有松紧带的裤子，以免宝宝穿脱不及，解到裤子里。

脱裤子相对来说比较容易，宝宝很容易学会，需要着重练习的是上完厕所后穿裤子。因为宝宝穿裤子的时候往往只知道把裤子提上去，却不知道该提到什么位置，更不知道提好后还要把衣服整理一下。所以，在宝宝提完裤子后，妈妈最好检查一下宝宝穿裤子的情况：如果提得不到位，就要帮宝宝提好；没有整理的，要帮宝宝把衣服弄平，塞到裤子里。这时候最好不要责骂宝宝，而是要多给宝宝讲一讲穿脱裤子的程序和每一步动作的原因，并让宝宝多练习，宝宝很快就会学会穿脱裤子。

宝宝个人用品的选用

Baobao Geren Yongpin De Xuanyong

买衣服要遵循什么原则

大小合适

月龄较小的宝宝往往一天内需要换多套衣服，所以一定要准备足够，但宝宝长得快，因此衣服也一定不要太小，一件衣服至少应保证能让宝宝在两个月都能穿，实际上略大一些的衣物更适应宝宝的生长需求。

一般来说，宝宝前3个月长得最快，大约每月长5厘米，以后每月长2厘米左右，宝宝的衣服也多以3个月为一个档，可以根据码数买大一码的，也可以根据月份选择，还可以根据宝宝身体长度选择。

材质优良

宝宝的皮肤娇嫩，且皮肤功能不完善，容易受刺激，衣服的材料应柔软、舒适、缝合处不能坚硬，要可水洗、不脱色，纯棉质地，针织类最佳，襁褓巾最好买棉质或羊毛绒的，一定要保证质地柔软、舒适。

穿脱方便

衣服的样式切忌过紧，保证不影响尿布的使用，换尿布时不用脱下很多的衣服，前面有较宽开口的衣服或有开领的衣服也是受宝宝欢迎的样式。另外，衣服上最好不要有硬的装饰物或纽扣，不然会让宝宝不舒服。

厚薄适度

衣服的厚薄接近大人就可以了，衣服层数不要太多，最多3层，不过女宝宝的衣服可略厚一点，以免活动少而受凉。

此外，买衣服时一般裤子比上衣多，由于经常尿湿，在大小便规律前更要多准备些裤子，以备换洗。

如何使用放心的清洁用品

宝宝洗护品的主要功能是清洁皮肤和保护皮肤，种类远不及成人用品繁多，主要类别有：宝宝香波、润肤油、沐浴精、沐浴乳、酵素、婴儿皂、湿纸巾、尿布清洗剂等。宝宝的皮肤娇嫩而脆弱，因此，选用安全的清洁用品至关重要。

1 要与宝宝的皮肤状况相宜。虽然婴儿洗护品都很温和、自然，但不同的婴儿洗护品所强调的配方不同，妈妈不能依自己的喜好选择，在选购一种清洁用品时，先少量地给宝宝使用，如果宝宝没有不适，再渐渐增加用量。

2 不可用功能相同的成人用品替代。虽然它的功能是宝宝需要的，但配方和标准不是专为宝宝皮肤设计的，有可能不适合宝宝皮肤的生理特点而造成刺激。选购时，一定要认明“专为婴儿设计”的字样，因为，这类产品已针对宝宝皮肤做过测试。

3 要注重洗护品的内在品质。衡量内在品质是否优秀的标准即是否正规厂家生产及来源于正规渠道，是否经卫生管理部门批准和检测，外包装上应有批准文号、生产厂家、成分、有效期等正规标识。一般而言，选择老牌子、口碑佳的产品较有安全保证。

4 包装要完整安全。包装与色彩的感觉是否高贵不是主要的，首先包装材质要无毒，且要造型易于抓握，不怕摔咬，有安全包装设计，能防止宝宝误食；包装要无破损，容器密封完好，其中的成分未和空气结合而发生变质。

5 如果宝宝是过敏性皮肤，妈妈要请教医生推荐选用专门设计的沐浴用品以确保安全。

新生宝宝需要使用洗浴用品吗

三个月以内的宝宝，皮肤很柔嫩，加上活动量小，身上不会太脏，所以最好不要使用洗浴用品，只需用清水洗一洗，冲洗掉身上的汗液就好。

如果宝宝有难以清理的头垢，可以用少量橄榄油抹在有头垢的位置，待软化后再轻轻地用湿毛巾擦去。

如何给宝宝整理个人用品

宝宝虽然人小小的，个人用品却不少，吃的用的，穿的洗的，非常繁多，妈妈应分类放好，以避免需要用时找不到。

宝宝常用的保健用品

1 量体温用品

建议给宝宝使用电子式耳温枪或肛温计。使用肛温计需在测量部位加入少许凡士林，再插入宝宝肛门1~2厘米，等候至少1分钟。使用耳温枪则必须确保对准宝宝的耳道，并定期请厂商矫正温度。

2 喂药工具

有滴管、喂药杯、喂药器等，方便妈妈将药水直接倒入宝宝口中。不建议将药水加入牛奶或奶瓶，以免牛奶喝不完而影响服用剂量。

3 其他

有吸涕器、退热贴片、冷热敷袋等，建议遵循医生指示使用。

宝宝专用的卫生用品

1 棉花棒

清洁宝宝的耳朵、鼻屎、眼睛以及脐带护理时，都需要使用棉花棒。建议选用宝宝专用的棉花棒，注意棉花棒的轴径，以细轴且棉絮扎实不松散的为好。

2 指甲剪

宝宝专用的指甲剪，有特殊造型设计，方便妈妈给宝宝剪指甲，而不必担心弄伤宝宝细嫩的手指。

3 洗澡用品

澡盆、浴温计、大浴巾、小毛巾、纱布澡巾、纱布手帕等。

此外，宝宝的衣服，也应将内衣、外套、裤子、尿布等分类放好，尤其是裤子和尿布，是1岁以内的宝宝最需要频繁更换的，最好放在最容易取到的地方。

宝宝药品箱里都要准备什么

随着宝宝年龄的增长，各种常见疾病及意外伤害也随之而来，也是很多父母较为困惑和头疼的事情，家中常备一些常用药品是必不可少的。

家庭常备外用药品

药物名称	主要用途
达芬林	一种滴鼻剂，主要治疗鼻塞
施地瑞玛	能增加鼻黏膜的湿度，缓解宝宝鼻干
尤卓尔	用于治疗皮肤湿疹
鞣酸软膏	用于预防和治疗尿布疹
红花油	有活血止痛的功效，用于扭伤、挫伤
碘伏	用于皮肤或黏膜损伤后创面消毒
眼药水	用于治疗结膜炎、眼分泌物增多

家庭常用内服药品

药物名称	主要用途
小儿咽扁冲剂	当孩子发热，并口舌生疮、咳嗽痰黄，伴咽炎、喉炎、扁桃体炎时，表明身体有肺胃实热，可服用小儿咽扁冲剂
小儿感冒冲剂	当孩子受了风热，引起发热、咳嗽、流涕、鼻塞、黏痰多，或流行性感冒时，可服用小儿感冒冲剂
清宣止咳颗粒	当孩子发热，并伴咳嗽、痰白而稀、鼻塞流清涕时，可服用清宣止咳颗粒
一捻金胶囊	当孩子停乳、停食，或腹胀、腹痛、大便秘结时，可服用一捻金胶囊

续表

药物名称	主要用途
珠珀猴枣散	当孩子发热、咳嗽并有痰鸣，或腹部胀气而不思饮食，或烦躁易惊、夜寐不安时，可服用珠珀猴枣散
儿童清肺口服液	当孩子因肺炎、支气管炎引起面红身热、咳嗽气喘、痰多黏稠并经久不愈时，可服用儿童清肺口服液
小儿化食丸	当孩子贪食受凉后，引起肚腹胀满，恶心呕吐、烦躁口渴、舌苔黄厚、大便干燥时，可服用小儿化食丸
四磨汤口服液	当孩子因积食引起腹胀呕吐、啼哭不安、厌食纳差、大便秘结时，可服用四磨汤口服液
小儿消积止咳口服液	当孩子因积食引起咳嗽、喉痰鸣，腹胀如鼓，不思饮食、口中有酸臭气味时，可服用小儿消积止咳口服液
肺热咳喘口服液	当孩子感冒后，引起发热汗出、身寒怕冷、咳嗽痰黄、气喘鼻扇、口干而渴、大便秘结时，可服用肺热咳喘口服液
儿康宁	当孩子身体瘦弱、消化不良，并伴有食欲缺乏时，可服用儿康宁
肺力露	当孩子干咳不止，或喉中出现鸡鸣声，伴气喘难以平卧、呼吸困难时，可服用肺力露

让宝宝睡得香甜

Rang Baobao Shuide Xiangtian

怎样布置宝宝房间

布置宝宝房间是有学问的，不能只考虑好看不好看，实用性和安全性才是妈妈最应该重视的。下面是妈妈在布置宝宝房时要考虑到的一些情况。

温度

宝宝房间的温度要适中。宝宝的体温调节能力还不好，很容易随着外界温度高低变化。因此，室内温度最好控制在25~26℃，宝宝会觉得最舒服。

灯光

宝宝房间的灯光要柔和，不可太过刺眼。妈妈可以使用类似自然光的灯泡或是卤素灯照明。此外，也可以装上数段式转换的灯，偶尔改变室内光线，给宝宝多种不同的视觉感受。

色调

宝宝房间的色调要协调。宝宝视力还没发展完全，尤其是4个月以内的宝宝，可说是个大近视眼，大概30厘米以外的景物就是一片蒙眬了。因此，宝宝房的色调最好不要太过鲜艳，以免过度刺激宝宝的眼睛。

加装窗帘

宝宝房内可以加装窗帘，避免阳光直射房内，刺激宝宝的眼睛。到了晚上，把窗帘拉下也可以增加宝宝的安全感。

地板材质

宝宝房间要使用木质地板。石材地板太冷硬，而地毯容易暗藏尘螨，引起宝宝的过敏问题，因此，宝宝房内的地板材质，最好选择木质。至于宝宝房内经常铺设的安全地垫，为了怕不法厂商使用甲苯或二甲苯等有毒性的化学物质制造，妈妈购买时最好选择有厂牌的产品。此外，安全地垫买回来之后，最好先放到阳台暴晒，让地垫的塑料味散去。如果安全地垫有怪味道，最好停止使用。

寝具

寝具要透气。宝宝的床垫不要选择太厚的海绵垫，否则可能因汗水或尿水累积在海绵垫内无法挥发，而导致宝宝痱子、脓疮等问题。

天花板

不要忘记天花板。3个月内的宝宝会花大量的时间望着天花板，因此要将宝宝房间里的天花板设计得独特一些，比如挂一盏有不同颜色组成的灯。

宝宝屋内能否摆放植物

宝宝的房间里不要摆放花草。有些宝宝对花草过敏；有些花草散发出浓郁的香味，会减退宝宝的嗅觉并压抑食欲；有些花香会吸引带有病菌的昆虫入室，使抵抗力较弱的宝宝患病。而且花草在夜间会吸入氧气，同时呼出二氧化碳，会和宝宝争夺氧气。

如何选择舒适的睡眠用品

宝宝一天中有十多个小时都在睡觉，选择舒适的睡眠用品对保证宝宝的睡眠质量是至关重要的。

宝宝床

宝宝床采用木板床为宜，不应让宝宝睡弹簧床。

正常人脊柱有4个生理弯曲：颈曲、胸曲、腰曲、骶曲。新生宝宝几乎没有生理弯曲，直到以后随着独立支撑头部、独立坐起、独立行走才形成颈曲、胸曲和腰曲。婴幼儿骨骼中所含有机物质较多，钙、磷等无机盐含量相对较少，因此具有弹性大、柔软、不易骨折的特点，睡木板床可使脊柱处于正常的弯曲状态，不会影响宝宝脊柱的正常发育。

睡软床对宝宝不利，因为婴幼儿脊柱的骨质较软，周围的肌肉、韧带也很柔软，由于臀部重量较大，平卧时可能会造成胸曲、腰曲减少，侧卧可导致脊柱侧弯，宝宝无论是平卧或侧卧，脊柱都处于不正常的弯曲状态；有弹性的床，会使翻身困难，导致身体某一部分受压迫，久而久之会形成驼背、漏斗胸等畸形，不仅影响宝宝体形美，而且更重要的是妨碍内脏器官的正常发育，对宝宝的危害极大。

枕头

宝宝三四个月后，就可以使用枕头了，宝宝用枕头一般长度与宝宝的肩膀宽度相等，宽度与头部高度相等最好，高度上随着宝宝的年龄增长而不同，一般3~4个月时应为1~2厘米，6个月后可以用3~4厘米高的。

枕头的填充物最好是纯天然的，荞麦皮、稻壳、稗草籽、茶叶等不软不硬，适合宝宝选用。好的枕头是宝宝睡上去之后，表面略有凹陷，不凹陷说明太硬，凹陷太深说明太软。传统用的豆、小米太硬，睡着不舒服，宝宝的头型也很容易睡偏，不宜做枕芯，而太空棉、羽毛等太柔软，宝宝枕上去，容易出现头部深陷，两侧枕头翘起来的情形，可能影响宝宝的呼吸。枕套与宝宝其他用品一样，以纯棉、浅色为宜，枕套要经常清洗。枕芯需经常放到有阳光、通风好的地方晾晒，最好每星期晾晒1次，以防细菌滋生。

如果宝宝不习惯睡枕头，可能是因为宝宝的头很大，生理弯曲还不是很深，枕头让他不舒服才做出的反应，此时，妈妈不用一次次地把他扶回枕头，尊重宝宝的选择就好。

睡袋

春、秋、冬季很多妈妈担心宝宝睡觉时蹬被子，容易受凉，这时给宝宝用睡袋睡觉是最安全的。

睡袋的款式非常多，只要根据宝宝的睡觉习惯，选择适合宝宝的睡袋就好。比如宝宝睡觉不老实，两只手喜欢露在外面，并做出“投降”的姿势，妈妈就可以选择背心式的睡袋，怕宝宝着凉也可以选择带袖的。

现在市场上宝宝的睡袋有适合春季和秋季用的，也有适合冬季用的。选择睡袋的时候，妈妈一定要考虑居所所在地的气候因素，还要考虑自己的宝宝属于什么类型的体质，然后再决定所买睡袋的薄厚。建议妈妈选择抱被式和背心式睡袋，两者搭配使用。考虑到现在的布料印染中的不安全因素，建议妈妈尽量选择白色或浅色的单色内衬睡袋。

需要干预宝宝的睡姿吗

宝宝会翻身之前的睡姿

一般认为，小宝宝最好采取平卧和侧卧睡姿，这两种睡姿能保证宝宝头部正常发育，睡出漂亮的头型。但是要注意，侧卧时，还是应采取左侧卧和右侧卧交替的方法。因为小宝宝头颅骨尚未完全骨化，各个骨片之间仍有成长空隙，直到15个月左右时囟门闭合前，宝宝头部都有相当的可塑性，如果总保持一种睡姿，宝宝头型就容易睡偏。妈妈应该每2~3个小时要给宝宝更换一次睡眠姿势。经常吐奶的宝宝最好在刚吃完奶时采取右侧卧，这样有利于胃内食物顺利进入肠道。

给宝宝换睡姿的方法：宝宝在睡眠比较浅的时候不要动他，他会不接受，会哭闹不安，转到他喜欢的位置接着睡。在宝宝睡着15到20分钟，比较沉的时候，帮助他改变一下体位，是循序渐进的改变，开始少一点，然后再多一点。

宝宝会翻身后的睡姿

6个月后的宝宝头型基本固定，头颈部的肌肉支撑力已经非常好，加之宝宝已经能够翻身，会自己选择最舒服的睡姿，妈妈就无须过多干预，以免打断睡眠。对宝宝来说良好的睡眠是最重要的。

对于有些睡得特别熟的宝宝，如果长时间不换姿势，妈妈也可以在两次睡眠之间稍加干涉。

如何判断宝宝的冷热

宝宝神经中枢不完善，调节体温的能力不强，所以温度一定要适宜，既要保暖还要防暑。一般父母都比较注重保暖，但实际上，防暑同样重要，所以千万不要给宝宝盖太厚的被子，以免宝宝过热。尤其是月龄较小的宝宝，还没有自己踢开被子的本领，可能会因为棉被太厚而引起高温惊厥。

通过摸体温判断冷热

被子到底厚还是薄还是适合，可以通过摸宝宝的颈部和背部来判断，一般这里温暖、干燥即是最适合的。如果这里湿热多汗，说明盖的有些多；如果有些凉，则需要换个厚点的被子。

通过宝宝的行为判断冷热

对于较小的宝宝，如果感到热时，他会哭闹，有时候甚至小脸通红。而对于较大一点的宝宝，如果感觉到热，他会踢被子，当给他盖上被子时，他会显得很烦躁。

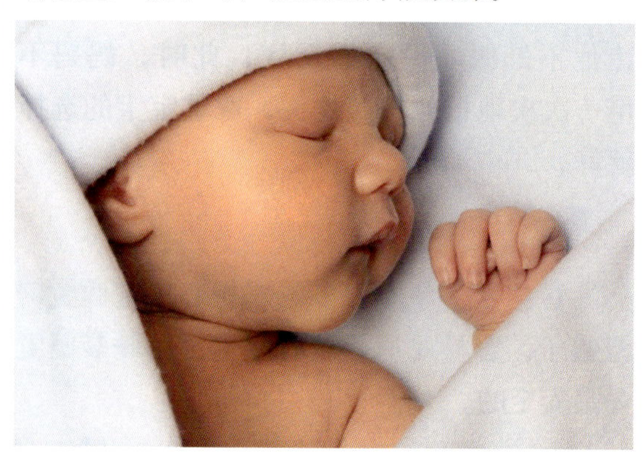

宝宝睡不踏实怎么办

宝宝睡觉不踏实？不少父母第一时间都会认为是缺钙，但有时补了钙却也难见其效。其实，宝宝睡眠不安稳的原因有很多种，不能简单地归结为缺钙。

1 生病因素

很多宝宝从出生2~3周开始至4~6个月会出现肠绞痛现象。表现为哭闹，特别是定时哭闹；腹胀且排便费力，有时会吐奶；喂奶可适当缓解哭闹，因此常有过频喂养现象。这与缺钙等微量营养素无关，与胃肠发育本身不成熟、配方奶喂养、牛奶过敏等因素有关。

宝宝夜间睡眠不踏实，总是扭动身体，而且白天也会出现易哭闹、排气多、大便中泡泡较多等现象，应该是肠绞痛，这是胃肠发育尚不成熟的表现。如果进食、生长正常，就不必担忧了。如果夜间宝宝只是不安，但不经常惊醒，可以不必在意。如果经常哭闹和惊醒，应带宝宝去医院做检查。

2 环境不佳

睡眠的地方太嘈杂，衣服包被过多或过少都会影响睡眠。此外，蚊虫叮咬和突然改变睡眠地点，也会导致宝宝出现睡眠不安。如果宝宝睡觉时鼻尖上有汗珠，摸摸身上潮乎乎的，可能是太热，妈妈应降低室温，减少或松开宝宝。如果摸摸小脚发凉，则表示宝宝是由于保暖不足而不眠，可加厚盖被或用热水袋在包被外保温。

3 积食

有些父母总是担心宝宝吃不饱，睡觉前给宝宝喂较多食物，导致宝宝夜间肠道负担过重，出现消化不良的症状，夜间就睡不安稳。建议喂粥、面等固体食物应在临睡前两三个小时喂，睡前一小时再喝一点奶。随着宝宝年龄增大，可以夜间不再进食，让全身各个器官得到全面的放松，这样宝宝睡觉就会更安稳。

4 不良生活习惯

睡前玩得太兴奋、睡觉时间没有规律、夜间含着奶嘴睡觉这些不良习惯容易导致睡眠不稳。建议妈妈在宝宝哭闹的时候，不要立刻抱，更不要逗他，多数宝宝夜间醒来几分钟后又会自然入睡。如果不能自然入睡，拍一拍，安抚一下也会继续睡去。

5 夜间排尿

夜里有尿意的时候，宝宝会哭闹，尿完尿后会自然入睡。另外尿不湿包得过紧、过涨同样会引起宝宝睡不安稳。

6 精神心理刺激

宝宝遭受较大的情绪波动或心理伤害，如惊吓、虐待等，夜里便会睡不安稳。

如果逐一检查这些情况都不存在，而母亲在孕期就有维生素D和钙剂摄入不足的情况，则可能宝宝有低血钙症。低血钙症的早期也有睡觉不安稳的表现，但一般在补充维生素D和葡萄糖酸钙后即可好转。如果除睡眠不安外还有发热、不吃奶等其他症状时，应该及时去医院诊治。

7 安全感缺失

大部分宝宝对父母都有很强的依赖感，宝宝刚睡着后不久或真正醒来之前有时候会翻身坐起来，看不到大人就哭，一般父母抚慰后都能接着睡觉。如果在一个陌生的环境睡觉，这种寻求安全感的需要尤其迫切。

以上只是部分列举，宝宝睡觉不踏实的原因很多，比如宝宝耳朵痒、长湿疹、受凉、上火等都会导致宝宝睡不踏实，妈妈要结合宝宝的其他表现，多观察。

宝宝睡觉可以开灯吗

有些父母喜欢给宝宝开着小灯睡觉，这对宝宝的健康是不利的。床头的灯光不仅会影响宝宝的睡眠质量，而且会影响他的视力发育，给他今后的生活带来很大的不便。

开灯睡觉的危害

1 影响睡眠质量。科学家们研究发现，任何人工光源都会产生一种微妙的光压力，这种光压力的长期存在，会使人，尤其是婴幼儿表现得躁动不安、情绪不宁，以致难以成眠。同时，让宝宝久在灯光下睡觉，进而影响网状激活系统，就会使他们每次睡眠的时间缩短，睡眠深度变浅而容易惊醒。

2 影响视力发育。睡眠时熄灯，意义就在于使眼球和睫状肌获得充分的休息，长期暴露在灯光下睡觉，光线对眼睛的刺激会持续不断，眼球和睫状肌便不能得到充分的休息。这对于婴幼儿来说，极易造成视网膜的损害，影响其视力的正常发育。

宝宝怕黑怎么办

1 从出生起，就应该养成晚上关灯睡觉的习惯。

2 如果宝宝怕黑，请回忆一下家里有没有人曾经利用黑夜的恐怖气氛来威胁孩子入睡，这是造成孩子惧怕黑夜的一个很普遍的原因。妈妈在宝宝睡觉时陪在宝宝身边，给他讲故事、唱催眠曲，把他最喜欢的玩具

熊和布娃娃放在枕边，营造出虽然黑暗但温馨的气氛，久而久之，宝宝就会重建安全感，消除对黑夜的恐惧。

3 宝宝做噩梦或者其他原因惊醒，妈妈应该陪伴孩子到他再次睡着为止，也可以和他睡一个晚上，而不要利用开着的台灯来为孩子驱赶噩梦。

宝宝睡觉必须绝对安静吗

有的父母生怕宝宝睡不好，在宝宝睡觉时，不许说话、不许走动、不发出任何声响，其实，这是不可取的。

胎宝宝在妈妈肚子里无时无刻不在听到妈妈体内大血管内血液流动的声音，也就是说胎宝宝生长在嘈杂的环境中。出生后，新生宝宝本身并不怕正常生活发出的声音。所以，只要不是噪声太大就不必过分紧张，要让宝宝逐渐适应正常生活环境。

宝宝睡觉为什么有呼噜声

正常的呼噜声

较小的宝宝喉咙里总呼噜，很可能是喉软骨软化发出的声音。软化的喉软骨会在呼吸时发出软骨震动的声音，类似痰声，睡觉发出鼾声。只要没有呛奶，就没有必要特别治疗，多于出生后6个月内自行好转、消失；如果频繁出现呛奶，应该到耳鼻喉科就诊，接受相应的治疗。

感冒引起的呼噜

如果平时睡觉很安静，突然有几天宝宝开始打呼噜，妈妈要仔细听听，可能是宝宝感冒了，鼻子不通气，或者呼吸道有痰。这种情况要及时处理。

宝宝打鼾需治疗

宝宝打鼾是疾病，是上气道不通畅的表现，可引起睡眠呼吸暂停，导致生长发育缓慢、性格改变、听力受损等。多由腺体或扁桃体肿大所致，与过敏、反复上呼吸道感染等因素有关。建议到医院进行睡眠呼吸监测，确定是否有睡眠呼吸暂停。

如何培养宝宝独立睡觉

伴宝宝度过过渡期

2~3岁的宝宝的独立感和依赖感同步增强，使得宝宝一方面要独立于父母，一方面又希望父母一步也不要离开。如果妈妈让宝宝到其他房间睡觉，宝宝是不会答应的，如果妈妈坐在他的小床边，宝宝也许会乖乖躺着，但妈妈刚一起身想要往门口走，他就会立刻爬起来。即使把宝宝哄睡了，半夜醒来看不到妈妈，宝宝也会大声啼哭。宝宝开始有了记忆，尤其对不良刺激比较敏感，这种恐惧感会让宝宝从此不再离开妈妈半步，或开始半夜噩梦惊醒，不利于宝宝的成长。

宝宝现在正是依恋妈妈的年龄，一直与妈妈一起睡觉的宝宝，如果现在强行让他独睡，他就会害怕地哭上几个小时，还可能会导致宝宝睡眠障碍。所以，妈妈可以先把婴儿床换成大一点的床，放在父母卧室里面，先与宝宝同房睡觉，等宝宝熟悉自己的床后，再进行分房，让宝宝独自睡觉。

消除宝宝的恐惧

如果宝宝害怕单独睡觉，妈妈应陪伴着宝宝，给他讲故事或者放松地坐在他的小床边，一直到宝宝睡着为止。特别注意的是，在宝宝入睡之前，不要急于悄悄离开，那会引起宝宝的警觉，使他更难入睡。等宝宝适应一个人睡觉后，妈妈可以不等宝宝睡着就离开了，但要消除他的忧虑，“妈妈就在外面，宝宝不要害怕”之类。只要有足够的耐心，坚持下来，宝宝最终都会独自睡觉的。

让宝宝远离危险

Rang Baobao Yuanli Weixian

常见的意外事故有哪些

意外伤害已经构成儿童期严重的健康问题，据调查，儿童因意外死亡的占总死亡的26%以上，是儿童死亡排位第一的原因，所以需要严格控制，否则可能对宝宝的生命造成严重的威胁。

在所有意外中，最常见的是跌伤、烧伤、溺水、中毒、吞食异物等，其中80%都发生在家庭中。在意外死亡的1~3岁的儿童中，死于家庭意外事故的人数占到37%，这些造成死亡的家庭意外事故大多数都是可以减少、降低甚至避免的。

建议父母要提高警惕，隔段时间就将家里的角角落落巡视一遍，对可能造成伤害的物品或设施及时清理或者安装防护设施，不要心存侥幸，哪怕只是一转念间的念头也要强迫自己去做，不可忽略，小小忽略可能就造成大危险。另外，要定期做做大扫除，将地板上边边角角都清理干净，避免有纽扣、药片、瓶盖等小东西落在地上被宝宝捡起来吞下去。

危险物品都收好了吗

随着宝宝行动能力增强，家里的抽屉、柜子都有可能被他翻遍，父母要注意不要把危险物品放在宝宝可以接触到的地方。

1 可以归为危险物品的有以下几种：日常用品包括刀具、筷子、打火机、火柴、电器、水、煤气等；日常化学用品，包括洗衣粉、洗衣液、洁厕液、洗涤灵、杀虫剂等；日常饮食包括热水、热汤、花生、豆子、果冻等；常用药品包括各种外用药、内服药，这些物品只要宝宝接触了，就有可能带来危害。

2 危险物品最好放在高处，让宝宝接触不到。同时要提醒，放置这些物品的柜子或桌子一定要稳固，放在上面的物品不会随着摇晃掉下来。如果不放在高处，就一定要加上锁，让宝宝打不开。那些宝宝还不能吃的食物最好不要摆在茶几上。水、煤气、锅灶等不可能藏起来，如果可以，尽量建立隔离。

3 需要使用这些带有危险的物品的时候，一定要记得用完后放归原处，为避免忘记，最好的方法是在放置的地方使用，用完即放回。

家具的安全隐患有哪些

宝宝行动有了极大的自由，但是他几乎还意识不到危险，父母要细心防备，将这些危险因素尽早解除，才能放心让宝宝在家里爬来爬去。

首先要检查家具。无论是木制、不锈钢还是玻璃制品，其边边角角都可能成为伤害宝宝的因素，造成撞伤或划伤。解决的办法是给所有家具包括茶几、桌角、床档等，当然也包括宝宝的床都装上防撞角或防撞条。防撞角和防撞条是弹性塑胶制成，可以缓冲撞击力度，有效保护宝宝。

另外，宝宝几乎在会爬的同时，就能够揪着东西站起来，大人的裤子、床单、沙发罩、桌布都是他借力的工具。要特别注意桌布，最好撤掉，以免桌上的东西或者桌子本身被拉倒，砸伤宝宝。所有的家具都应该保证足够稳固，不会随便被推或拉倒。

每个家庭都有一些特别的危险因素，父母要特别注意。

如何预防可开合设备潜藏的危险

家里各种各样的开合设备很多，这些地方都存在安全隐患，要谨防夹伤宝宝的四肢、头部等，更要预防宝宝钻进冰箱里。市面上有固定这类设备，避免夹伤、碰伤宝宝的小配件，可以给各个可开合的设备都装上。

门挡、门卡

门挡和门卡是用在房门上的，装上后宝宝就不能把门关紧，门与门框之间总是有一个较大的缝隙，不至于在突然关上时夹伤宝宝手指等，也能避免宝宝把自己锁在房间。

软性安全锁

橱柜、衣柜和冰箱里的东西多而杂，每一样对宝宝都充满吸引力，找到了没准就要尝尝，所以最好别让宝宝打开。阻止宝宝打开的手段是用一种软性的安全锁将门与其他地方牢牢锁死。

直角抽屉锁

床头柜、电视机柜等家具都带有抽屉，而位置也较低，很容易被宝宝打开，也应该锁死，直角抽屉锁比较实用。

坐便器防护锁

如果不注意，宝宝爬到卫生间扶着坐便器站起来，什么事都可能发生，把手放进去搅搅、把玩具扔进去泡泡，甚至把头伸进去等，为了防止这种事发生，需要给坐便器也加防护，坐便器防护锁就是为此而设计的，可以考虑装一个。

日常生活如何预防铅中毒

宝宝铅中毒的危害

宝宝对铅的吸收率很高，达到42%~53%，但是排泄率却非常低，只有66%，摄入的铅有1/3留在了身体里。

铅留在身体里，对生长发育有非常不利的影响，对神经系统、造血系统、血管和消化系统都有危害，如果不能及时发现、治疗，对宝宝的生长发育、心理行为发育、智力发育以及潜能发展都会产生不可逆的损伤并保留终身。比如视力和听力都会减退，记忆力下降，而且体弱多病，免疫力低下，身高、体重增加缓慢或者不增加，还会出现心脏房室传导阻滞，导致高血压、心肌炎等。另外据研究表明，儿童时期铅中毒，成年后患脑中风和冠心病的风险明显增加，铅中毒还会导致肾功能不全、肝功能异常和内分泌紊乱等。

宝宝铅中毒的症状

宝宝铅中毒，表现在很多方面，有较多症状，需要父母学会分辨。

1 精神方面异常表现：情绪不稳定，时好时坏，烦躁不安，很容易被激怒，而且攻击行为增多。另外，宝宝的精神不佳，非常嗜睡。

2 神经系统异常表现：注意力不集中，多动，记忆力减退，视力、听力减退，反应变慢，严重时外周神经会麻痹，出现瘫痪、惊厥、抽搐甚至死亡。

3 造血系统异常表现：面色黄白，口唇、甲床、掌纹较白并且贫血。

4 消化系统异常表现：食欲不佳，口腔有异味，胃纳差，有偏食、挑食、拒食、异食现象，经常出现腹痛现象，有的便秘或腹泻，有的便秘、腹泻交替出现。

5 免疫系统异常表现：免疫力降低，体弱多病，经常感冒、发烧，反复出现呼吸道感染。

6 组织代谢异常表现：铅中毒的时候，钙、铁、锌等营养素的吸收和代谢功能会受到影响，所以宝宝总是表现出缺锌、缺钙、缺铁等现象。

7 生长发育异常表现：身体发育缓慢，身高、体重不增加，运动不协调，总是笨手笨脚。

8 心血管系统异常表现：乏力、多汗、心律不齐，高血压、心肌炎等。

宝宝铅中毒后，除了以上系统异常表现之外，还有肾功能不全、肝功能异常、内分泌紊乱、肥胖等疾病。当有了相关的疾病或异常表现时，父母要警惕，帮宝宝查查是否铅超标。

生活中的铅来源有哪些

生活中铅的来源非常多，衣食住行，各个方面都有涉及。

1 生活用品：染发剂、口红、包装纸、印刷品、水晶制品、瓷釉浴缸、陶瓷碗碟等，都含有铅。妈妈如果染发、化妆，经常亲、抱宝宝，而宝宝也很喜欢摸妈妈的脸、头发等，不知不觉间，妈妈身体上的铅就进入了宝宝体内。

2 家居环境：家具油漆、胶水、墙面涂料、室内灰尘都含有铅。

3 室外环境：马路上的汽车尾气含有大量铅，土壤更是自然界中铅的最大存储库，在路边走、在地上玩都有可能把铅吃到肚子里。如果家的附近有大型矿场、工厂等，环境中的含铅量会更高。

4 饮食：水龙头中积存时间较久的或者较热的水含铅量都比较高，另外，爆米花、皮蛋等食品中都含有铅，水果表面残留的杀虫剂中也含有铅。

5 学习用品：儿童玩具和学习用品的含铅量普遍较高，包括玩具上用的油漆，课桌、椅子的油漆，书以及彩色蜡笔等都有含铅量超标的现象。

由此可见，铅随处可见，父母需要尽最大努力让宝宝远离，如果自己家居住的环境不是很好，就要勤去医院检查。

预防宝宝铅中毒的主要措施

预防宝宝铅中毒，要注意很多细节，下面的几点要尽量做到：

1 别化妆带宝宝。妈妈的化妆品里含有较大量的铅，建议经常带宝宝的妈妈不要化妆，也不要染烫头发。如果家人在工作中会接触铅，回家前一定要将衣服换掉并洗澡。

2 勤洗手。父母和宝宝都应该勤洗手，洗一次手可以消除90%以上附着在手上的铅。

3 不要让宝宝啃咬有油漆的玩具或文具，在宝宝还不能控制自己不去啃咬这些东西的时候，最好不要购买。玩具要经常清洗。

4 不要带着宝宝到马路、汽车站、工厂附近等空气质量差、含铅高的地方玩耍。

5 不要给宝宝吃爆米花、薯条、皮蛋、膨化、油炸等含铅量高的食品，不要用清晨的第一盆自来水给宝宝喝或者冲调奶粉、做辅食。

6 餐具要避免陶瓷、玻璃制品，如果这些餐具质量不过关，含铅量会明显超标，也不要购买颜色鲜艳、有彩色图案的产品。另外，用食品袋装食物时，应避免袋上的字画、商标等与食物直接接触。

7 灰尘中含有大量的铅，宝宝的餐具、食物应该加防尘罩。

除了以上预防措施，平时要经常给宝宝食用含钙充足的乳制品、豆制品以及含铁、锌丰富的动物肝脏、肉、蛋、海产品以及含维生素C的蔬菜、水果等，对抗铅超标。

宝宝铅中毒的检查治疗方法

铅中毒的确定方法是指头采血化验，根据血液中的铅浓度衡量宝宝是否为铅中毒。如果连续两次血铅水平为100~199微克每升，为高铅血症，如果连续两次血铅水平等于或高于200微克每升就是铅中毒了。铅中毒分为三级：

轻度铅中毒：血铅水平为200~249微克每升

中度铅中毒：血铅水平为250~449微克每升

重度铅中毒：血铅水平等于或高于450微克每升

高铅血症和轻度铅中毒，只需要离开铅污染源，科学合理地讲卫生，并进行营养干预即可。提倡使用金属硫蛋白制品，这种物质是人体本身就存在的一种正常组成成分，能清除重金属毒物、清除自由基、调节微量元素等，安全无毒副作用，每天1~3支，30天为一个疗程。之后看效果再决定是否继续使用。

中度和重度铅中毒在离开铅污染源之后，在卫生指导、营养干预的基础上，还需要用药物进行驱铅治疗。

如何消除玩具里的健康隐患

玩具是宝宝日常生活中必不可少的好伙伴。但是，宝宝玩耍时常常喜欢把玩具放在地上，这样，玩具就很可能受到细菌、病毒和寄生虫的污染，成为传播疾病的“帮凶”。可见，玩具的卫生不可忽视，妈妈要定期对玩具进行清洗和消毒。

1 一般情况下，皮毛、棉布制作的玩具，可放在日光下暴晒几小时；木制玩具，可用煮沸的肥皂水烫洗；铁皮制作的玩具，可先用肥皂水擦洗，再放在日光下暴晒；塑料和橡胶玩具，可用市场上常见的84消毒液浸泡洗涤，然后用水冲洗、晒干。

2 防止宝宝用口直接咬嚼未经消毒的玩具。

3 摆弄玩具时，不要让宝宝揉眼睛，更不能用手抓东西吃，边吃边玩。

4 宝宝玩过玩具后，要及时洗手。

宝宝急救知识

Baobao Jijiu Zhishi

宝宝磕碰后如何处理

宝宝运动能力很强，也越发调皮，磕碰跌打是避免不了的，但是宝宝磕碰后要如何处理呢？宝宝发生磕碰后，首先要观察磕碰部位的皮肤有无破损和流动性出血。若有，应压迫止血。如果伤口较深，需及时到医院进行特殊胶布粘贴或缝合处理。进行上述处理完成后，每天可用生理盐水清洗伤口，保持伤口的清洁卫生，在伤口闭合并结痂后，再用碘酒或酒精擦伤口，进行伤口消毒。待伤口恢复过程中，要特别注意保持伤口干燥，预防感染。

对于特殊部位伤口，如：面部，待伤口结痂脱落后，需使用瘢痕修复的贴剂或喷剂，以尽可能减小和减轻瘢痕，以免影响美观。如果磕碰部位的皮肤没有破损和流动性出血，可用冰毛巾轻敷磕碰局部，以减少皮下出血，促进伤口恢复。

宝宝发生磕碰后千万不能去揉磕碰的部位，否则会导致皮下软组织出血更多，而加重了伤害。同时要留意宝宝神志是否有明显变化，如果宝宝有嗜睡或哭闹不止的现象，应立即送医院诊治。若神志无变化，局部皮肤也无破损，可采用头三天冷敷，三天后再热敷磕碰部位的方法进行处理。

高处坠落怎么办

宝宝爬上爬下、登高越岭等调皮行为，是他们天真活泼的一种表现，伴随着这种调皮行为而来的危险——高处坠落，如坠床等也是难免的。发生高处坠落的跌伤后，应从以下几点来观察宝宝的损伤：

1 静观宝宝10秒钟，检查有无活动性出血。若有，应压迫止血，同时带到医院检查；若无，可采用头三天冷敷，三天后再热敷受伤部位的方法进行处理。

2 观察有无意识障碍或行为异常，如过度兴奋或无欲状等，若有，需及时送医院检查诊治。

3 有无肢体活动障碍，若有，需及时送医院检查诊治。

4 检查着地部位肿胀情况，并应尽快冰敷局部，减缓肿胀。若肿胀较严重，应立即送往医院治疗。

综上所述，宝宝发生高处坠落损伤后，若没有意识问题、无活动性出血、运动无障碍、损伤部位肿胀不明显，可自行处理后，继续观察，无须特别检查。否则，应及时送往医院检查诊治。

宝宝烫伤后怎么办

宝宝会爬会走以后，因不小心碰倒暖瓶、水壶、热粥、热汤、洗澡水等引发的烫伤时有发生，紧急关头，父母应该怎样做呢？

1 立即轻轻地脱去宝宝被热水浸透的衣服，或是用剪刀剪开覆盖在烫伤处的衣服、鞋袜等。如果衣物和皮肤粘在一起，先将未粘着的衣物剪去。粘着的部位去医院进行处理，不可用力拉或脱，以免加重局部的创伤面积。

2 立即用流动的清水冲洗，并浸泡在冷开水或干净凉水中30分钟，减轻水肿和疼痛。如果是烫伤在不能用凉水冲洗的部位，如胸口、面部等，可以用几条毛巾轮流进行湿敷。

3 冲洗之后涂抹烫伤膏，不可随便涂抹其他东西，以免造成感染。

4 如果伤面上出现小水疱，不要把水疱弄破，以免造成感染；如果水疱较大或水疱已破，最好到医院进行消毒处理。

5 紧急处理后赶快带宝宝去医院就诊，严重烫伤的宝宝在送医院途中注意保持平卧位，不要直立抱着，可以给宝宝喝一些淡糖、盐水，以补充体液，防止发生脱水。

宝宝烫伤重在预防，父母应注意让宝宝远离热源，吃饭时，把热汤、热粥、热菜放在宝宝够不到的地方；父母为宝宝准备洗澡水也要有个顺序，一定要先冷后热；远离各种小家电，如电熨斗、电取暖器等。

气管吸入异物怎么急救

气管异物是常见的凶险性意外事故，尤其以刚学会走路到两岁间的宝宝发生较多。当宝宝口中含物说话、哭笑和剧烈活动时，容易将口含物吸入气管内引起气管阻塞，导致窒息。加之宝宝好奇心强，只要能拿到的任何东西都会往嘴里送。而在这种意外发生时，及时采取一定的急救措施是至关重要的。

1 拍背法：让宝宝趴在救护者膝盖上，头朝下，托其胸，拍其背部4下，使宝宝咯出异物。也可将宝宝倒提高地拉背。

2 催吐法：用手指伸进口腔，刺激舌根催吐，适用于较靠近喉部的气管异物。

3 迫挤胃部法：救护者抱住宝宝腰部，用双手食指、中指、无名指顶压其上腹部，用力向后上方挤压，压后放松，重复而有节奏进行，以形成冲击气流，把异物冲出。

如上述的方法未奏效，应争分夺秒送往最近的医院。如果呼吸或心跳停止应给予及时人工呼吸、心脏复苏。

要教育宝宝不要养成口内含物的习惯；进食时，不要让宝宝哭闹说话；把宝宝容易吸入的小物品放在拿不到的地方。

耳朵或眼睛进入异物怎么办

宝宝的眼睛和耳朵是宝宝接收外界信息的重要器官，但有时候淘气好奇的宝宝的顽皮行为会让异物不小心进入耳朵或眼睛。当宝宝眼睛或耳朵遭到异物进入时，妈妈应采取什么应对方法呢？

异物进入眼睛的处理

1 按住宝宝双手

眼睛会因遭异物进入而产生不适感。多数的宝宝难免会用手去揉眼睛，因此造成更大的伤害。所以当怀疑宝宝因眼睛有“脏东西”而去揉眼时，首先必须将宝宝的双手按住，以制止他再去揉眼睛。

2 准备开水、干净汤匙

迅速准备一碗凉开水或矿泉水，以汤匙盛水来给宝宝冲洗眼睛。

3 向进入异物的一侧倾斜

将宝宝的头部倾向进入异物的眼睛的那一侧（如左眼进入异物则向左侧倾斜），慢慢用凉开水冲洗眼睛。

4 闭起眼睛

待不适感稍稍缓和，可试着闭起眼睛让泪水流出，借此让异物随泪水自然流出眼睛。

异物进入耳朵的处理

1 准备油质液体

如果是小昆虫进入耳朵内，可滴入橄榄油、甘油、宝宝油、麻油等，油质液体可驱使小昆虫爬出。

2 使用照明法

可以用手电筒、日光灯等照明用品，往耳朵内照射以驱使蚊虫爬出。

3 切勿掏挖耳朵

如果是其他硬物进入耳朵，则千万不要勉强用尖锐物掏挖耳朵，除了可避免将其更推入耳内外，更可防止伤害到耳膜。

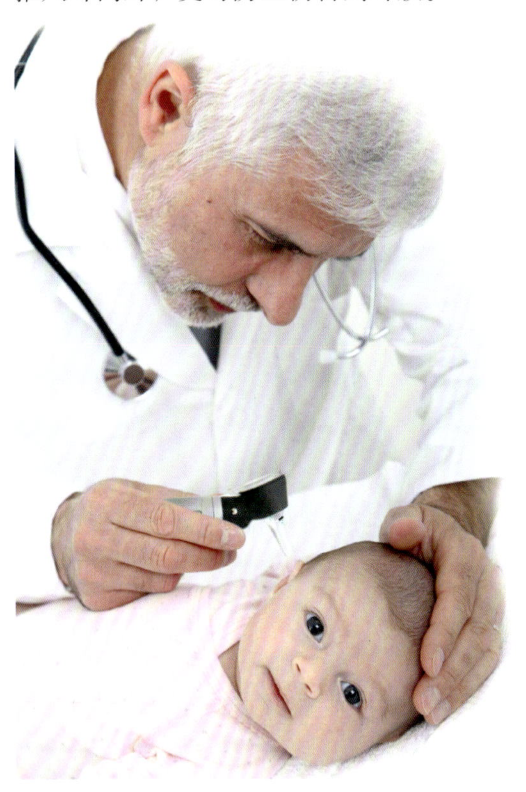

误食药物怎么催吐

由于宝宝不能分辨哪些东西能吃，哪些不能吃，所以常常会把外形好看、色彩鲜艳的药片当作糖果吃下肚子。当遇到这种情况时，妈妈一定不要手忙脚乱，或是受情绪影响，打骂宝宝。这个时期的宝宝好奇心强，又不懂事，妈妈平时应该管理好家里的药物，不能到处乱放。

发生这种情况妈妈不要一味地训斥宝宝或惊慌失措，这样只会使宝宝更加恐惧和哭闹，影响急救。妈妈应该耐心细致地查看和想方设法了解清楚：宝宝到底误吃了什么药，吃了多少，是否已经发生危险……确定宝宝误服了何种药物后，应该马上送医院，如果送医院路程较远，可以先在家中进行必要的急救措施。

1 如果误服维生素、止咳糖浆等不良反应（或毒性）较小的药物，让宝宝多喝凉开水，使药物稀释并及时排出体外。

2 如果误服了安眠药、某些解痉药（阿托品、颠茄合剂之类）、退热镇痛药、抗生素及避孕药等，妈妈应该用手指轻轻刺激宝宝的咽部，引起发呕，让宝宝将误服的药物吐出来。

3 如果误服的是药水，可先给宝宝喝一点浓茶或米汤后再引吐，反复进行，直到呕出物无药水色为止。

最后还是要送医院做进一步的观察和处理。

鱼刺卡喉了怎么办

鱼肉含有丰富的磷脂、蛋白质，而且细嫩易消化，有助于宝宝生长发育。但在喂食宝宝吃鱼肉时，妈妈要小心剔除鱼刺，以免鱼刺卡住宝宝咽喉。万一发生了鱼刺卡喉意外，妈妈可以照下面方法处理。

鱼刺卡喉的错误处理法

鱼刺卡住了喉咙，妈妈常常错误地让宝宝立即猛吞几口饭或馒头，试图让宝宝把鱼刺吞下去，可是往往达不到效果，还加深了宝宝的痛苦。因为咽喉与水管不同，它是柔软的肌性管道。本来鱼刺扎在喉咙的表浅黏膜上，强力吞咽饭团或馒头，颇大的压力就会使鱼刺扎得更深，并引起局部黏膜肿胀、出血或并发感染。所以当宝宝鱼刺卡喉的时候，千万不可以鲁莽。

鱼刺卡喉的正确急救法

鱼刺比较小、扎入比较浅的话，可以让宝宝做呕吐或咳嗽的动作，或用力做几次“哈、哈”的发音动作（注意咳嗽时不要咽口水），利用气管冲出来的气流将鱼刺带出。如未奏效，也可用少量醋缓慢咽下。

如果还是无效，就让宝宝张大嘴巴，用手电筒向里照着，将宝宝舌头压住，让宝宝一直不停地发“啊”的音。如果看见鱼刺在扁桃体上或舌根表面，可用镊子或筷子夹住拔出，千万不要在咽喉部乱掏乱捣。如果鱼刺粗、长，或卡的部位更下更深，就要及时去医院诊治。

如何避免鱼刺卡喉

为了避免宝宝吃鱼时鱼刺卡喉，妈妈在制作方法上，可以将鱼做成鱼泥给宝宝食用，但需仔细检查无鱼刺后再剁。在鱼类的选择上，可以多选择鲳鱼、扒皮鱼等鱼类，因为这些鱼肉多、刺少，比较适合宝宝食用。

宝宝的卫生护理

Baobao De Weisheng Huli

如何给宝宝洗澡

宝宝皮肤娇嫩，分泌物多，代谢旺盛，勤洗澡可以避免细菌的侵入，保证宝宝的健康。给宝宝洗澡必须掌握正确的方法，水温、洗澡的顺序等也都是有讲究的。

1 在给宝宝洗澡前，需要准备宝宝浴盆、宝宝浴巾、毛巾、洗澡玩具和适合宝宝的沐浴露。

2 先将室温调到28℃左右，灯光调得柔和一些，放一些宝宝喜欢的音乐。在宝宝的浴盆里先放冷水再加热水，大约是40℃比较合适。

3 脱掉宝宝的衣服，裹上浴巾。先洗脸部，妈妈用一只手托住宝宝的头部，另一只手用蘸湿的小毛巾一角轻轻擦拭宝宝的眼睛。重复同样的步骤，清洁宝宝的鼻子、嘴巴和整个脸部。

4 接下来洗宝宝头发，用小毛巾蘸水让头发湿润，涂上温和低敏的洗发沐浴露，轻轻按摩揉洗；然后用水冲洗干净，用毛巾擦干。

5 最后给宝宝洗身体，轻轻去掉浴巾，让宝宝半坐半躺在水中，抹上沐浴露，轻轻揉搓起泡，先给宝宝洗双手、肩膀，然后是宝宝的前胸和腿，最后注意清洗宝宝皮肤的褶皱处，颈部、腋下、肘部、腹股沟处。

6 宝宝使用的洗发水和浴液一定要温和低泡，不含皂质和羊毛脂。在清洁效果好的同时，最好富含植物精华和牛奶蛋白，能呵护宝宝的皮肤。

7 宝宝的洗澡时间最好不要超过五分钟。洗完澡后，迅速用大浴巾裹住宝宝，放在干净的床上，盖上小被子，避免着凉。

8 洗完澡后，记得给宝宝抹上润肤露哦！温和低敏的润肤露，可以呵护宝宝最敏感的肌肤，解决干燥问题，让宝宝的肌肤柔滑健康！用含有精油和牛奶蛋白成分的润肤露，效果会更好。

护理宝宝私处要注意什么

男宝宝私处护理

给男宝宝清洗屁股时，可以用湿布将尿擦干，从大腿褶皱向前清洗，不要将包皮往后拉，不用刻意清洗包皮或翻开包皮清洗龟头，因为宝宝的包皮和龟头还长在一起，过早地翻动柔嫩的包皮会造成包皮损伤，出现红肿，甚至出血，严重时会影响宝宝排尿。

给宝宝穿纸尿裤或围尿布的时候，要注意把阴茎向下压，使之伏贴在阴囊上。这样做，一是为了不让宝宝尿尿的时候冲上尿，弄湿衣服。另外，也可以帮助宝宝的阴茎保持自然下垂的状态。

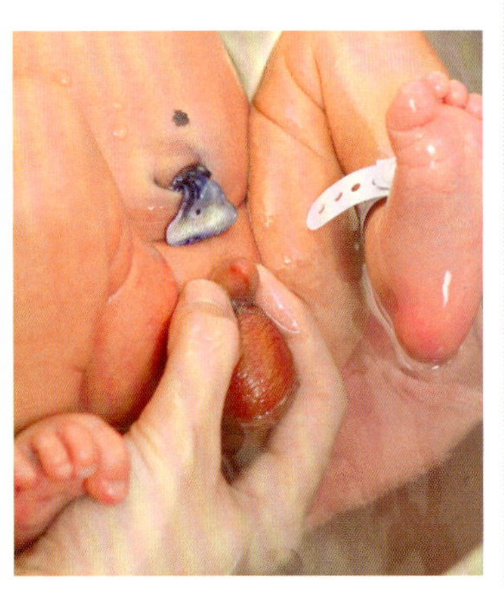

女宝宝私处护理

擦洗女宝宝生殖器的方法：打开尿布，擦干尿液或粪便。在擦拭粪便时应注意由前往后，不要污染外阴。擦洗大腿根部时，要注意从上而下，从内而外，千万不要把阴唇拨开清洁里面；握住宝宝的双腿提起来，清洁臀部，从阴道后部向直肠方向擦拭，以防细菌传染。同样，可用棉球蘸上洗剂或油擦拭臀部，每次用新的棉球擦拭，从大腿和臀部向内侧方向擦，擦后洗手。

此外，不论男宝宝还是女宝宝，都不要在生殖器上及周围擦花露水或痱子粉。花露水和痱子粉有一定的刺激性，对宝宝的健康不利。

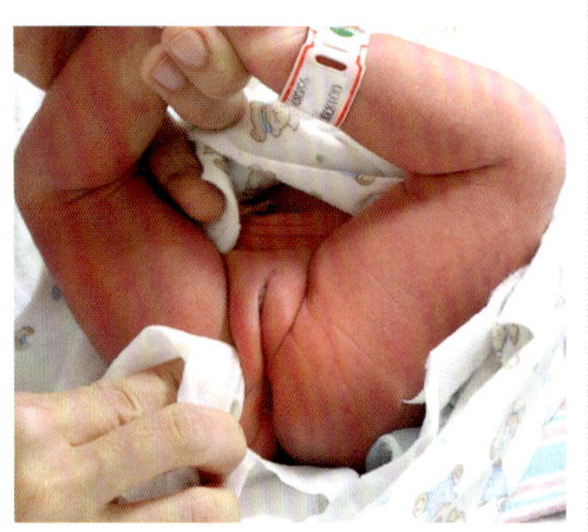

宝宝爱玩小鸡鸡怎么办

很多妈妈都发现，家中1岁多的小男孩爱玩弄自己的小鸡鸡。这边妈妈刚把他的小手拿开，那边他的小手就不自觉地伸了过去。

这么小的宝宝还没性别的概念，玩自己的生殖器，仅仅是因为他对这个器官感兴趣，就好比他玩自己的小手、小脚一样。妈妈没必要把事情看得那么严重，只要平静地看待他的这种行为就可以了。

但是宝宝玩小鸡鸡确实不好，因为1岁左右的宝宝手经常到处乱摸，手比较脏，宝宝手上的细菌容易导致尿路感染，所以妈妈可以采取一些措施帮助宝宝改掉这个习惯。

1 转移注意力。当宝宝再这样时，妈妈不要对他大声斥责，更不要打骂。宝宝并不知道这样做是不好的，妈妈应该尽可能转移他的注意力，比如和他玩喜欢

的游戏，让他暂时忘记。

2 充分的触觉练习。宝宝时期的宝宝对周围的事物都是充满好奇的。这时候就应该为宝宝提供宽松的环境，让宝宝进行充分的触觉练习，给他各种质地不同的东西让他摆弄，满足他的好奇心。

3 正确的引导。这个是最重要的，妈妈不要以为宝宝只是个宝宝就什么都不教，要告诉宝宝，不可以当着别人的面摸小鸡鸡，背后也不好，因为可能把小鸡鸡弄脏生病，另外，老摸它，它会害羞和不高兴的。

4 妈妈在宝宝有这种行为的时候，反应不要激烈，因为宝宝会把这个当成妈妈对他的关注，为了获得妈妈更多的注意，宝宝会对这种行为乐此不疲。

5 妈妈要经常给宝宝换洗衣物，勤给宝宝洗澡。宝宝经常尿裤子，应当及时给他换下脏的衣物，清洗干净，不要因为卫生的问题令宝宝感觉瘙痒而不停地玩弄小鸡鸡。

如何给宝宝剪指甲

宝宝的头发可以不剃或者晚剃，但指甲却必须要常常修剪。由于宝宝指甲很薄，类似刀片，加上宝宝习惯用手抓面部等处，容易形成表皮损伤。再者宝宝都有“吃手”的习惯，长指甲容易将病菌带入口中。因此父母需要做的是给宝宝勤洗小手，勤剪指甲。一是防止宝宝在挥舞小手时，不小心用长指甲抓伤自己；二是防止藏污纳垢的长指甲带来细菌，使宝宝病从口入。

当然，给宝宝剪指甲也是需要有特殊的指甲刀和专门的技术。一般选择在宝宝吃奶或者睡觉的时候进行。宝宝的指甲很小，又很柔韧，不容易剪断，又加上宝宝的皮肤特别娇嫩，用一般的指甲刀容易伤到宝宝，所以要尽量使用专为婴儿设计的指甲刀。

剪指甲时，妈妈先让宝宝背对自己抱在大腿上，然后用一手拇指和食指牢牢地捏着宝宝的要剪指甲的小手指，另一只手握住指甲刀沿指甲的自然弧度轻轻转动指甲刀，将指甲剪下。剪好后检查一下宝宝指甲的边缘处，如果有方角或尖刺，要修剪成圆滑的弧形，以防止宝宝抓伤自己。

如果剪好的指甲下方还有污垢的话，千万不要用锉刀尖或其他锐利的东西清理，应在剪完指甲后用水清洗干净，以防刺伤宝宝。如果万一不慎误伤，要尽快用消毒纱布或棉球压迫伤口直到流血停止为止，再涂一些抗生素软膏。涂了抗生素软膏后更要小心地照顾宝宝，不要让他“吃手”了哦。

如何给宝宝清理鼻腔

宝宝从出生开始，鼻腔里就经常有大量的黏性鼻垢，刚开始鼻垢是呈白色黏状的，而随着宝宝日渐长大，与外界的接触也多了，鼻垢有时黑黑的，而且干干的，有时候因为鼻垢太大而堵住鼻腔，对宝宝的呼吸造成很大的影响，那么如何让小鼻腔里的脏东西排出呢？

1 准备吸鼻器、小毛巾、小脸盆、细棉棍等用具。

2 将小脸盆里倒好温水，把小毛巾浸湿、拧干，放在鼻腔局部热湿敷。也可用细棉棍蘸少许温水（甩掉水滴，以防宝宝吸入），轻轻湿润鼻腔外1/3处，注意不要太深，避免引起宝宝不适。

3 使用吸鼻器时，妈妈先用手捏住吸鼻器的皮球将软囊内的空气排出，捏住不松手。一只手轻轻固定宝宝的头部，另一只手将吸鼻器轻轻放入宝宝鼻腔里。

4 松开软囊将脏东西吸出，反复几次直到吸净为止。

如果家里没有准备吸鼻器，妈妈可以在宝宝鼻孔内滴入少量凉开水或一些消炎的滴鼻液或眼药水，待污垢软化后再用手轻轻捏一捏宝宝的鼻孔外面，鼻屎有可能会脱落，或诱发宝宝打喷嚏将其清除。注意千万不要用手指或指甲去抠。

注意用棉棍湿润和使用吸鼻器时，要轻轻固定好宝宝的头部，避免突然摆动；使用吸鼻器后，宝宝头部可与软囊分开，用温水和柔和清洁剂清洗，再用清水洗干净，晾干备用。

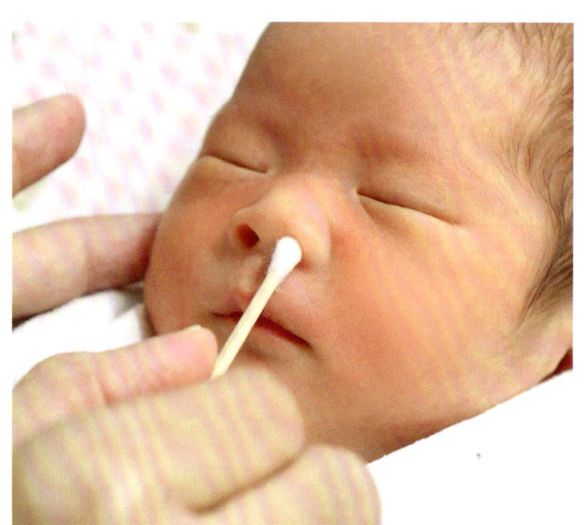

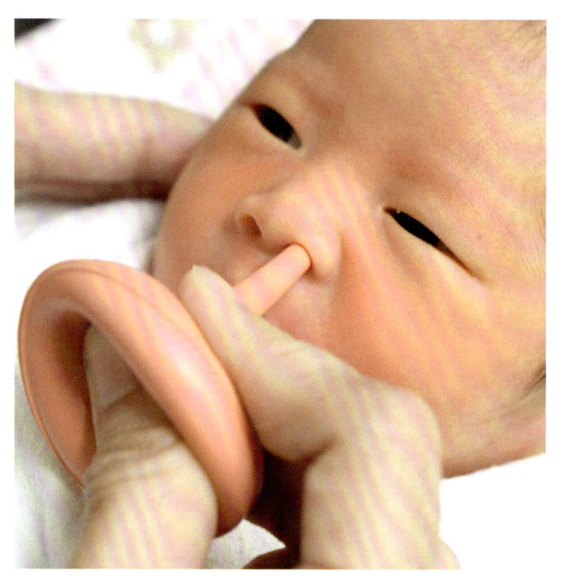

如何自己动手给宝宝理发

如今，不少妈妈会安排宝宝在家中理发，一来带宝宝去理发店不是很方便，宝宝外出很容易睡着；二来理发店陌生、吵闹的环境可能会让宝宝更加不安，如果不是宝宝专门理发店，卫生条件也不能保证。

在家中给宝宝理发，除了选择安全、好用的理发工具，一定要注意剃头的操作原则。

准备工作

1 在购买婴幼儿理发工具时，可以去婴幼儿用品专柜或专卖店购买，选择可靠的品牌和安全的产品，也可以在育儿论坛上或向周围的人取取经。

2 准备理发前用香皂和清水清洁手指，保证手部的卫生。

3 用酒精棉彻底消毒用来理发的推子。

如何给宝宝理发

宝宝可能对理发工具感到害怕，因此在理发前，可以先打开理发器陪宝宝玩一会儿，消除宝宝的紧张感。

给宝宝理发最好是爸爸妈妈一起动手，妈妈一手抱着宝宝，一手固定宝宝的头部，爸爸拿理发器，从前往后，剃完一侧再换另一侧。

注意事项

1 理发时动作要轻柔，不可和宝宝较劲，要顺着宝宝的动作。

2 随时注意宝宝的表情，如果宝宝不高兴，想要哭闹，请立刻停止剃头工作。这样做是为了防止宝宝哭闹时碰伤宝宝。

3 整个理发过程要不断与宝宝进行交流，鼓励宝宝，分散宝宝的注意力，以达到和宝宝相互配合的目的。

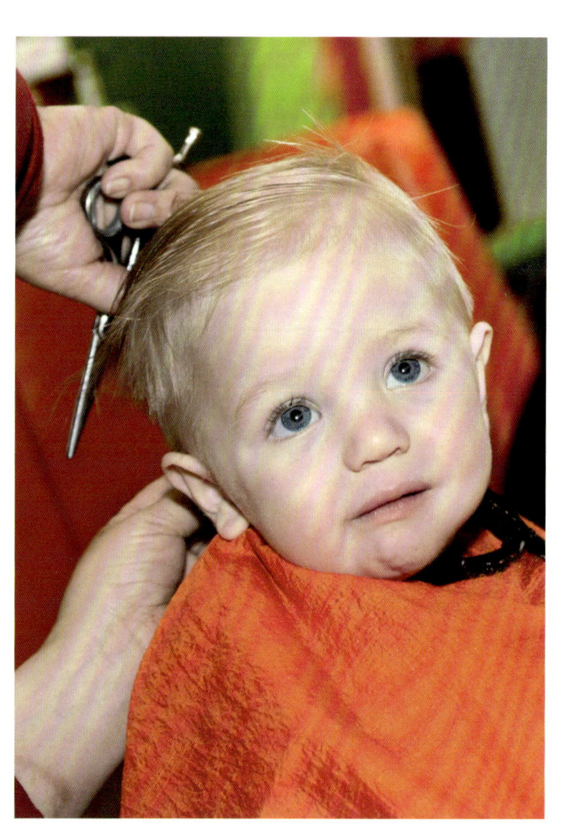

宝宝易过敏怎么办

宝宝的“易过敏体质”是让父母们既心疼又头疼的事情，那么如何才能预防和消除这些困扰呢，一般可从以下几个方面着手：

1 控制环境的湿度：潮湿的环境容易滋生细菌，以环境湿度50%为宜。

2 保持室内环境清洁：勤用干净的湿布擦拭，勤换洗宝宝用的被单、被套、枕套等用品，以免宝宝皮肤过敏的发生。

3 避免接触刺激物：香水、杀虫剂等挥发性物质尽可能避免使用；室内使用高效能的空气滤清器可净化空气；避免到花开繁茂的地方去，尤其不要选择风大的天气出游。

4 饮食保健：呼吁妈妈喂母乳，母乳喂养能大幅降低过敏产生。母乳喂养最好坚持至6个月。一般宝宝在4个月左右添加辅食，宝宝皮肤过敏6个月后才能添加。如果6个月大时肠道的吸收仍不稳定，容易呕吐，则添加辅食时间还要延长。另外婴幼儿饮食以清淡为好，调味料及色素尽量减少。同时，要经常用开水煮、烫宝宝使用的奶瓶，进行消毒处理。

5 适度运动：婴儿期的宝宝睡觉时不宜捂得过严，稍大一点的宝宝可适当增加户外运动量，增强宝宝体质。

轻松育儿名家指导

学会观察宝宝的健康情况

Xuehui Guancha Baobao De Jiankang Qingkuang

囟门反映出哪些健康问题

宝宝的囟门是反映宝宝身体状况的一个重要窗口，囟门的不同状态，是不同疾病的先兆，也是医生判断宝宝疾病的关键点。

囟门鼓起

1 囟门突然鼓起，在哭闹时更明显，手摸有紧绷绷的感觉，并伴有发热、呕吐、颈项强直、抽搐等症状，颅内可能有感染，有可能是脑炎或脑膜炎，应立即去医院检查诊治。

2 囟门逐渐变得饱满，可能是颅内长了肿瘤，或者硬膜下有积液、积脓、积血等，要立即去医院检查诊治。

3 长时间服用大剂量鱼肝油、维生素A或四环素等药物，可使囟门饱满，需要咨询医生停服或者减少服用量。

囟门凹陷

1 如果宝宝正在腹泻、发烧或者使用了大量脱水剂，而囟门凹陷，提示宝宝已经缺水，要及时补充。

2 宝宝长期过度消瘦，要查看一下宝宝的囟门，如果囟门也出现凹陷，可以判断宝宝营养不良。

囟门早闭

1 宝宝囟门早闭时，必须测量其头围大小。如果头围大小低于正常值，可能是脑发育不良。

2 有些身体正常的宝宝，在5~6个月时，前囟门也仅剩下指尖大小，似乎要关闭了，其实并未骨化，应请医生鉴别。

为预防感染，囟门要经常清洁，如果头皮有外伤要及时消毒，以免感染到囟门皮肤，另外，外出或温度较低时要戴帽子保护。

宝宝哭闹不止有妙招

Baobao Kunao Buzhi You Miaozhao

宝宝为什么哭闹

哭是宝宝的一种特殊语言，由于宝宝不会讲话，只能用哭声来表示自己的要求和痛苦，如冷、热、饿、湿、痛等。因此，做父母的要细心观察宝宝的表情，慢慢了解宝宝是因为什么哭，然后才能对应处理。

饥饿

如果距上次吃奶的时间有三至四个小时，或者刚刚醒来，又或者刚换了尿片又开始哭的话，小家伙很可能是饿了。此时，哭声大多混有“m”音，即伴有类似“mama”的呼唤声。哭的时候头还会来回活动，嘴不停地寻找，并做着吸吮的动作。

闹觉

大部分宝宝睡觉前都会哭，妈妈可以根据宝宝的作息时间做出判断。此外，闹觉时，宝宝可能还伴有活动减少、对人和玩具都开始没有兴趣、不断揉眼等行为。

感觉热

当宝宝感觉热时，宝宝也会大声哭，并哭得满脸通红、满头是汗，一摸身上也是湿湿的，这个时候，妈妈不妨看看是不是被窝很热或宝宝的衣服太厚使得宝宝因为热而难受得大哭，如果是，妈妈就应减少铺盖或减衣服，宝宝就会慢慢停止啼哭。

便便了

有时宝宝睡得好好的，突然大哭起来，好像很委屈，妈妈就要赶快打开包被，很有可能是宝宝大便或者小便把尿布弄脏了，这时候换块干的尿布，宝宝就安静了。

感觉不安

宝宝睡得好好的，突然开始哭，而且哭声尖厉，可能是宝宝做梦了，或者是宝宝对一种睡姿感到厌烦了，想换换姿势可又无能为力，只好哭了。那就拍拍宝宝告诉他 “妈妈在这，别怕”，或者给宝宝换个体位，他又接着睡了。

需要妈妈陪伴

如果宝宝一个人玩超过20分钟，而妈妈在旁边做别的事情，完全不理睬他的话，他会开始发出厌烦的哭声。

生病了

还有的时候，宝宝不停地哭闹，用什么办法也没用。有时哭声尖而直，伴发热、面色发青、呕吐，或是哭声微弱、精神萎靡、不吃奶，这就表明宝宝生病了，要尽快请医生诊治。

小月龄的宝宝会经常因为肠绞痛而哭，这时也需要去医院。

宝宝在做运动

在确认宝宝身体健康，没有不适，也没有别的原因时，宝宝哭闹不止，怎么也止不住，这时候，可以放任宝宝哭一会儿。对于3个月前的宝宝而言，运动量极小，这种啼哭可以促进宝宝的消化，也算是一种独特的运动方式。

宝宝吃奶时哭是怎么回事

吃奶对宝宝来说是一件快乐和幸福的事情，但宝宝吃奶时哭，常常让妈妈不解。妈妈要注意观察，如果宝宝之前好好的，一吃奶就哭，可能是下面的原因：

1 呛奶：宝宝吃奶时被奶呛到就会哭。这种现象一般会出现在有奶冲现象的妈妈身上，此外，宝宝吃奶比较性急也会呛奶。此时，妈妈可以按照奶冲的处理方法，将食指和中指分开呈剪刀状夹住乳房前半部分，降低乳汁的流速，宝宝就不会被呛到了。

2 吃不到奶：一般发生在乳汁比较少的妈妈或者含乳不正确的宝宝身上。乳汁较少或者宝宝含乳不正确，只含住乳头，吸不到奶，宝宝就会哭。妈妈需要调整宝宝含乳的方式，乳汁较少的妈妈需要催乳，或者进行混合喂养了。

3 上呼吸道感染：宝宝上呼吸道感染时，会因为吞咽而疼痛，如果宝宝表现出很饿的样子，给他吃又哭，妈妈可以检查下他是否咽喉红肿，如果是，应先帮宝宝治病。另外，宝宝感冒时，鼻子不通气，也会导致吃奶时哭。

4 口腔疼痛：如果宝宝之前吃奶都没有类似的问题，突然出现这样的情况，就要看一下他的口腔，最大的可能是鹅口疮，如果有白色的棉絮一样的物质，且无法擦去，需要积极治疗。鹅口疮痊愈后，宝宝吃奶也就顺利了。

怎样安抚哭闹的宝宝

宝宝哭闹的时候，不管什么原因，千万不要不理不睬。在查看可能引起宝宝不适的因素后，妈妈可以试试以下几种止哭小窍门：

1 紧紧包裹宝宝

大多数宝宝喜欢这种被毯子紧紧包裹的感觉，这会让他感觉好像又回到妈妈的子宫里，温暖而安全，很容易安静下来的。

2 轻轻地摇晃宝宝

可以抱着宝宝，轻轻地摇晃，宝宝大都喜欢这种感觉，因为宝宝在充满羊水的子宫里时，其实一直都在晃动着，无论妈妈是在走路，坐着看电视或是睡觉时翻身，1天24小时都在晃动着。所以，有节奏的晃动对新生宝宝非常管用，会让宝宝感觉非常舒服和放松。但注意摇晃幅度不要太大，以免伤着宝宝。

3 让宝宝脸朝外、侧卧

安抚宝宝时，不要让宝宝的脸对着妈妈的胸口，闻到母乳的味道会让他更容易哭闹。正确的方法是让他脸朝外、侧卧，让宝宝回到在母体中时最原始的姿势。

4 在宝宝耳边嘘声

在宝宝耳边不断地发出“嘘”声，宝宝哭得多大声就嘘得多大，这同样能让宝宝迅速安静下来。在宝宝的语言里，嘘声就表示“我爱你”。

5 听听“白噪声”。

子宫其实很吵的，而不久前宝宝还在那个环境中生活，所以有时宝宝反而会因为听到乱乱的声音而停止哭闹呢。像是单调的流水声、收音机空台的嘈杂声、吸尘器的嗡鸣声等，不妨试一下吧！

宝宝哭闹要不要抱

宝宝哭闹时，父母本能地会想去拥抱、安抚他，但老一辈却告诫说，不要常去抱宝宝，不然他被抱习惯了，以后长大太依赖人，无法独立，其实这样的观念不见得正确。

许多儿童心理专家都认为，给小宝宝足够的拥抱、安抚，对他未来建立安全感、信任感以及稳定的情绪有正面帮助。

不过，妈妈照顾宝宝也不需要时时刻刻无微不至、过度紧张，偶尔稍微偷懒，让宝宝小哭一下（如5~10分钟）反而是好的。宝宝的哭不仅是一种语言信号，也是一种有益的全身运动。因为宝宝啼哭时头部转动，四肢像做体操一样不停地挥动，腹部起伏，胸膈扩大，肺活量增加，新鲜空气被大量吸入，废气被大量排出。同时全身血液循环加快，代谢增强，对宝宝生长发育很有好处。所以，对于宝宝不是因为疾病引起的，而是要求抱而啼哭时，可以适当让宝宝多哭一会儿，运动运动，利于生长。当然，不宜让宝宝哭得太久。过长时间或过于剧烈的啼哭会使宝宝声带充血，体力消耗，特别是患有心脏病的宝宝，哭闹会增加氧气的消耗，加重病情，严重时还会引起心力衰竭。

有时候妈妈要让宝宝有机会学习自我安抚情绪，像吸吮自己的手指，或者抚摸小毛巾、小玩具，帮助他从焦躁的情绪中平静下来。

让宝宝拥有漂亮的牙齿

Rang Baobao Yongyou Piaoliang De Yachi

宝宝出牙期间如何护理

出牙的时候，宝宝多多少少会有一些不适，但反应不同，有的宝宝症状不明显，有的宝宝反应却很大，需要父母好好护理。

出牙期间不适表现在哪些方面

1 口水多。出牙时，牙龈受到刺激，口水分泌会变得旺盛，而此时宝宝的吞咽能力仍不完善，口腔容积也还小，所以流口水现象加重是不可避免的，需要给他戴上小围嘴，并且及时帮他擦干，注意嘴角皮肤，如果被口水浸得发红，需要涂抹一些有收敛作用的药膏，避免糜烂、脱皮，如果已经有些溃烂，则不宜自己擦用药膏，需要看医生。

2 牙龈痒。出牙刺激牙龈，还会出现牙龈痒，为了缓解牙龈痒，出牙的宝宝会逮到什么咬什么，吃奶的时候也会咬奶嘴或者乳头。这种情况下，可以给他准备磨牙棒，磨牙棒不能太硬，否则宝宝不喜欢。另外可以在手指上缠绕干净纱布蘸温开水，轻轻帮宝宝按摩牙龈，缓解不适。如果是夏天，则可以将纱布蘸冰水给宝宝冷敷牙龈。

3 感觉疼痛，所以会有些烦躁，食欲也不好，不过过几天出牙完成就消失了，倒是不需要担心，多安抚、关爱他就可以。

4 有的宝宝的反应较严重，出现发烧和腹泻的情形，如果轻微可以看作正常现象，如果严重则一定要看医生了，这可能是出牙引起了口腔感染，需要检查治疗。

缓解出牙期不适的方法

1 让宝宝咀嚼。咀嚼可帮助牙齿冒出牙龈。任何干净、无毒、可以咀嚼、万一吞咽也不会因为过大或过小而堵住气管的东西都可以给宝宝用来咀嚼。市面上的磨牙棒是很好的选择（尽管会让宝宝身上脏兮兮的），有点硬的面包圈也是宝宝咀嚼的绝佳物品。

2 转移宝宝的注意力。最好的方法可能是让宝宝不再注意自己要冒出牙齿的牙龈。试着和宝宝一起玩他最爱的玩具或者用双手抱着宝宝摇晃或跳舞，让宝宝忘记不适感。

3 宝宝牙龈不适，有时候会通过咬嘴唇缓解，妈妈要轻轻挠挠他的下巴，让他松开，以免出现龅牙。

宝宝出牙晚是缺钙吗

宝宝到了10个月甚至1岁仍未出牙，父母一般都会着急。但着急归着急，不要盲目采取措施促进宝宝长牙，其中盲目补钙是要不得的。出牙晚可能跟缺钙有关系，但不是必然关系，如果宝宝不缺钙，而随便、大量补充钙剂或维生素D，容易造成维生素D中毒或者钙过量导致骨骼过硬，并增加肾脏负担。

这个时候可以带宝宝到医院做检查，看一下是否有先天性的牙胚缺失，做这个检查的时候可能就会发现乳牙早已经在颌骨中就位，只是出得较慢而已，就可以放心了，耐心等待即可。另外，还可以测一下微量元素，如果的确是缺钙引起的出牙晚，则需要尽快补充。

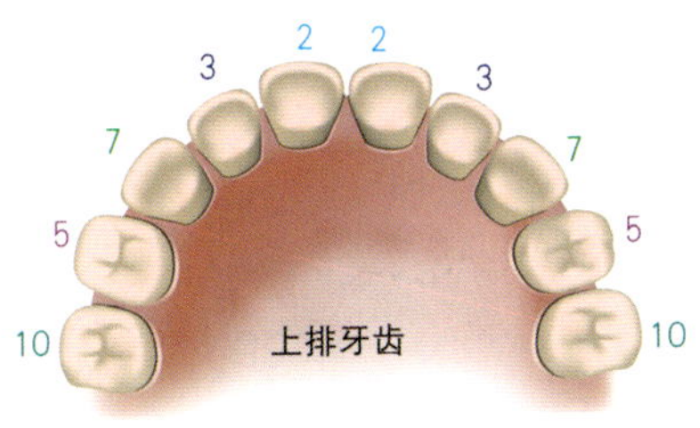

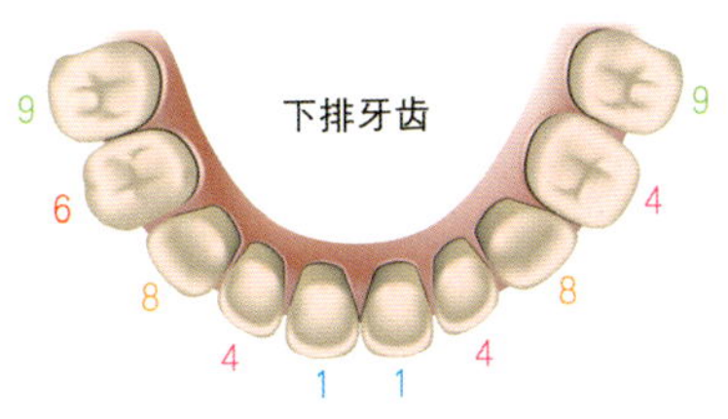

婴幼儿乳牙出牙顺序

宝宝出牙期间睡不好怎么办

出牙的阶段可能是一个痛苦的过程，会让一直睡得很好的宝宝半夜醒来哭闹。此时，妈妈还是应该努力坚持宝宝之前的睡前程序，坐在宝宝身边安抚他入睡。如果妈妈改变规律，哪怕只是很短一段时间，宝宝也会变得不容易再回到正常轨道上去。如果宝宝看起来真的很痛，在半夜哭闹，妈妈需要马上采取点措施缓解疼痛，如用一根手指轻柔地按摩他的牙龈，或者给他冷的牙胶环、半冰冻的毛巾布等来帮助他缓解痛苦。

宝宝出牙一定会按顺序出吗

大部分宝宝的出牙顺序是：先出下面的两颗正中切牙，再出上面的正中切牙，然后是上面的紧贴中切齿的侧切牙，而后是下面的侧切牙。宝宝到1岁时一般能出这8颗乳牙。1岁之后，再出下面的一对第一乳磨牙，紧接着是上面的一对第一乳磨牙，而后出下面的侧切牙与第一乳磨牙之间的尖牙，再出上面的尖牙，最后是下面的一对第二乳磨牙和上面的一对第二乳磨牙，共20颗乳牙，全部出齐在2~2.5岁。

但并非所有的宝宝都会遵循这一规律，也有许多宝宝出牙时不是成对出，而是一颗一颗地出，或者不按上述顺序出牙。只要宝宝牙齿质量好，这都是无碍的。

如何让宝宝长出整齐的牙齿

宝宝牙齿长得不好，排列不齐，先天因素不是很大，大多是后天的坏习惯导致的，要及时纠正。

1 宝宝吃奶的方法不正确，奶瓶的位置过于靠前上方，或者总是平躺着吃奶，吮吸时下颌会过度向前，时间久了下颌骨和下牙弓向前移，就会形成下牙突出，也就是地包天。为避免这种情况，一定不要让宝宝总躺着吃奶。

2 乳牙患病没有及时治疗或者因为外伤而脱落，两旁的牙齿就会向空隙移位，使得牙齿空隙变小，以后从空隙长出来的恒牙，就会因为没有足够的空间生长而参差不齐。

3 宝宝如果总是用口呼吸，睡着后要张着嘴，方便气流从口腔通过，久而久之，上腭向上隆起，上牙弓左右两侧变窄，上牙弓前部向前突出，这样将来的前门牙长出后，就会向前倾斜，而且排列错乱。宝宝总是用口呼吸可能是扁桃体肥大或鼻腔有病致使鼻呼吸不畅而导致的，要及时检查治疗。

4 宝宝如果喜欢咬指头、咬笔头，上门牙会向前突出，下门牙变短，表现出牙齿畸形。

另外，宝宝在换牙的时候，如果有吐舌、咬舌、舔牙床的不良行为，也会造成牙列不齐，到时候一定要注意纠正。还有乳牙脱落过晚也会造成恒牙牙列不齐，所以到了该脱落的时候可以给些外力帮助脱落，不过一定要咨询医生做检查之后才能做。

何时开始给宝宝刷牙

开始刷牙的时间

从宝宝出牙开始，就需要刷牙，否则母乳、奶粉甚至辅食中的乳糖、碳水化合物在口腔中发酵，形成酸性物质，会腐蚀牙齿，形成龋齿，要积极预防。乳牙龋齿是以细菌感染为主的，如果不积极预防，可能会经常发生感染、腹泻、发热等问题。

宝宝刷牙的必要性

有的父母认为乳牙最终会被恒牙代替，所以龋坏也没关系。其实不然，虽然乳牙最终会被恒牙换掉，但也不能认为乳牙龋齿就是无关紧要的事，一旦乳牙龋坏严重，引发牙髓炎或者牙周炎，就会影响恒牙，或者不能萌出，或者萌出后不牢固，或者很容易被损坏。另外，龋齿很可能导致乳牙过早脱落，过早脱落了乳牙，恒牙长出的位置很可能不正，使得牙齿排列不齐、咬合不良，影响美观或者咀嚼功能。

由此可知，乳牙的清洁还是很重要的，应该重视，每天都要给宝宝刷牙。可以一天两次，早晚各一次，如果宝宝不太配合，可以改为一天一次，保留晚上那一次。

如何给宝宝刷牙

给宝宝刷牙注意事项

1 对于1岁以内的小宝宝，可以用手指包着纱布，也可以用专用的指套牙刷，蘸着盐水轻轻擦拭。注意刷牙的动作要轻柔，不要弄疼或者弄伤牙龈，那样的话宝宝下次可能就会排斥刷牙了。

2 较大一点的宝宝可以使用宝宝专用牙刷牙膏，但不应使用成人牙具，成人牙刷刷毛太硬，会伤到宝宝娇嫩的牙龈，而成人牙膏一般含有较大量的氟，宝宝不会控制吞咽，容易把牙膏吞下肚，摄入太多氟，这对宝宝健康是一种潜在危险。

3 给宝宝刷牙时要注意跟宝宝亲切交流。首先，不要一下子把牙刷伸到宝宝的嘴里，以免吓到他，可以先用牙刷逗弄他的嘴角，直到他主动把嘴张开，才可以把牙刷放入口腔开始刷，在刷牙全程都要亲切地跟宝宝说话，消除他的紧张感，刷完后要用愉快的表情和语言表扬一下宝宝，让他感觉自豪。

小宝宝刷牙可以不用牙膏，用清水或茶水刷牙即可，到了2岁以后宝宝可以控制吐出泡沫再用牙膏就可以了。

给宝宝刷牙的步骤

给宝宝刷牙的时候，需要先用清水将牙刷仔细清洗干净，然后套在食指上就可以开始了。具体方法如下：

第一步：妈妈跪坐在床上，让宝宝背对着妈妈，斜躺在妈妈的大腿上，让宝宝张开嘴。

第二步：妈妈用一只手按住宝宝的上唇，将上牙都露出来，妈妈另一只手食指套牙刷，将牙刷刷毛与牙齿表面成45°角斜放在牙齿和牙龈的交界处，然后轻轻地做小圆弧旋转，将牙齿表面刷干净，然后上牙从牙龈处向下刷，下牙从牙龈向上刷，将牙齿缝刷干净。刷下牙的时候用无名指和小拇指按住宝宝的下嘴唇。最后用同样的方法将牙齿里面也刷干净，每一个部位重复8~10次，这个过程2~3分钟就完成了。

第三步：给宝宝喂几口水漱漱口。

刷完牙后，牙刷要彻底清洗干净，晾晒干，然后放在干燥的有盖盒子里保存，避免被细菌感染。到了宝宝2岁半以后就可以训练他自己刷牙了，到时还要准备一套牙具。

如何使用指套牙刷

给刚刚长牙的小宝宝刷牙，选用可以套在手指上的指套牙刷就很好，方便，也容易掌握力度。

如何选购指套牙刷

1 材料安全无毒。指套牙刷应该是硅胶制成，闻起来没有任何异味才是合适的。另外，还要看材料是否耐高温，因为牙刷需要经常放在开水里消毒，一般都要耐温120℃以上。

2 刷头毛不要太多。小宝宝的牙齿还很少，刷头毛太多，难免刺激到口腔其他部位，引起不适。

3 刷头要柔软而且富有韧性。指套牙刷兼具按摩牙龈的作用，所以一定要柔软。选购的时候，用手弯折感觉一下，如果太硬最好不选。

宝宝不配合刷牙怎么办

有些宝宝对刷牙非常抗拒，会把嘴巴闭得紧紧的，把头扭向一旁，或者直接就是哭闹打挺，这种情况，妈妈不应强行给他刷牙，可以先把牙刷作为一个玩具，让宝宝自己玩，从而打消宝宝对牙刷的陌生感。同时，妈妈也可以买一个指套牙刷，在每次刷牙时让宝宝在一旁观摩，不久之后，宝宝就会产生模仿的兴趣。

接种疫苗的知识

Jiezhong Yimiao De Zhishi

宝宝需要接种哪些疫苗

目前，宝宝计划内接种疫苗（即一类疫苗，指政府免费向公民提供，公民应当依据政府的规定受种的疫苗），共有11种，婴幼儿必须要接种。这11种免费疫苗包括脊髓灰质炎疫苗、卡介苗、百白破疫苗、麻疹疫苗、乙肝疫苗、甲肝疫苗、流脑疫苗、乙脑疫苗、麻疹风疹腮腺炎联合疫苗、无细胞百白破疫苗。

收费疫苗有没有必要接种

除免费且必须接种的一类疫苗外，肺炎疫苗、水痘疫苗和狂犬疫苗等需要自费的疫苗，都属于二类疫苗，父母可视孩子身体状况和家庭经济条件，自愿选择受种。如：

体质虚弱的宝宝可考虑接种的疫苗

疫苗名称	说明	提示
流感疫苗	对 7 个月以上、患有哮喘、先天性心脏病、慢性肾炎、糖尿病等抵抗疾病能力差的宝宝，一旦流感流行，容易患病并诱发旧病发作或加重，父母应考虑接种	有4类宝宝不宜接种流感疫苗，其中包括6个月以下婴儿；具有过敏体质，尤其是对鸡蛋过敏的宝宝；患有先天性疾病的宝宝；患感冒、发热等或急性病发作时，则先治病，等身体恢复后再接种
肺炎疫苗	肺炎是由多种细菌、病毒等微生物引起，单靠某种疫苗预防效果有限，一般健康的宝宝不主张选用。但体弱多病的宝宝，应该考虑选用	

流行病高发区应接种的疫苗

疫苗名称	说明	提示
B型流感嗜血杆菌混合疫苗（HIB疫苗）	5岁以下宝宝容易感染B型流感嗜血杆菌。它不仅会引起小儿肺炎，还会引起小儿脑膜炎、败血症、脊髓炎、中耳炎、心包炎等严重疾病，是引起宝宝严重细菌感染的主要致病菌。父母可考虑接种	处于高热或急性传染病发病期的宝宝和对破伤风蛋白过敏的宝宝慎用
轮状病毒疫苗	轮状病毒是 3 个月至 2 岁婴幼儿病毒性腹泻最常见的原因。接种轮状病毒疫苗能避免宝宝严重腹泻 轮状病毒疫苗建议于宝宝 2、4、6个月大时使用，视需要可提前到宝宝6周大时开始使用	疫苗使用后四周内妈妈在给宝宝换尿布后应多洗手，以免排泄出的活病毒引起粪口传播

即将要上幼儿园的宝宝考虑接种的疫苗

疫苗名称	说明	提示
水痘疫苗	如果宝宝抵抗力差应该选用，对于身体好的宝宝可用可不用。不用的理由是水痘是良性自限性“传染病”，列入传染病管理范围。即使宝宝患了水痘，产生的并发症也很少	有严重疾病史、过敏史、免疫缺陷病者禁用。一般疾病治疗期、发热期的宝宝要缓用
甲肝疫苗	甲型肝炎又称急性传染性肝炎，肝炎病毒通过消化道传染，流行范围较广。凡 1 岁以上未患过甲型肝炎但与甲型肝炎病人有密切接触的人，以及其他易感人群都应该接种甲肝疫苗	发热、急性病或慢性病发作期的宝宝应缓种。免疫缺陷，正在接受免疫抑制剂治疗的宝宝，过敏体质的宝宝禁用

什么情况下不宜接种疫苗

如果宝宝出现下列情况，不宜接种疫苗：

1 患各种疾病的宝宝不宜接种，例如：感冒、腹泻、发热、呕吐等情况下，有的疫苗不能注射。

2 如果宝宝患有肝炎、结核等传染病以及严重心脏病等疾病时，身体的免疫力会下降，很有可能会受不住接种所引起的反应，甚至有可能会加重病情。

3 患有皮肤病的宝宝也不能进行接种。

4 过敏体质的宝宝很容易产生不良反应，应该咨询医生以后再决定是否注射疫苗。

5 有神经系统疾患的人接种某些疫苗具有一定的危险性，因此已明确患有神经系统疾患的儿童，例如患有癫痫、脑病、癔症、脑炎后遗症、抽搐或惊厥等疾病，应在医生的指导下，谨慎接种疫苗。

如果宝宝不宜接种，但是遇到特殊情况比如被狗咬伤而必须接种时，一定要在医生的指导下注射疫苗。

接种疫苗后有不良反应怎么处理

疫苗接种后应在医院或防疫站观察15~30分钟，防止发生不良反应。另外，注射疫苗当天不要洗澡，父母要密切关注宝宝，看有无异常发热，注射地方有无异常反应，以便及时就医。

疫苗常见的不良反应

疫苗接种后会有一定反应表现，常见发热、注射部位红肿或硬结。发热多于2天内恢复正常；局部红肿也就维持2天左右；皮下硬结可能存在时间偏长，可达数周，最终完全自行消退。对于体温超过38.5℃，应该服用退热药。

接种疫苗后的反应	接种疫苗后的照护方式
注射部位局部红肿、疼痛、硬块	注射后6~8小时发生肿痛，反应激烈者，会形成硬块。接种部位24小时内，可用冷敷减轻疼痛；24小时后，可用温敷消肿帮助吸收
轻度发烧	一般只要给退烧药即可，至于退烧药的选择，要避免阿司匹林与水杨酸制剂，因为有可能引起雷氏症候群
烦躁不安、哭闹	大多在注射以后12小时内发作，可以持续一小时。安抚观察即可
长疹子	一般只要观察即可，偶尔才需使用到抗过敏药物。主要是因为有些疫苗中含有微量的neomycin和polymyxin，应小心用于已知对这些抗生素过敏的患者
高烧超过40.5℃	48小时以内发作。一般只要给退烧药即可。有些幼儿可能因为发烧而引起热痉挛，这与个人体质有关，多数都是良性的
超过3小时以上的持续性哭闹	48小时以内发作，发生率1%。要特别注意食欲、活动力是否也跟着降低。若极度昏睡、低张力、全身虚脱或尿量减少，则必须就医请医生处理
神经学病症	严重反应如痉挛、神经疾病及脑部疾病等，极少发生
过敏性休克	发生率极低，通常为立即型过敏反应，可能危及生命

此外，接种疫苗后，宝宝可能会有轻微的精神状态不好，可以多喝水、多休息，尽可能在舒服状态下，等待反应消失。

接种疫苗后针孔化脓怎么办

接种卡介苗后，接种部位会出现局部红肿、化脓、破溃、干燥结痂、结痂脱落、小瘢痕。整个反应期持续几个月。化脓期间出现破溃，用干棉球蘸干局部即可，无须碘酒、酒精消毒无须用邦迪等敷料覆盖。

注意不要让针孔接触水，如果需要洗澡，也千万不要接触到针孔位置。

鸡蛋过敏的宝宝能否接种麻疹疫苗

接种麻疹疫苗前，一定不能吃鸡蛋，如果宝宝对鸡蛋过敏，应及时告知医生，让医生判断能否接种。

如果宝宝不能接种麻疹疫苗，则在麻疹高发季节，尽量少去人多拥挤的地方。

漏接种疫苗了怎么办

如果因为宝宝生病或过敏或者其他原因漏种疫苗了，这时该怎么办呢?

首先，确认漏种原因。如果是因为过敏而漏种了疫苗，应由医生决定是否该补种，如不能补种询问医生该怎样为宝宝做什么样的预防工作；如是生病或其他原因，需提前和宝宝接种的医院联系，详细说明宝宝不能接种的原因，并按照医生安排的时间按时为宝宝补种。

一般而言，哪一针漏了，就从哪一针补种，之后仍按照正常顺序接种，没必要从第一针重新打。比如，正常情况下，新生宝宝出生后2个月接种第一针，3个月接种第二针，4个月接种第三针。如果漏种了第二针，随时可以补种，等1个月后再接种第三针。注意，只顺延向后推迟漏掉的那针疫苗，其他疫苗可继续按照接种时间进行接种。如果和某种疫苗碰到一起了，是否能同时接种，预防接种医生会根据相碰的疫苗的种类，判断是否可以同时接种，还是间隔一段时间，间隔多长时间、先接种哪一种，也由预防接种医生根据具体情况决定。

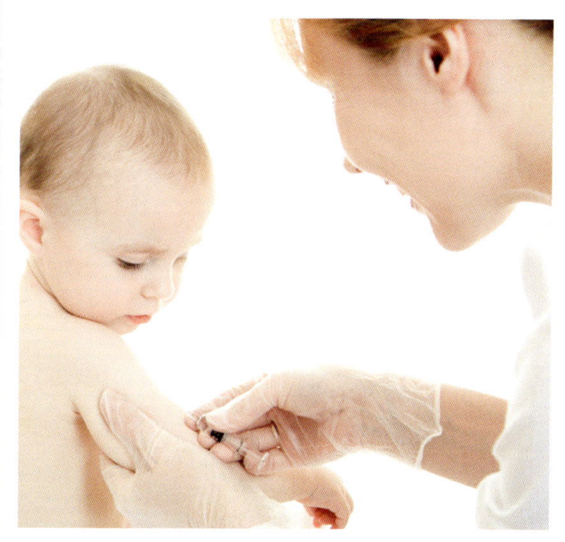

宝宝皮肤的护理

Baobao Pifu De Huli

皮肤褶皱处如何防破损

宝宝日常护理是每个妈妈都比较关心的问题。由于宝宝的皮肤比较娇嫩，颈部、腋窝、肘窝和膝部的腘窝等皱褶部位很容易产生一些湿疹，时间一长很可能会表皮糜烂，尤其胖宝宝更加的明显，那么宝宝皮肤褶皱处破损糜烂该怎么办，又如何预防呢？

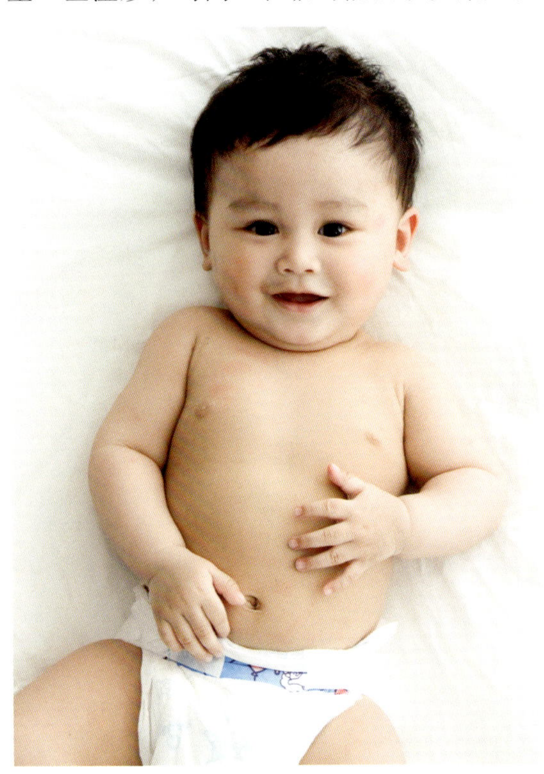

皮肤褶缝处通风有限，相贴的皮肤面相互摩擦容易造成局部表皮糜烂，甚至出现渗液或化脓，有臭味。若不及时护理，可继发深部皮肤破损，引发感染。保持皮肤干爽是预防的最佳方法。

首先，及时为宝宝清洗褶皱处的汗水，并用柔软的干毛巾轻轻擦拭，保证皮肤干燥。清洗擦干后最好到风凉的地方待会儿，让宝宝的皮肤降降温，可以防止长痱子等。对于6个月以上的宝宝，可以适当用点爽身粉，但要注意擦去浮粉，减少毛孔堵塞。破损的褶皱部位，清洗干净后，涂炉甘石和少许抗生素软膏，并用纱布隔离，易于破溃处愈合。

预防褶皱处破损的发生，应多注意保持宝宝颈部、腋窝等处皮肤透气，保持该处皮肤的干燥；日常生活中除了保持环境温度、湿度适宜外，可使用柔软的干纱布置于皱褶处，并且几小时更换一次，也利于局部皮肤干爽，防止褶皱处皮肤破损的发生。

如何预防和消除痱子

痱子的主要成因是“热”和“汗渍”。由于宝宝的汗腺及血液循环系统还处于发育阶段，皮肤调节能力较差，天气炎热时更容易出汗，身上容易产生痱子。那么如何预防和清除宝宝身上的痱子呢?

痱子预防方法

主要是保持皮肤清洁，勤洗澡很重要。同时，还要保持家居环境凉爽、通风，有条件的可以借助空调和电风扇降温。一旦宝宝出了汗，应随时用细软的毛巾擦掉，衣服湿了要及时更换。可以给宝宝穿上宽松透气、吸水性好的棉麻质衣服，衣服应尽量少穿。宝宝睡觉时，要多给他翻身。饮食宜清淡，可以多喂些消暑解毒的饮料，如西瓜汁、绿豆汤、金银花露等，但不宜吃油腻及刺激性食物。

痱子消除方法

可在清洗皮肤后涂上痱子粉或炉甘石洗剂（也可用1%薄荷脑），但要注意在洗净汗液后再涂，且痱子粉不能涂得太多太厚。也可用金银花30克、川黄连15克煮水，抹在患痱子的部位。此外，用吃剩的西瓜皮擦痱子，每次擦至皮肤微红，一天擦2~3次，简便而实用。有的父母为减轻宝宝的痒痛，干脆给宝宝脱光衣服，这是不可行的，因为宝宝的皮肤没有衣服保护，更容易受热和接触其他不良刺激，不利于痱子的治疗。

高热后出疹子怎么护理

幼儿急疹表现为宝宝首先是持续3~4天发高烧，体温在39~40℃，热退后周身迅速出现皮疹，并且皮疹很快消退，没有脱屑，没有色素沉着。宝宝患了幼儿急疹，妈妈就是最好的医生和护士。因为这种病没有什么特效治疗方法，关键就是精心的护理。

1 多给宝宝饮水，宝宝急疹是以高热为主要症状，会消耗大量液体。所以，要尽量多饮水以补充体液，同时促进毒素排泄。

2 宝宝的饮食宜清淡，多吃蔬菜和水果，补充维生素C，增强抗感染力。主食多吃一些米粥、麦片、面条等流质或半流质食物。

3 让宝宝休息，居室内要安静，被子不能盖得太厚太多。居室内定时开窗换气，保持空气新鲜，不要因怕宝宝着凉而总不开窗，保证室内空气清新利于身体恢复。

4 注意宝宝的皮肤护理，要保持皮肤的清洁卫生，经常给宝宝擦去身上的汗渍，以免着凉。不要让宝宝挠抓皮疹，以免抓破皮肤造成感染。也不要乱涂药，尽量不刺激皮肤。

怎么防治湿疹

湿疹是一种变态反应性疾病（即过敏），它的发生除宝宝接触了致敏物质，如奶、鱼、虾、肉、蛋等中的蛋白质外，还与宝宝皮肤娇嫩、皮肤角质层薄、毛细血管丰富、内皮含水及氯化物较多有关。此外，机械性摩擦、肥皂、唾液、溢奶等的刺激也是一种诱因。那么，宝宝湿疹要怎么进行防治呢？

1 应尽量避免让宝宝接触可能引起过敏的物质。如宝宝对鸡蛋过敏，可暂时不添加。

2 如果宝宝吃母乳，妈妈应注意不要吃易引起过敏的鱼、虾、羊肉等食物，最好别吃辣椒等刺激性食物。

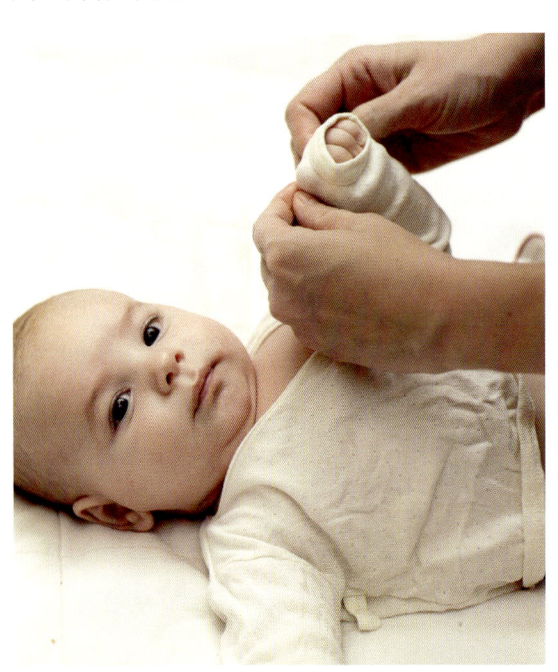

3 保持宝宝双手的清洁，经常帮宝宝剪手指甲。避免挠抓，以免感染，湿疹十分痛痒，宝宝常会用手抓，抓挠会引起皮肤的细菌感染。

4 不能用碱性强的肥皂、热水洗患处皮肤。因为肥皂和热水会将宝宝皮肤表面的油脂洗掉，使皮肤更加干燥，还会刺激肌肤。

5 给宝宝穿上棉质且宽大的衣服，避免衣物摩擦加重湿疹。妈妈和宝宝都不要穿丝、毛织物的衣服，以免引起或加重过敏。

6 妈妈不能擅自给宝宝用任何激素类药膏，因为这类药物外用过多会被皮肤吸收，给宝宝身体带来副作用。必要时，可在医生指导下用些抗组胺药，消炎、止痒、脱敏药物。

7 如果不能进行母乳喂养，可以参考医生的意见选用含有益生元的配方奶，已有研究证明选用含有益生元的配方奶，有助于调整宝宝的免疫系统，降低宝宝湿疹，以及避免其他过敏性疾病的发生。

宝宝湿疹轻者不需药物治疗，但要注意宝宝的皮肤护理，保持皮肤清洁，必要时可适当使用复合维生素等制剂。同时注意保持宝宝大便通畅，宝宝湿疹发病急性期应避免预防接种，尤其是卡介苗和流脑疫苗。

如何防治尿布疹

红屁股（尿布疹）是婴儿最常见的皮肤病之一，尤其在夏季，发病率更高。如果在闷热的环境中，让宝宝长时间裹着已被污染的脏尿裤而不及时更换，小屁屁就容易出现红斑、丘疹样的皮损了。

尿布疹的预防

1 由于宝宝的皮肤娇嫩，易对洗涤剂、柔顺剂等物质过敏，注意给宝宝洗衣服时不要添加这些东西。有时还会引起白色念珠菌感染的皮疹，表面看似尿布疹，实际是一种霉菌感染，一定要及时治疗。

2 平时给宝宝换纸尿裤、洗尿布一定要勤快，这是预防红屁股的最好方法。多长时间给宝宝换一次纸尿裤，在这方面是没有一成不变的规定的。只要纸尿裤湿了或脏了，就应当更换。在最初几个月里，更换纸尿裤的次数在24小时里可能达到10次之多。

3 在宝宝大便后，及时更换纸尿裤。先擦干净小屁股，再用脱脂棉或纱布浸泡在热水里，拧干后再给宝宝擦干净。

4 涂防护药膏。清洁完毕后，给宝宝的小屁股擦上一层防护霜，再为宝宝穿上干净的新尿裤。这些药膏如同一层屏障，避免宝宝的皮肤遭受过度潮湿的侵袭。

如何护理尿布疹

1 选用纯棉布做尿布，要勤换尿布。尿布洗烫后在阳光下晒干再使用。选用合适的纸尿裤与纯棉尿布交替使用，既经济实用又有助于宝宝的发育。

2 每次换纸尿裤时，用热毛巾轻轻擦拭，通气晾干。

3 让宝宝的屁股多透透气。慢点穿尿裤，让患有尿布疹的皮肤尽量多暴露在干燥的空气里，充分风干。

4 在尿布疹严重时，可暂时不用尿布，让宝宝的臀部暴露在空气中，以保持皮肤干爽。

5 切忌用热水烫洗，应根据医嘱，使用锌氧油止痒，也可局部使用类固醇药物。如果经治疗后仍不见好转，应及时带宝宝去医院。

宝宝出行须知

Baobao Chuxing Xuzhi

长途旅行要注意什么

父母都希望带着自己的宝宝出游，让宝宝好好感受一下外面的世界。但是，宝宝抵抗力低，很容易患上疾病，影响宝宝的健康。那么，家长带宝宝旅游要注意什么呢?

1 注意饮水卫生。必须饮用煮沸的水，或者根据旅途的长短以及考虑途中是否能得到清洁水的补充，带上一些瓶装饮用水。

2 饮食以清洁卫生为原则。即使在饥肠辘辘时也不要随便在路边摊购买食品，必须到有卫生保证的餐馆就餐；生吃瓜果一定要先洗净，然后去除外皮；进食前先洗净双手，必要时可以带上酒精棉球和湿纸巾，以便在无法用清洁水洗手时擦净双手。

3 不吃新奇的食物。在旅行途中常会见到一些陌生的食品，虽然这些新奇的食物很诱人，但最好不要让宝宝轻易尝试，以免发生食物过敏。如果带未断奶的宝宝出门，母乳喂养又显出其优点了，只要妈妈在喂奶前注意洗净双手就可以了。而喂奶粉的宝宝则需要根据旅途的长短，预计使用奶瓶的数量，准备好清洁的奶瓶并妥善保存，每次使用后更换一个；冲泡婴儿奶粉时一定要用清洁并且最好是煮沸的水，必要时带上保温瓶。

4 预防呼吸道感染性疾病。要注意冷热，根据气温来调节衣着。对宝宝来说，最好能穿一些穿脱方便的衣服，如毛衣开衫外面加上外套，热了就脱去外套，解开毛衣，冷了赶紧套上；衣服质地以全棉、羊毛等自然轻巧的织物为佳。

5 人群密集的地方可以戴个口罩。旅行途中难免拥挤，人来人往的地方也是各种病原菌最多的地方，必须到人群中去时，可以戴上口罩，及时洗净双手。选用公共交通工具时，尽量不要让宝宝坐在正在咳嗽的人旁边，以免被感染。

6 接种疫苗。很多呼吸道感染性疾病是可以通过预防接种而加以预防的，按时接种各种疫苗，如麻疹疫苗、腮腺炎疫苗、风疹疫苗、流行性感冒疫苗、肺炎疫苗等，可以有效地保护宝宝免受疾病的侵袭。

宝宝可以坐飞机吗

国航规定出生14天以上、身体健康的婴儿，可以搭乘飞机。宝宝坐飞机是没有问题的，只是有许多注意事项。

确保宝宝身体健康

坐飞机长途飞行前，应该确定宝宝没有急性疾患，没有严重心肺问题。宝宝患感冒也应推迟行程，因为感冒会导致咽鼓管堵塞。在飞机起降时由于气压变化，耳内外及鼻窦内外气压失衡，易导致鼓膜和鼻窦气压伤。

此外，最好可以等到宝宝4~6周以后再带他飞行，因为新生宝宝肺部尚未完全张开，毛细血管脆弱，身体对气压、重力等因素变化耐受力较弱，再加上飞机上重复使用的空气对宝宝不利，新生宝宝对环境的抵抗力还非常脆弱，容易被病菌感染。

做好准备工作

1 订好机票。座位最好选择靠窗或靠走道的位置，不要选择两座位中间的位置，带宝宝的妈妈会给宝宝喂奶、换尿布，影响他人也不方便自己。如果遇到是中间的位置，可与其他乘客商量换座。一般乘务员都会提前为带宝宝的妈妈安排妥当，妈妈尽可以提出自己合理的要求。

2 准备好宝宝所需物品。宝宝坐飞机至少需要准备下列物品：

宝宝证件：2周岁以下宝宝的机票价格是成人全票价的10%，不单独占座；2周岁到不满12周岁儿童的票价是成人全票价的50%，单独占座；每位成人只能带一个儿童享受这种票价，购票时需出示可证明宝宝年龄的出生证明或户口簿。

食物：如奶粉奶瓶、宝宝辅食等。为了方便清洁，可为宝宝带一个稍大的围嘴，能够盖住大部分衣服、有塑料或防水层，便于擦洗和重复使用、婴儿用洁肤巾也是必备品。

护理用品：带上足够的尿布、装脏尿布的袋子，宝宝特种纤维清洁棉、护臀霜等。此外，舱内空气干燥，可以带点婴儿油给宝宝滋润皮肤，并且不时在鼻孔内点一两滴生理盐水，以免过度干燥引起鼻内疼痛甚至流鼻血。

旅行玩具：带上宝宝平时喜欢的玩具，如安抚小熊、布书等，能够让他应付旅行路途的枯燥，但不宜太多，否则找起东西来会手忙脚乱。

安全舒适旅行小贴士

1 不要将3岁以下的婴幼儿用安全带系在座位上。因为一旦飞机颠簸，宝宝在座位上可能受伤，也可能从安全带下面滑落出来跌伤，对他们而言最安全的地方还是父母的怀抱。

2 进入客舱后记得给幼儿脱去厚重冬衣。秋冬季节，很多婴幼儿登上飞机后就哭闹不停，父母用什么法子都没用。其实原因很简单，客舱温度在20℃以上，宝宝衣服穿得太多，热得难受。

3 带宝宝乘坐飞机时要尽可能地预订靠近机头的座位，因为飞机前舱的空气循环比后舱稍好，而且上下飞机更方便，所以家长应该在换票时告知航空公司，以便安排。最好预订各区段第一排的座位，千万不要接受长排座中间的座位。因为这样无论是你还是对旁边的旅客都不方便。不要让宝宝头朝过道抱在怀中，因为飞机客舱的过道狭窄，宝宝脑袋容易被其他旅客经过时无意碰伤。

4 不要让宝宝在客舱内四处爬行或走动，以免在飞机颠簸时受伤。低龄宝宝要抱在怀里，不要让宝宝随便走动，防止颠簸时引起碰撞而受伤。

5 不要在家泡好牛奶上飞机，有时候安检通不过，可以带些奶粉，过安检后再泡。登机前，给宝宝换一次纸尿裤。

起飞和降落时特别注意保护耳朵

对宝宝来讲，在飞行途中保护好耳膜十分重要，因为宝宝的耳膜比成人的薄，可以承受的压力也小得多。在带宝宝乘机时应采取正确、有效的措施在飞机起飞和降落时让其咽鼓管开启，防止航空性中耳炎的发生。

1 给宝宝耳朵里塞上纸团和棉花并没有什么作用，也不能防止发生航空性中耳炎。

2 在飞机起飞和降落时给宝宝喂奶或吃点零食，以便宝宝做充分的吞咽动作。但要注意防宝宝呛咳。

3 哭闹是有利于开启宝宝咽鼓管的，所以不必制止。

4 在飞机起飞和降落时不能让宝宝睡觉，因为睡眠时耳膜发生气压伤的可能性会大为增加。

如何预防晕车晕船晕机

宝宝出行时，容易发生晕车晕船晕机，因为搭乘交通工具时，内耳前庭系统、视觉系统受到过度刺激，或两者同时传入大脑的讯息发生冲突，以致产生头晕及自律神经失调的现象，学名称之为“动晕症”。

日常小训练预防晕车

晕车晕船晕机是因双侧内耳发育不均衡所致。内耳主管平衡。可尝试从小训练孩子的前庭平衡：婴儿时期，可以将宝宝放在床上，缓慢且轻轻地往左推、往右推，一方面作为亲子活动，一方面训练宝宝的平衡功能。当他具有自我行动的能力后，则可先让宝宝练习蹲下、站起，待他习惯之后，再进行原地转圈，及向左转、向右转的练习。

平日让宝宝多玩秋千、转椅等游戏，可以逐渐训练宝宝的内耳平衡功能。注意，进行秋千、转椅游戏时，要循序渐进。

此外，家长可以先选择平稳的交通工具，或挑好的路况及天气带孩子出游，慢慢地增加他搭乘车子的次数及距离，逐步适应交通工具的影响。

出行前的准备

1 视情况给予晕车药。晕车药需于上车、船前半小时服用，可达一定的预防作用，但对已发生的症状无效。

2 不要吃难消化的食物。在搭乘交通工具前，若摄取难消化的食物，到时可能稍加刺激便发生眩晕、呕吐。因此除非是较幼小的宝宝，真的非喝配方奶不可，建议家长改让宝宝食用白吐司、稀饭、苏打饼干、果汁等来取代牛奶、碳酸饮料，而且最好能于出发前1小时食用完毕。

发生晕车晕船晕机时的处理

1 搭车时，可以使用空调，或把车窗打开让空气流通，且尽量使车内不要有汽油味，车内的人绝对不能抽烟。如果发现宝宝有不舒服的现象，不妨停车让宝宝休息一下，或下车活动活动，呼吸新鲜空气。

2 挑选位于交通工具最稳处的座位，如搭机的话，最好不要靠近机尾巴，或两侧最外边，可避免搭机时受到混乱气流的影响而眩晕。搭船要避开船头、船尾的位子。至于坐车，最不会晕车的位子依序为驾驶座、副驾驶座，但考虑到宝宝的年纪，一定得坐在后座，使用儿童安全座椅可发挥固定的功能，避免宝宝因外在刺激因素而晃得太厉害。

3 分散宝宝的注意力。由于坐在后座的人，相对视觉和内耳前庭平衡系统感受的落差更大，因此家长可以准备宝宝的玩具，分散宝宝的注意力，而这个玩具最好可以固定在车上。另外，诱导宝宝凝视远方的固定目标物，有助于他辨认身体是往前进的，若当时缺乏目标物，不妨改让宝宝闭目养神、睡觉，同时别忘了尽量固定他的头部，减少颠簸的感觉。

让宝宝清凉过夏季

Rang Baobao Qingliang Guo Xiaji

如何防止中暑

夏季，防暑降温成了父母们最关心的问题之一。中暑后，宝宝会又吐又拉，还发热，看到宝宝受这样的罪，父母的心里必定非常焦急难受。下面的一些办法可以有效防止宝宝中暑。

避免高温时外出

尽量选择清晨或晚上比较凉爽的时间去活动，避免高温时让宝宝到户外活动。此外，出去要给宝宝用防晒霜，戴帽子，准备小手巾或湿巾，随时给宝宝擦汗，如果宝宝坐小推车外出，注意给小推车垫上凉垫，还可以在小推车遮阳篷上悬挂一个小电扇。

及时补充水分

夏季天气炎热，应多给宝宝喝水，让宝宝渐渐形成睡前喝水、起床喝水、游戏时喝水、饭前半小时喝水的好习惯。除了直接饮水，夏季还可以尽量多给宝宝煲一点儿绿豆汤或其他可以清凉解暑的汤，自然凉凉，让宝宝随时饮用。新鲜的蔬菜和水果中也含有大量的水分，应适当让宝宝多吃一些含水丰富的蔬菜和水果。

遇到宝宝剧烈活动后大汗，一定要及时补充水分。注意不是白开水，而是糖盐水，因为宝宝剧烈活动出汗时，水分和电解质一并丢失，并消耗许多能量，仅补水不能完全补充。补充糖盐水到自然排尿，而且尿色到无色，再改用白水。

穿浅色透气的衣服

深色的衣物易吸收热量，不如浅色的衣物清爽，所以夏季应避免给宝宝穿深色衣服。同时，浅色衣服里的黄色或者橘黄色衣物也要避免，因为这类衣物容易吸引蚊虫。

宝宝的衣着要宽松、柔软，衣料以薄薄的全棉纱类为佳。宝宝在家穿的睡衣，买棉绸面料的比较舒适、凉爽，既可使宝宝的皮肤免受刺激和过敏，又可因汗液容易被吸收而感到身上凉爽，千万不要给宝宝用易使皮肤受到刺激的化纤类衣物。

宝宝中暑了怎么办

即使万分小心，还是难以保证顽皮好动的宝宝不会中暑。如果宝宝中暑了，父母也不用慌乱，应按照下面的方法进行处理：

1 立即将宝宝移到通风、阴凉、干燥的地方，如走廊、树荫下或有冷气的房间休息。

2 让宝宝仰卧，维持呼吸道的通畅，解开衣扣，脱去或松开衣服，用湿毛巾擦拭全身降温。如宝宝的衣服已被汗水湿透，应及时给宝宝更换干衣服，同时打开电扇或开空调，以便尽快散热，但风不要直接朝宝宝身上吹。

3 在宝宝意识清醒前不要让其进食或喝水，意识清醒后少量多次饮淡盐水，补充足够的水分和盐分，每次饮水量以不超过300毫升为宜。也可以给宝宝喝一些鲜果汁，还可遵医嘱喂服药物。

4 不要让宝宝吃油腻的食物，过多油腻食物会增加消化系统的负担，使大量血液滞留于胃肠，而输送到大脑的血液便相对减少。

宝宝能否使用空调

首先，新生宝宝抵抗力弱，最好不要使用空调。

其次，空调风比自然风硬，而且空调房里空气不流通，给宝宝使用时，要注意以下方面的事项，以防止“空调病”：

1 保持屋内空气清新。定期检查空调器的过滤膜，并及时更换；空调器中的冷却盘要定期清洗；房间内最好装有负氧离子发生器。长期生活在空调房里的宝宝，父母要保证他们每天有一定的日照时间。安装空调的房间要防止空气污染，定期开窗换气。大人应避免在室内吸烟。如宝宝是过敏体质或呼吸系统有问题，可在室内装空气净化机，以改善空气质量。

2 空调不宜开得太低。空调开得太低，室内外温差越大，宝宝的身体越难以适应，容易感冒生病。所以一般以控制在27℃左右为宜。另外，夜间气温低，应及时调整空调温度。

3 空调房里空气会比较干燥，要让宝宝多喝些开水。同时，还要加强对干燥皮肤的护理。

4 限定空调时间。即便天气很热，也不要整天开着空调，更不能让它直冲着宝宝吹。带宝宝外出前半个小时，最好将空调关上，打开窗户，使室内通风。

5 每天至少为宝宝测量一次体温。

6 宝宝进屋前先降温。在宝宝回家半个小时前打开空调，温度设定低一些，使室内迅速降温；待宝宝进入室内，可将温度升高到27℃~28℃，这样室内外温差不会太大，避免宝宝受寒。此外，宝宝刚从外面进来时不要立刻进入空调房；出入空调房，要随时给宝宝增减衣服。

7 注意保持室内空气的新鲜。定时给房间通风，至少保证早晚各一次，每次10~20分钟。

8 充分利用空调的除湿功能，这项功能不会使室温降得过低，又可使人感到很舒适。

9 不要让宝宝整天都待在空调房间里，每天清晨和黄昏室外气温较低时，最好带宝宝到户外活动，可让宝宝呼吸新鲜空气，进行日光浴，增强身体的适应能力。

10 宝宝睡觉时，应穿上薄的长衣长裤，盖上薄被或毛巾被，特别要盖严小肚子。

宝宝可以睡凉席吗

炎热的夏天，人们都喜欢睡在凉席上，既舒适又凉爽，可宝宝能睡吗？有的宝宝因为睡了太凉的凉席，所以出现腹泻、肠胃不适等症状，因此不少妈妈就认为宝宝不能睡凉席。其实，宝宝是可以睡凉席的，只是需要注意几个问题：

1 要选择草席，即麦秸凉席，这种草席质地松软，吸水性好，选择时注意要泡沫无刺。不要选择竹席，竹席太凉了，随着昼夜温差变化，小宝宝很容易受凉。

2 不能让宝宝直接睡在凉席上，应该在凉席上铺上棉布床单，以防过凉，还能避免小宝宝蹬腿擦破皮肤。

3 要注意凉席的清洁卫生。使用前一定要用开水擦洗凉席，然后放在阳光下暴晒，以防宝宝皮肤过敏。凉席被尿湿后必须及时清洗，保持干燥。如果宝宝出现皮肤过敏现象，要立即离开凉席，必要时找医生诊治。

宝宝被蚊子叮咬后怎么办

宝宝被蚊子叮咬后，一般的处理方法主要是止痒，可外涂虫咬水、复方炉甘石洗剂，也可用市售的止痒清凉油等外涂药物。如果宝宝皮肤上被叮咬的数目过多，症状较重或有继发感染，最好尽快送宝宝去医院就诊，可遵医嘱内服抗生素消炎，同时及时清洗并消毒被叮咬的部位，适量涂抹红霉素软膏。

宝宝遭遇蚊子的叮咬，这在夏天是寻常事，叮咬后要注意：

1 防止宝宝过分挠抓。要注意经常给宝宝洗手、剪指甲，以防宝宝因为蚊虫叮咬后痒而挠抓叮咬处，导致继发感染。

2 宝宝被叮咬后，涂一点点花露水或风油精；出现小包时，妈妈要继续往包上涂，反复多次，直到把包控制住。

3 也可以给宝宝涂一些有消炎、止痒、镇痛作用的无极膏，对治疗蚊虫叮咬效果很好，对宝宝的不良反应也小。无极膏毕竟是药，也不能长期使用。

4 如果宝宝的小鸡鸡被叮咬后出现水肿，不能随便用药。水肿刚出现时，先用冷毛巾敷一下，再涂抹一点花露水。如果水肿仍没好转，应立即去看医生。如果任由水肿发展下去，宝宝的小鸡鸡可能会因水肿导致排尿困难。

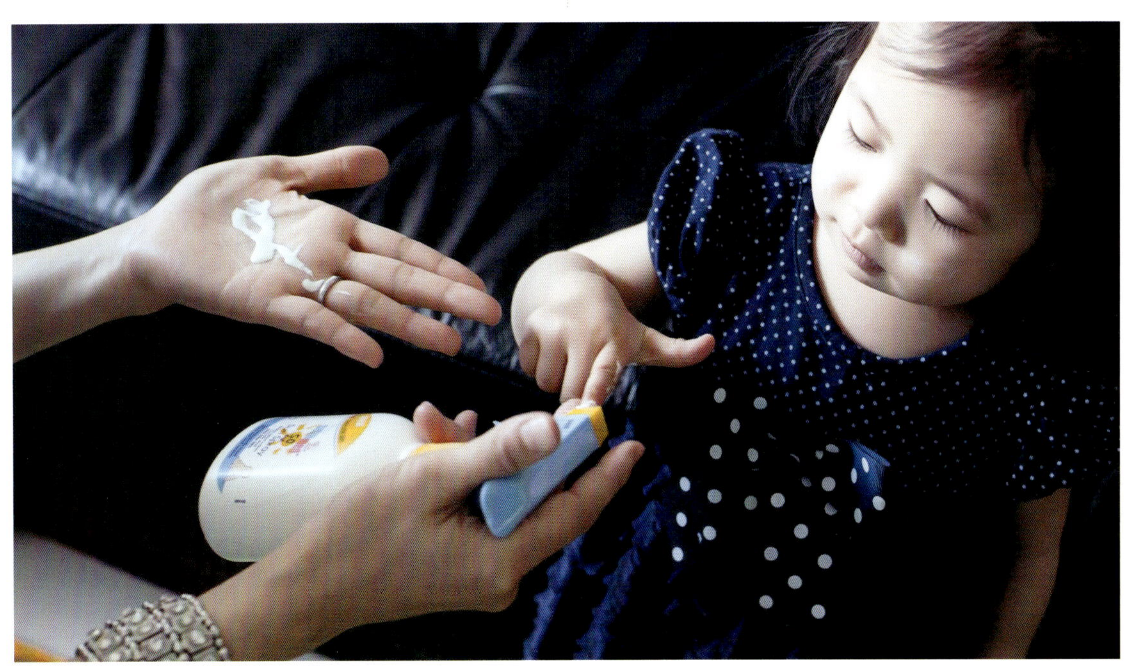

第四章 常见疾病轻松应对

宝宝的每一次生病，都牵扯着父母的神经。如果照料不当，可能会对宝宝形成终生的影响；如果照料得当，宝宝会在疾病后，逐渐形成自己的抵抗力。因此，掌握宝宝常见疾病的照护方式，是每个父母的必修课。

新生宝宝黄疸

Xinsheng Baobao Huangdan

如何区分生理性和病理性黄疸

黄疸是新生宝宝的一种特殊生理现象，80%正常新生宝宝都会出现黄疸，而黄疸又可分为生理性黄疸与病理性黄疸，这两种黄疸的护理是有区别的。有很多妈妈都不知道怎样区分生理性黄疸和病理性黄疸，这会给宝宝的护理带来不便。下面的一些区分方法可供妈妈做参考：

1 根据黄疸出现的时间来区分

如果宝宝在出生后2~3天出现黄疸，皮肤呈浅黄色，巩膜微带黄色，尿稍黄，无不适表现，第4~6天黄疸最明显，那么应为生理性黄疸。

如果宝宝在出生后12~24小时就出现黄疸，或黄疸消退后又重复出现，一般为病理性黄疸。病理性黄疸持续时间长过生理性黄疸的时间。

2 根据黄疸程度的轻重来区分

如果宝宝面部、颈部皮肤呈浅黄色或柠檬色，巩膜微黄，尿黄不染尿布，为生理性黄疸。

如果宝宝皮肤呈金黄色，四肢、皮肤、手心、脚心都黄，尿染黄尿布，一般为病理性黄疸。

3 根据黄疸消退的时间来区分

生理性黄疸一般不超过2周就消退了，足月宝宝大多在7~10天消退；早产宝宝可能延至第3~4周消退。因系生理现象，一般无须处理，鼓励多吮吸母乳，促进排尿，排出胆红素即可。

若超过2周，或消退后又再次出现黄疸，有可能是病理性黄疸。

4 根据宝宝的精神状态来区分

生理性黄疸，不影响宝宝的精神状态，宝宝精神好，吃奶香，吮吸有力，哭声响亮。

病理性黄疸，表现为精神差，吃奶不香，吮吸时口松，甚至抽风。

生理性黄疸如何护理

生理性黄疸是指新生宝宝因体内血清胆红素浓度增高而引起的巩膜、面部、皮肤、黏膜的黄疸，粪便多呈黄色，为新生宝宝的常见症状。一般出生后第2~3天出现，第4~6天达到高峰，第10~14天后自行消退。宝宝一般情况良好，属正常范畴，随其自然发展。在护理实践中只要加强护理，新生宝宝黄疸的程度会减轻，黄疸消退的时间也可提前。对宝宝生理性黄疸的护理可从以下的方面着手：

轻度黄疸的宝宝护理

1 勤喂母乳。轻度黄疸临床认为与母乳喂养有关（缺乏母乳性黄疸）。多发生在宝宝出生后3~4天，持续时间约10天。多见于每天哺乳次数较少的初产妇。对于这种情况，应该鼓励妈妈勤哺乳。人工喂乳时注意观察宝宝吸吮是否有效。因为勤吸吮可以加速胎粪的排出，降低血中的胆红素水平，减轻黄疸的程度。

2 加强对皮肤的护理，尤其着重对脐部及臀部的护理。因为这时宝宝抵抗力差，细菌侵入易引起感染。这就要求护理人员细致观察宝宝皮肤上出现的微妙变化，以采取相应措施。如每日给宝宝洗澡时要特别注意腋下及颈部有无脓疱疮的发生；脐部每日用75%酒精棉签涂擦，有渗血或渗液时处理后用小口罩罩好脐部加以保护，保持干燥；勤换尿布，以阻断细菌的侵入途径，防止引起败血症。

3 保持室内的温度与湿度，每日开窗有效通风，保持空气的新鲜。

中度及重度黄疸宝宝的护理

对于中度及重度黄疸目前最有效的治疗方法就是采取蓝光治疗。一般采用波长420~470mm的蓝色荧光灯最为有效，灯管与

皮肤距离为33~50厘米。在使用蓝光箱时应注意以下几方面护理工作：

1 一般情况下护士要了解患病宝宝诊断、日龄、体重、黄疸的范围和程度、胆红素检查结果、生命体征、精神反应等。

2 一般来说蓝光箱温度在30℃~32℃，相对湿度在55%~65%时才能使用。因此在夏天就要注意散热，冬天则要注意保暖。

3 将宝宝裸体置入光疗箱时要给宝宝戴上黑眼罩，以防损伤视网膜。脱去宝宝衣裤，全身裸露，生殖器用黑色兜裆布包裹。

4 在光疗期间应每2~4小时监测生命体征1次。尤其注意宝宝的体温变化。体温控制在36℃~37.5℃，并随时注意保持箱内的温度与湿度。若光疗时体温上升高于38.5℃时要暂停光疗，经处理体温恢复正常后再继续治疗。

5 蓝光箱内的热量使宝宝体内水分大量蒸发，如果不及时补充水分，宝宝就容易出现烦躁不安及脱水热，而母乳中含水分，所以要勤喂母乳，使宝宝蒸发的水分能够及时得到补充。

黄疸的错误护理法

有一些产妇，特别是一些产妇的家属、长辈因为不了解新生宝宝黄疸的成因及护理，见到宝宝哭闹，就误认为宝宝是饿黄的，往往趁着不注意偷偷加喂一些水或葡萄糖溶液。这种做法是错误的，因为这样会减少宝宝对母乳的渴求，不利胎粪的排出，致使血清胆红素升高，加重黄疸的程度。

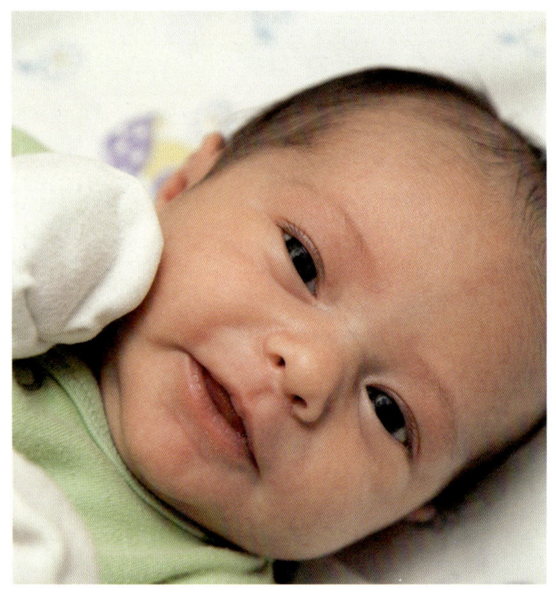

病理性黄疸如何护理

病理性黄疸需要进行治疗，而且在治愈出院后对宝宝的观察仍然非常重要。首先妈妈出院前，一定要先了解宝宝的皮肤黄到身体哪个部位，回家后再观察有无任何变化，如果愈来愈黄，黄的部位愈来愈多，就要引起关注，如果黄的部位慢慢消退，就可能不需要担心了。以下是黄疸儿居家照顾须知：

1 仔细观察黄疸变化

黄疸是从头开始黄，从脚开始退，而眼睛是最早黄、最晚退的，所以可以先从眼睛观察起。如果不知如何看，专家建议可以按压身体任何部位，只要按压的皮肤处呈现白色就没有关系，是黄色就要注意了。

2 观察宝宝日常生活

只要觉得宝宝看起来愈来愈黄，精神及胃口都不好，或者体温不稳、嗜睡，容易尖声哭闹等状况，都要去医院检查。

3 注意宝宝大便的颜色

要注意宝宝大便的颜色，如果是肝脏胆道发生问题，大便会变白，但不是突然变白，而是愈来愈淡，如果再加上身体突然又黄起来，就必须带给医生看。

4 家里不要太暗

宝宝出院回家之后，尽量不要让家里太暗，窗帘不要拉得太严实。白天宝宝接近窗户旁边的自然光，电灯开不开都没关系，不会有什么影响。但不要让宝宝直接晒到太阳，怕会晒伤，而且也怕紫外线带来伤害。

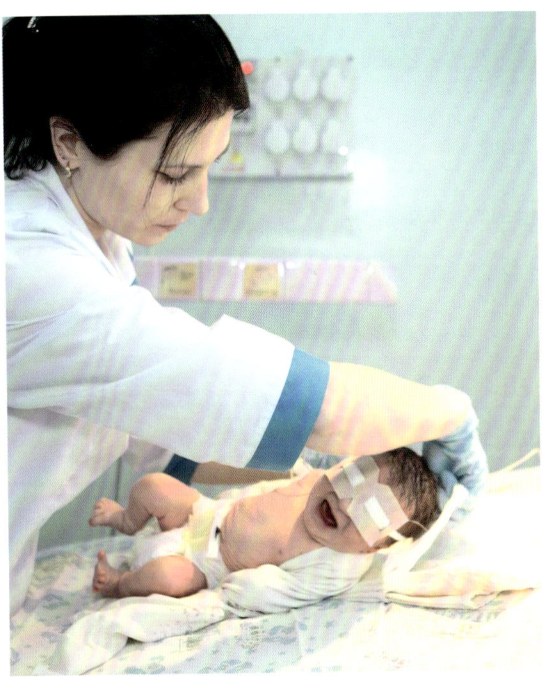

5 勤喂母乳

如果医生诊断是因为喂食不足所产生的黄疸，妈妈必须要勤喂食物，因为乳汁分泌是正常的生理反应，勤吸才会刺激泌乳激素，分泌的乳汁才会愈多，千万不要以为宝宝吃不够或因持续黄疸，就用水或糖水补充。

新生宝宝刚开始时体重原本就会有生理性的下降，正常情况下，7~10天后就会恢复到出生时的体重。如果妈妈发现宝宝体重持续下降，身体又有愈来愈黄的趋势，就得送医院观察了。

解除宝宝便秘的痛苦

Jiechu Baobao Bianmi De Tongku

宝宝为什么会便秘

便秘是指大便干硬，隔时较久，有时排便困难。单纯性便秘多因结肠吸收水分电解质增多引起。宝宝每天正常的大便次数为1~2次。但是有时候宝宝两天才大便一次就要注意了，粪便在结肠内积聚时间过长，水分就会被过量地吸收，因而导致粪便过于干燥，造成排便困难，如果大便比较干结，偏硬，色泽沉，那么宝宝可能便秘了。那么宝宝为什么会便秘呢，其便秘常见原因有：

1 饮食不足

宝宝进食太少时，消化后液体吸收余渣少，致大便减少、变稠。奶中糖量不足时，肠蠕动减弱，可使大便干燥。饮食不足，时间较久，引起营养不良，腹肌和肠肌张力减低，甚至萎缩，收缩力减弱，形成恶性循环，加重便秘。

2 食物成分不当

大便性质和食物成分关系密切。如食物中含大量蛋白质，而碳水化合物不足，肠道菌群继发改变，肠内溶解发酵过程少，大便易呈碱性，干燥；如食物中含较多的碳水化合物，肠道发酵菌增多，发酵作用增加，产酸多，大便易呈酸性，次数多而软；如食入脂肪和碳水化合物都多，则大便润利。如进食大量钙化酪蛋白，粪便中含多量不能溶解的钙质，粪便增多，易便秘。碳水化合物中米粉、面粉类食品较谷类食品易于便秘。许多宝宝偏食，喜食肉类，少吃或不吃蔬菜，导致食物中纤维素太少，也易发生便秘。

3 肠道功能失常

生活不规律和缺乏按时大便的训练，未形成排便的条件反射导致便秘也是很常见的。另外宝宝缺少体力活动，或患慢性病如：营养不良、佝偻病、高钙血症、皮肌炎、呆小病及先天性肌无力等，都因肠壁肌肉乏力、功能失常而便秘。交感神经功能失常、腹肌软弱或麻痹，也常使大便秘结，引发便秘。服用某些药物可加强肠蠕动，减少而便秘，如抗胆碱能药物、抗酸剂、某些抗惊厥药、利尿剂以及铁剂，等等。

4 体格与生理的异常

如肛裂、肛门狭窄、先天性巨结肠、脊柱裂或肿瘤压迫马尾等都能引起便秘。应进行肛门、下部脊柱和会阴部检查。有的宝宝出生后即便秘，如有家族史，可能和遗传有关。

5 精神因素

宝宝受突然的精神刺激，或环境和生活习惯的突然改变也可引起短时间的便秘。

怎样分辨“攒肚子”和便秘

有许多小宝宝在出生到2个月这个阶段时，由于吃母乳，大便很稀、次数很多。可是到2个月以后，大便就慢慢变成每天1~2次，继而会2~3天拉一次大便，甚至四五天、七八天都不便。同时宝宝有腹胀，爱放屁、很臭的情况。宝宝没有不适的感觉，而且大便是糨糊糊的并不干燥。老话儿管这种现象叫“攒肚子”。那么，小宝宝为什么会发生这样的大便情况呢？

“攒肚子”的原因

出现“攒肚子”的宝宝多为母乳喂养儿。这是因为宝宝在满月后，消化能力逐渐提高，对母乳能更充分地消化、吸收，致使每天产生的食物残渣很少，不足以刺激直肠形成排便。

此外，正常的母乳喂养宝宝大便中水分占干湿比重的80%。其中这些成分的2/3是食物残渣，1/3是肠道正常细菌，还有微量的矿物盐类、胆色素及衍化物、脱落的肠上皮细胞等。这些细菌是对人体有益的乳酸杆菌、双歧杆菌、粪链球菌等，它们能充分地分解食物残渣产生维生素等营养物质供人体吸收利用，与人共生共存。而母乳喂养儿的大便中的有益菌群中主要就是这些乳酸杆菌和双歧杆菌，由于食物被充分分解后食物残渣产生很少而不能及时形成对直肠的排便刺激而造成“攒肚子”的现象。知道了这个道理，妈妈就可放心了，这是一种生理现象。

宝宝出现“攒肚子”的现象，还说明妈妈的母乳质量相当好，营养均衡，宝宝的消化能力又很好，才导致宝宝的肠蠕动不充分（因为太好吸收了，不用充分蠕动）。

分清“攒肚子”和便秘

便秘是指宝宝的大便次数和性状发生了改变。便秘不仅仅是指大便次数减少，更重要的是指大便硬结、干燥、排出困难。有时粪便坚硬擦伤了肠黏膜还会在粪便外粘有血丝或黏液，大而硬的粪块还会造成肛裂、肛门疼痛，

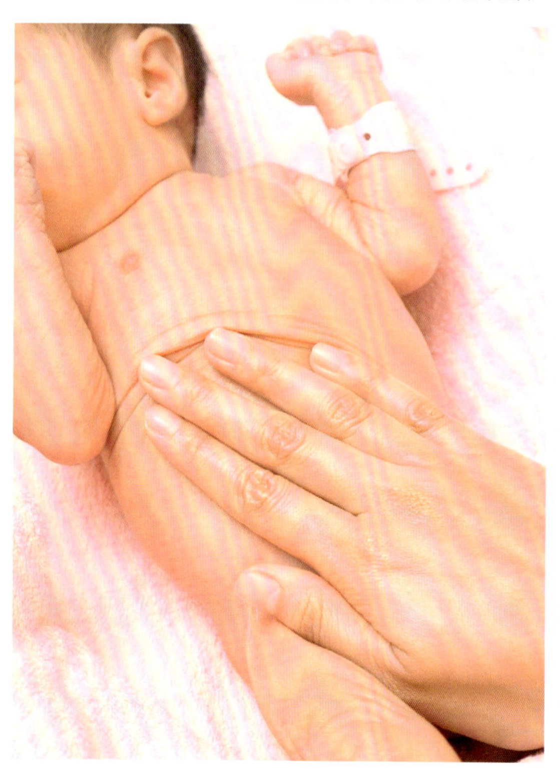

使宝宝食欲减退、腹胀，左下腹可触及粪块，这一点和“攒肚子”是截然不同的。

宝宝“攒肚子”时需预防便秘

宝宝开始“攒肚子”时，说明母乳量对宝宝来说刚够或略有不足，因此也应调整到理想的大便次数，就是每天1~2次。以更好地保证婴儿期宝宝的快速新陈代谢需求和抓住时机培养小宝宝良好的排便习惯，做到有效预防日后的便秘发生。

1 定时把大便。因“攒肚子”现象一般在2个月左右开始出现，所以在此时训练宝宝定时大便（如每天早、晚把大便），让孩子很早就形成良好的排便习惯。

2 每天坚持做腹部按摩。（1）用手掌轻轻摩擦宝宝的腹部，以肚脐为中心，由左向右旋转按摩10次，休息5分钟，再按摩10次，反复进行3回。（2）宝宝仰卧，抓住宝宝双腿做屈伸运动，即伸一下屈一下，共10次，然后单腿屈伸10次。这样会帮助宝宝的肠蠕动，有利于大便排出。

3 适当喝水。对于胖宝宝的“攒肚子”出现，可以每天在两次奶之间喂一些白开水，待到满6个月以后添加辅食就可以彻底解决这种大便状况了。

4 增加奶量。如果宝宝大便减少，体重增加不理想，是因为母乳不足引起的，那么可以及时给孩子增加一些配方奶粉，就能较好地改善大便的状况。

怎样防止宝宝便秘

便秘常常令宝宝痛苦难言且哭闹不安，父母该如何做才能有效防止宝宝便秘呢?

宝宝便秘的类型

宝宝便秘是一种较常见的症状，根据引起便秘的不同原因可分为两大类，一类属功能性便秘，这类便秘较多见，经过饮食、生活作息等的调理可以痊愈。

另一类则是先天性肠道畸形导致的便秘，这种便秘通过一般调理是不能痊愈的，必须经外科手术矫治才可彻底治愈。绝大多数的宝宝便秘都属功能性便秘。

宝宝便秘的信号

1 大便量少、干燥。

2 大便难于排出，排便时有痛感。

3 腹部胀满、疼痛。

4 食欲减退。

需要注意的是，宝宝是否便秘，不能只依据排便频率为标准，而是要对宝宝大便的质和量进行总体观察，并且要看对宝宝的健康状况有无影响。每个宝宝各自身体状况不同，因而每日正常排便次数也有差别。例如，完全食母乳的宝宝每日排便次数可能较多，用牛奶及其他代乳品喂养的宝宝则可能每日排便1次或2~3日1次，只要性状及量均正常，宝宝又无其他不适，就是正常的。

除上述便秘的一般症状外，如果宝宝还有明显的腹痛、腹胀、呕吐、便血等症状出现或长期便秘（4~5天排便一次），应及时带宝宝到医院检查，确定引起便秘的确切原因，以防延误其他疾病的诊断与治疗。

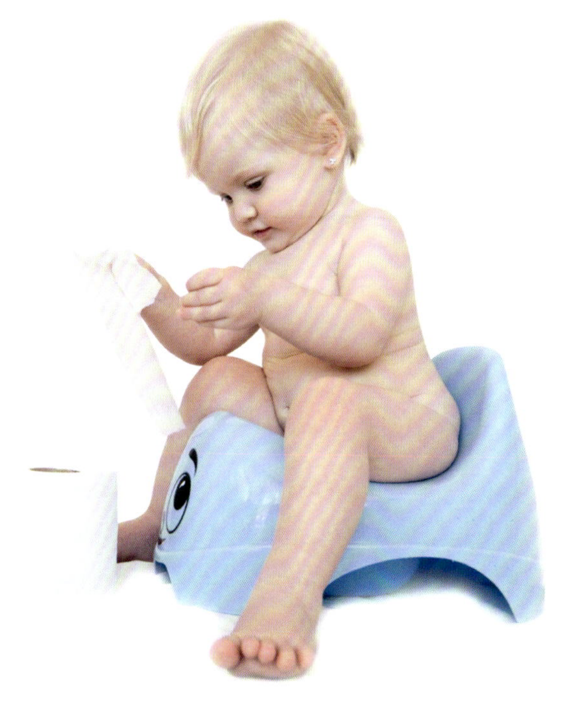

如何预防便秘

应对宝宝便秘的根本方法还是要防患于未然，也就是说，预防便秘很重要。父母应该注意从调理宝宝饮食、养成定时排便习惯、保证适当活动量这几个方面入手。

1 均衡膳食

宝宝的饮食一定要均衡，不能偏食，五谷杂粮以及各种水果蔬菜都应该均衡摄入。小宝宝则可以吃一些果泥、菜泥，或喝些果蔬汁，以增加肠道内的纤维素，促进胃肠蠕动，通畅排便。

2 定时排便

训练宝宝养成定时排便的好习惯。一般来说，宝宝3个月左右，父母就可以帮助他逐渐形成定时排便的习惯了。一般来说，从3个月开始，就可以根据宝宝排便的时间规律给宝宝把便。

3 保证活动量

运动量不够有时也容易导致排便不畅，因此，要保证宝宝每日有一定的活动量。

4 腹部按摩

对于还不能独立行走、爬行的小宝宝，父母要常抱起来带他玩耍，做做婴儿被动操，适当揉揉他的小肚子，而不要长时间把宝宝独自放在摇篮里。

如何给宝宝通便

宝宝出现便秘后，解出的大便又干又硬，干硬的粪便刺激肛门会产生疼痛和不适感，宝宝惧怕解大便而不敢用力排便，大便总不能排出，便秘也就会越严重，大便长时间存留在体内还会使毒素淤积体内，影响正常的新陈代谢，从而产生营养不良、抵抗力下降。那么，如何尽快让便秘宝宝将积存的大便排出体外呢?

简易通便法是简单易行、经济有效的方法，可协助宝宝排便以解除便秘。通便制剂多为高渗液和滑润剂所制成，具有吸出肠腔水分，稀释、软化粪便，润滑肠壁，刺激肠蠕动的作用。

1 开塞露通便法。开塞露呈锥状扁圆形，密封的塑料胶壳内装50%甘油或山梨醇。宝宝用的为10毫升/只，药房有售。宝宝需左侧卧位，将开塞露尖端剪开或剪去顶端并修光滑，先挤出少量药液润滑开塞露顶端及肛缘，然后轻轻插入肛门，用力挤压塑料壳后端，使药液全部注入肛门内，然后退出空壳，弃去。让宝宝尽量保留药液，到不能忍受时才排便（一般要求能保留10分钟左右），即能达到通便的目的。

2 甘油栓通便法。甘油栓是由甘油和明胶所制成的呈圆锥形的栓剂。使用时，宝宝需左侧卧位，将甘油栓包装纸剥去，手垫纱布或软（草）纸捏住栓剂较粗的一端，将尖端部分插入肛门，让宝宝张口呼吸，可放松肛门括约肌，用纱布轻轻按揉数分钟后压紧宝宝两侧臀部，以防止宝宝迅速将栓剂排出，使甘油栓完全融化后再排便，以保证通便效果。

3 肥皂条通便法。将普通肥皂削成圆锥形，即底部直径1厘米左右，长3厘米左右，蘸少许水后轻轻插入肛门内，由于肥皂的化学性和机械性刺激使肠蠕动增加，润滑肠壁而引起自动排便。但有肛门黏膜溃疡、肛裂者，均不宜使用此法。

4 手法按摩通便法。将宝宝仰卧在床上，用双手食、中、无名指重叠置于宝宝腹部。依结肠走行方向，即由升结肠起始部开始，向横结肠、降结肠至乙状结肠顺时针做环形按摩，可起到刺激肠蠕动、帮助排便的作用。

如果以上方法均不奏效，应及时带宝宝到医院就诊，检查是否是由于其他疾病而引起便秘。

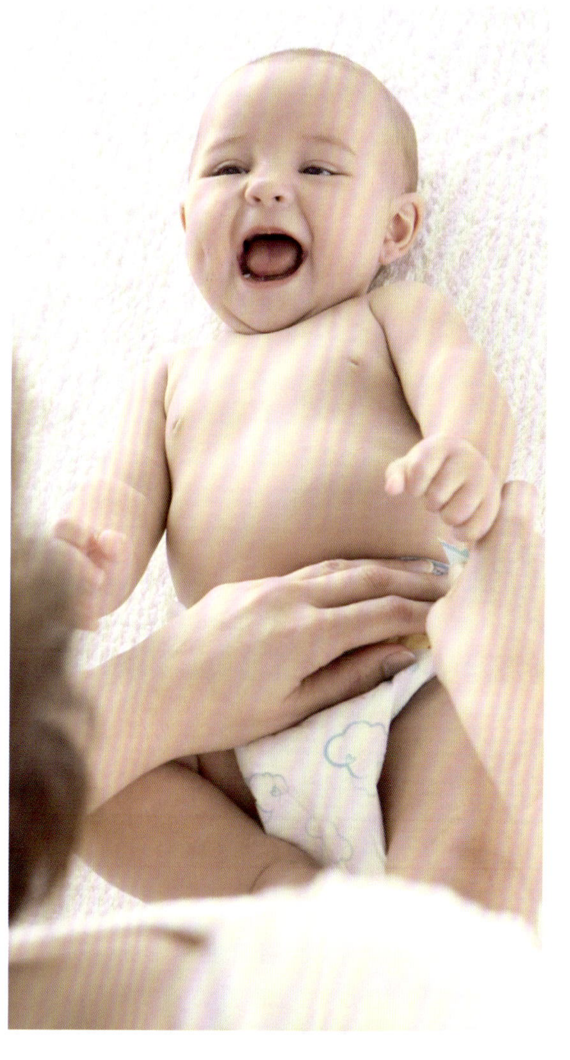

宝宝腹泻的治疗

Baobao Fuxie De Zhiliao

宝宝腹泻的原因有哪些

几乎每个宝宝都不止一次地拉过肚子，尤其是年龄较小的宝宝。所以，腹泻是宝宝最容易患的常见病之一。宝宝上吐下泻时，父母的心里都很着急，恨不能让宝宝快快地好起来！于是，一股脑儿地给宝宝服用各种药物。然而，宝宝非但不见好，反而越来越止不住地泻，甚至拖至几周不愈，使生长发育受到很大影响。

引起宝宝腹泻的原因比较多，宝宝腹泻可能是病毒感染（比如胃肠炎）或细菌感染引起的，也可能是寄生虫、抗生素或牛奶过敏等原因造成的。究其上述情况，父母应对引起宝宝腹泻的原因有所了解。

1 胃肠炎

胃肠炎也称为肠胃感冒，是胃和肠道的一种炎症，可以引起婴儿、儿童和成人的腹泻。胃肠炎很常见，可以由很多不同的病毒引起。最常见的病原是轮状病毒，由于腹泻住院的宝宝中有一半是感染了这种病毒，好发于秋末冬初。如果宝宝拉肚子，并伴有胃痉挛、呕吐、低热，那很可能是胃肠炎。

2 细菌感染

严重腹泻，有时伴有呕吐，同时有腹痛、血便、发烧，往往是病毒或细菌（大肠杆菌、沙门氏菌等）引起的。这种感染有些是可以自愈的，但有些也可能非常严重，比如由半生不熟的肉类里含有的大肠杆菌引发的感染。因此，如果宝宝有上述症状，就应该去看医生。医生会做相关检查，还可能会做大便培养来看看是否是由细菌感染引起的。

3 寄生虫

寄生虫感染也可能引起腹泻。比如贾第虫病，也叫梨形鞭毛虫病，就是由一种寄生在肠道内的、要在显微镜下才能看到的寄生虫引起。集体生活时寄生虫很容易传播，而且需要特殊药物治疗。所以养成良好的卫生习惯，比如更换尿布后勤洗手，是终止寄生虫感染传播的最好方法。

4 抗生素

如果宝宝在抗生素治疗期间或治疗后发生腹泻，可能与药物有关。需告诉医生，看看是否可以换用其他药物或疗法。

5 食物因素

喝太多果汁，尤其是含有山梨醇和高浓度果糖的果汁或太多含糖饮料也可能会使宝宝肚子不舒服，大便变稀。给宝宝少吃点这些食物，应该1周左右就能好转。建议不要给6个月以下的宝宝喝果汁，6个月以后，每天果汁的摄入量也不要超过113~170毫升。配方奶冲调不当也可能引起宝宝拉肚子，所以冲奶时要注意按比例加水。

6 牛奶过敏

牛奶过敏的现象并不少见，也能引起腹泻，有时候还能引起呕吐。如果宝宝对牛奶过敏，他可能在喝了以牛奶为原料的配方奶或吃了奶制品后几分钟到几小时的时间内就会表现出过敏症状。如果怀疑宝宝腹泻与牛奶有关，请向医生详细咨询。

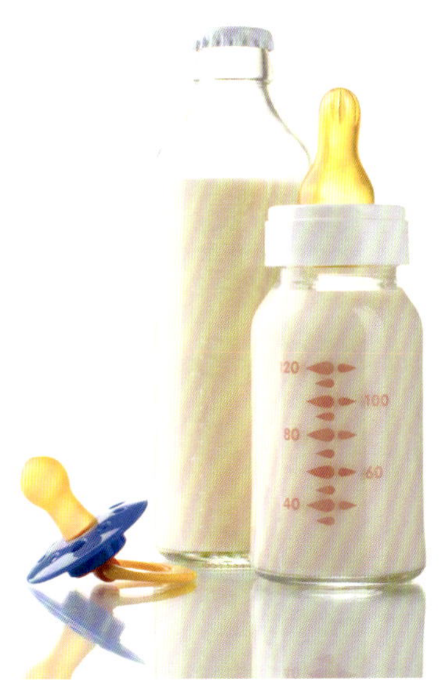

日常生活如何防止腹泻

宝宝腹泻病是常见病、多发病。腹泻的危害是很大的，会造成宝宝营养吸收不好。经常腹痛、腹泻，可使宝宝体质下降，抵抗力降低，易患各种感染性疾病，并出现生长发育迟缓。那么父母应该怎样防止宝宝腹泻呢?

1 坚持母乳喂养

母乳中含有免疫性物质，能增强宝宝消化道局部的免疫力，能增强消化道的抵御病原微生物侵入的能力，保证宝宝消化道的机能健全，减少发生腹泻病及消化功能紊乱的概率。因此，母乳是宝宝最好的健康食品。

喝母乳宝宝的妈妈注意多吃一些温性食物，少食寒凉性的食物，宝宝一般就不会腹泻。

2 注意宝宝的饮食卫生

特别是人工喂养的宝宝， 要注意饮食卫生，保证食品卫生。父母应把宝宝所用的食具每天消毒一次，每次使用前要用开水烫一下。清除了餐具上附着的病原微生物，宝宝就会少得腹泻病了。

耐心给宝宝进行卫生教育，培养宝宝良好的卫生习惯，饭前便后洗手，防止病从口入。

3 添加辅食要循序渐进

在宝宝的腹泻病中，多数是由于父母喂养不当所引起的。宝宝的胃肠道功能还没有发育完善，因此，在给宝宝添加辅食时要循序渐进。要按时添加辅食，添加新的食物时遵守“从少到多”的原则，不要同时添加几种宝宝没有吃过的东西。

添加辅食时，要注意粥和面条要做得软烂。如果要加蔬菜，就得选择容易消化吸收的菜，如西红柿、黄瓜、菠菜最好与水果混合起来，按一定比例做成适合宝宝吃的口味。温度适宜的果沙、果汁少吃，否则容易引起腹胀。不容易消化的菜也要少吃，如红薯、土豆、芋头、豆腐等都会引起腹胀。宝宝不能吃有些冰凉的食物，那样会使胃肠道受到刺激，发生与腹部受凉同样的症状。

4 当宝宝患病时，应该减少奶量和食物量

宝宝得病后消化功能明显降低，在喂养时要减少奶或食物的量，稍大的宝宝要给予容易消化的食物，切忌生冷油腻的东西。

感染性腹泻的宝宝，除医生给的药物治疗外，父母要注意家庭中的消毒、隔离，避免传给其他人。

5 避免小肚子着凉

宝宝的小肚子部位脂肪、肌肉比较薄弱，皮肤对外界抵抗力也差，一旦受凉，内部的肠道容易受到刺激，引起蠕动加快。肠蠕动加快，除引起腹痛外，还会导致食物在肠内停留时间缩短，造成腹泻。添加衣服时，以小手温温的、手心有些暖意即可。如果手心出汗，说明穿得多了，要减掉一些。如果还不放心，最好穿个前后护心的双层小坎肩。上衣多了，裤子就穿薄些，和妈妈穿的薄厚差不多就行。

晚上注意宝宝的睡眠保暖，防止宝宝的小肚皮着凉。父母在睡觉的时候一定要重点保护好宝宝的肚子，宝宝火力壮，特别爱踢被子，父母就得想办法给他做好护脐措施，比如每天给宝宝洗完手、脸、脚和小屁屁，戴上尿不湿后给他穿上连体睡衣裤。如果宝宝单睡，盖的被子最好比父母稍微薄些。假如宝宝腹部不慎受凉，出现轻度腹痛、腹泻，可试用热水袋在腹部做热敷，使胃肠道肌肉运动减慢、减弱，从而减轻症状，但要防止烫伤。如果腹部热敷后，宝宝仍哭闹不止，或频繁腹泻，精神不好，发热、大便里有脓血等，要及时送医院诊治。

父母不可忽视预防宝宝腹泻这么重要的工作，预防做得好，宝宝就会大大减少腹泻病的概率。

腹泻期间如何安排饮食

婴幼儿期的宝宝容易发生腹泻，腹泻期间要合理安排他们的饮食，对促进患儿康复是十分有益的。

1 对于婴儿期宝宝，腹泻初期（发病48小时之内）应该让胃肠道有一段休息时间，可给宝宝减少奶量至原奶量的1/3~1/2，母乳喂养的宝宝需减少哺乳的时间，不要等乳房吮空。人工喂养的宝宝，轻者可给稀释牛奶，最好用脱脂奶，重者改食米汤或焦米汤（米炒过再煮汤），加糖不要多，不足的量用口服补液盐补充。腹泻期间也可用治疗腹泻的婴儿配方奶（含大豆分离蛋白，不含乳糖），效果较好。

2 已添加辅食的宝宝可吃稀粥或面片，吃过后粪便量增加也无妨，因为腹泻宝宝仍可吸收摄入糖的80%，蛋白质和脂肪的60%，所以继续喂养对腹泻宝宝是有利的。

3 帮助止泻的食物。

胡萝卜泥：取新鲜胡萝卜适量，洗净切碎，加水煮烂或者蒸烂，然后取出胡萝卜，用调羹捣成糊状，然后掺入少量煮胡萝卜的水即可。煮胡萝卜的水要留作备用。注意：胡萝卜泥中不能加糖，以免加重腹泻。食用时，平均每100毫升胡萝卜水加5~10克胡萝卜泥。此法辅助治疗宝宝腹泻，效果显著。

焦米糊：取小米适量，研成粉末，放置锅内用文火炒至微黄，食用时，将焦米糊加适量的水与糖煮成糊状，稍冷后服下，平均

每日2~3次。焦米糊具有吸附肠腔内腐败物质的作用，故有去毒止泻的功效。

熟苹果：苹果在人们心目中似乎是止泻水果的代表。殊不知，生吃苹果是有通便作用，而有良好止泻作用的应是煮熟的苹果。用时取苹果1只，连皮带核切成小块，置温水中煮3~5分钟，待温后食用，平均每日2~3次，每次30~50克。苹果为碱性食物，内含果胶与鞣酸，具有收敛止泻之效。值得注意的是，在食用煮熟的苹果时，不宜加蔗糖调味，否则会加重腹泻。

宝宝腹泻期间营养素流失较多，病情好转后不要立刻恢复饮食，饮食的恢复从一种食品少量加起，5~7天后方可完全恢复。此外，食物应少油、少糖、少膳食纤维，以细软易消化为主，使胃肠功能能够逐渐适应。

去医院前应注意什么

宝宝腹泻，是令父母头疼且心疼的事情，腹泻又有不同的类型，而对于不同腹泻的宝宝该如何进行治疗，更是令父母无法应对，宝宝腹泻去医院前父母应该留心记住下面的问题：

1 宝宝第一次腹泻的发生时间。

2 过去几小时内，宝宝排便几次，每次大便量多少。

3 粪便软硬的程度为何？粪便有无带血或黏液？

4 粪便的气味及颜色为何？

5 宝宝有无呕吐的情形？一天吐几次？多久吐一次？吐的量有多少？吐的是什么？

6 宝宝有无脱水征兆？有无口腔干燥、眼窝凹陷、体重减轻、没有小便等情况发生？

7 宝宝腹泻时，家长曾经给他吃过什么药？或做过什么其他治疗？

8 宝宝在过去24小时内吃过什么食物？

9 最近是否有其他家人生病？是什么病？

宝宝腹泻时应留取大便样本

宝宝腹泻后第一件事应留取大便于小瓶或保鲜膜内，1~2小时内送医院检查。因为不同原因引起的腹泻，其对应的治疗方法也不相同，而大便化验的结果是比较准确的。如大便中较多白、红细胞，可能是细菌性肠炎；若仅几个白、红细胞，可能是消化不良；若大量红细胞，排除肠道外科疾患后，可能是食物过敏所致等。

腹泻时如何防屁股破溃

腹泻宝宝的屁股很容易破溃，容易得尿布疹，俗称“红屁股”。宝宝为什么会“红屁股”？得了“红屁股”该怎么办？又该如何预防宝宝“红屁股”？

腹泻宝宝为什么会“红屁股”

一般来说，宝宝臀部兜尿布的部位接触湿尿布的时间较长，大便、尿液均对皮肤有较强的刺激，加之宝宝皮肤柔嫩，很容易发生臀红，局部皮肤可出现红色小丘疹，严重时皮肤糜烂破溃，脱皮流水。腹泻的宝宝比健康宝宝排泄次数更多，父母经常来不及换洗，大便常沾满了宝宝整个臀部，大便对皮肤造成的刺激而导致尿布皮炎。而且父母在帮腹泻宝宝擦去大便时没有清洗臀部，当再兜着尿布时，就会在潮湿有刺激物的环境下而发生“红屁股”。

腹泻宝宝“红屁股”怎么办

在宝宝患“红屁股”时不要使用爽身粉，因为爽身粉、汗水和疹子粘在一起更容易刺激宝宝的皮肤，小宝宝因拉肚子小屁股受到了大便的刺激引起的红，每次大便后最好用凉白开兑开水成温水后给宝宝轻轻冲洗小屁股然后用小毛巾轻轻蘸干，然后涂红霉素眼药膏，然后再晾晒一会就可以了。

如何预防腹泻宝宝“红屁股”

1 尿布要棉制。对宝宝一定要用纯棉的白布做尿布，一是舒适、吸汗、天然，不像化纤可能对皮肤有一定伤害；二是可以更容易观察宝宝的大小便情况，因为大小便常常可以反映出宝宝的健康状况。

2 宝宝大便后，先用湿纸巾轻轻擦干净屁股。记住不要用力太大，以免破坏皮肤角质层。然后再用温水冲洗屁股，干毛巾擦干或者等小屁股晾干以后涂上护臀霜，保持宝宝皮肤的干爽和减少纸尿裤对皮肤的摩擦。

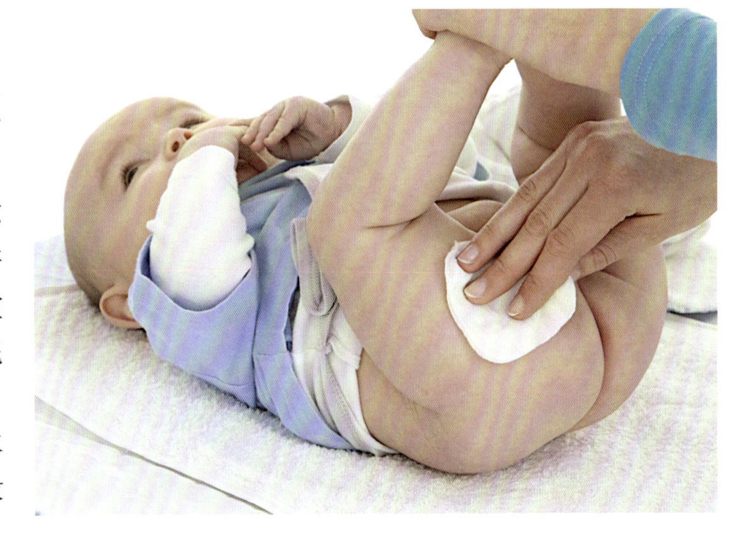

3 勤换尿布或纸尿裤，别让宝宝的屁股总是处于潮湿肮脏的环境中。原则上来说，一旦宝宝纸尿裤脏了或者湿了，妈妈都应及时更换，否则很容易患上“红屁股”。新生宝宝虽然不会说话，但他们懂得用哭声提醒妈妈。当听到孩子哭，妈妈应该用手探入宝宝的纸尿裤中检查。

4 如果条件允许，尽量让宝宝的屁股获得最大限度的自由。比如洗澡后或者便后，不要急于给他包尿布，不妨让他快乐地踢踢腿，等小屁股上的水珠都蒸发后才给他包上尿布。当天气温和时，可适当将宝宝屁股暴露在空气中，每天1~2小时，这样可以防止“红屁股”的发生。

急性胃肠炎

Jixing Weichangyan

急性胃肠炎的症状如何

宝宝急性胃肠炎是一种常见的消化道疾病。婴幼儿期宝宝胃肠道功能比较差，对外界感染的抵抗力弱，稍有不适就容易发病。宝宝胃肠炎多因不洁东西所引起，故预防最要紧的是食物的清洁及保存安全。在家中吃东西要煮沸以及用其他方法洗净消毒灭菌。食器亦要消毒干净，宝宝所有奶瓶都要严格消毒，冲好的奶或吃过一半的奶，不可放置在室温下太久。那么，引起宝宝急性胃肠炎的原因及症状是如何呢?

病因

1 肠道内的感染由细菌和病毒造成，特别是致病性大肠杆菌，是主要的致病菌。假如宝宝患病而大量不合理地使用抗生素，还会造成霉菌对胃肠的侵犯。

2 上呼吸道的炎症、肺炎、肾炎、中耳炎等胃肠道以外的疾病，可以由于发烧和细菌毒素的吸收而使消化酶分泌减少，肠蠕动增加。

3 不合理地喂养宝宝，宝宝吃得过多、过少；或过早、过多吃淀粉类、脂肪类食物；突然改变食物、突然断奶等，都能引起宝宝拉肚子。

4 气候变化，如过冷使肠蠕动增加，过热使胃酸及消化酶减少分泌，也可以诱发急性胃肠炎。

症状

1 细菌性食物中毒：是由于吃了被细菌及其毒素污染的食物引起的。临床表现为恶心呕吐、腹泻腹痛等，具有潜伏期短、时间集中、突然暴发、来势凶猛等特点。90%以上发生在7、8、9三个月，主要是食品再加工、运输、贮存、销售、制作等过程中，由于忽视食品卫生，引起交叉感染。常见的细菌有沙门氏菌、变形杆菌等。预防的关键是加强饮食卫生管理，防止食品污染。

2 旅游性腹泻：是在旅游中发生的急性感染性腹泻，常因摄入受污染的食物、饮

料和饮水而发病，病原菌主要是各种类型的大肠杆菌、病毒和寄生虫等。常见症状为水样便，并伴发腹痛、腹胀、呕吐等。因此，在旅游过程中要严把“病从口入”关。

3 大肠杆菌肠炎：主要是吃了大肠杆菌污染的蔬菜、肉类、海产品、自来水、冷饮等而发病，一般起病缓慢，主要表现为腹泻，每日3~5次，为黄色蛋花样大便、量多。因此预防该病要搞好饮食、饮水卫生和粪便管理。

4 细菌性痢疾：简称菌痢，是由痢疾杆菌引起的急性肠道传染病，主要是通过污染饮食、饮水而经过口，还可通过手、苍蝇而传播。由于菌群众多，人体反应性状各异，临床症状多种多样，轻重不一，通常起病急剧，先是畏寒发热，后腹痛腹泻等。中毒性菌痢病人可极度衰竭，出现中毒性休克，多见于2岁以下的宝宝。

5 冰箱性肠炎：即耶尔细菌肠炎，耶尔细菌广泛存在于牛奶、肉、鱼、禽以及蔬菜等许多食物中，在-4℃以下的低温下生长繁殖。冰箱冷藏室里的食品污染了该菌就可能引起肠炎。因此，冰箱内的食品要生熟分开，进食前要重新烧熟烧透。

急性胃肠炎的发展过程会从胃到肠。起初，以胃部表现为主，反复呕吐，此时可减少喂养，甚至暂停喂养几小时，然后少量液体喂养，在家观察，预防脱水。呕吐会演变成腹泻。特别是轮状病毒感染，出现水样腹泻，易导致脱水，需及时合理口服补液。

秋季腹泻，现称轮状病毒性胃肠炎。原因是轮状病毒，可通过呼吸道和消化道传染。以发热和呕吐起病，继之腹泻，多为稀水便，易引发脱水。无特别药物治疗，预防和治疗脱水极为重要，口服补液盐为常选择的补液药物。

患病期间伴随发热怎么办

宝宝急性肠胃炎伴有发热，一般来说，多由微生物感染和细菌毒素污染食物所致，其中最常见的为沙门氏菌感染与食物中毒。那么，宝宝患急性肠胃炎伴有发热，该如何应对呢？宝宝胃肠炎的治疗主要是病因治疗和对症治疗，也就是说，急性胃肠炎是由什么原因引起的，要设法查出并及时消除这个病根子。宝宝出现什么症状，就设法消除这个对身体有害的症状。

1 假如是由消化不良引起的，可以调整饮食并服用乳酶生、酵母片等，去除病因，卧床休息，停止一切对胃有刺激的饮食和药物。酌情短期禁食，然后给予易消化的清淡的少渣的流质饮食，利于胃的休息和损伤的愈合。

2 假如是由身体的其他疾病引起的，就积极治疗这个疾病，可选用抗生素并在医生指导下使用。因肠道感染引起的腹泻，主要应用抗感染药物治疗。一般急性期应静脉补液治疗，以避免药物对胃肠道的刺激。

3 假如是不合理使用抗生素引起的，就需咨询医生，使抗生素的使用合理化。

4 假如是中毒性腹泻，不宜用止泻药物，以免影响毒素排出，应及时送医院急救。

宝宝由于呕吐腹泻失水过多，应及时补充丢失水分。轻者，尽可能多饮水。以糖盐水为好，白开水中加少量糖和盐而成。不要饮含糖多的饮料，以免产酸过多加重腹痛，最好用口服补液盐。重者应补充含有电解质的液体，如生理盐水、糖盐水、氯化钾等；发热时，采用物理或药物降温；缺钾补钾，缺钙补钙。

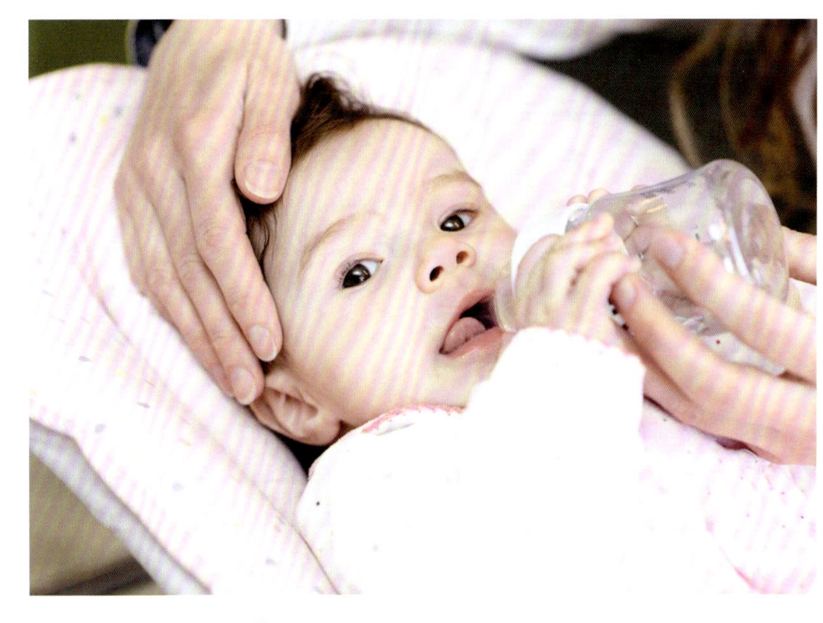

患病期间如何安排饮食

宝宝每患一次胃肠炎，其肠胃都需要一个调理的过程，那么，父母应该如何安排患病宝宝的饮食呢？目前饮食主要是以清淡饮食为主，不能加重宝宝胃肠道的负担，否则病情就很难控制了。

1 对急性期宝宝应给流质食物，每2~3小时吃一次，宜选用米汤、藕粉、马蹄粉、蛋汤、菜汤及含大量维生素C的鲜果汁等食物，对肠胃的刺激才没有那么大。宝宝的胃肠是比较差的，如果不注意饮食的话，又会引起拉肚子的现象出现。

2 腹泻严重或出汗较多的宝宝，可饮一些盐水或食盐苏打水饮料（食盐与苏打的比例为2:1），或加点糖，随时饮用，以补充水分和电解质的损失。

3 病情严重或呕吐剧烈，应给予适当静脉补液。值得注意的是，牛奶、菜泥、鸡蛋等比较难以消化的食物不用为宜。

4 到了好转期，大便次数减少，粪便中已无脓血，可采用无渣少油和富于营养的半流质饮食，如大米粥、细面条等，烤面包、馒头、蛋糕、炒糊米汤、瘦肉汤和浓茶等对腹泻有收敛作用。酸牛奶不仅营养丰富，且因其含乳酸，能抑制肠道有害细菌的生长和收敛伤口，故可食用。此时，甜食、豆类或豆制品、牛奶、汽水等仍应避免进食。

5 恢复期的宝宝，大便次数和性质已接近正常，饮食上宜选用少油少渣软饭菜，如鸡蛋、嫩瘦肉、面条、肉粥和含纤维素少的蔬菜等，也宜吃生苹果泥，因苹果含有果胶，具有解毒、杀菌和止血的作用。

无论处于哪个患病期的宝宝，饮食上都不能暴饮暴食，并且不管吃什么食物，都最好不吃生冷的，特别是冰箱里面拿出来的食物，一定要经过加热之后才能给宝宝吃，以免加重宝宝的胃肠负担。煮东西的时候一定要注意把东西给煮熟，如果不熟的食物给宝宝吃的话，就会刺激到宝宝的肠胃，加重宝宝的病情。

辩证看待宝宝发热

Bianzheng Kandai Baobao Fare

发热的发病机制是什么

发热是身体有潜在感染或发炎而引起的一种临床症状。原因可轻可重，如果没有伴随其他症状，就可能只是体温控制中枢失去平衡。但重者也可能危及生命。尤其有发热以外症状出现，就可能是疾病的前因，不可忽视。那么，宝宝发热的发病机制究竟有哪些呢？

1 感冒

不论一般感冒或流行性感冒都是宝宝最常见的疾病。细菌和病毒感染都有可能。症状不一，发热、食欲下降、肠胃不适、拉肚子、耳鼻喉等问题都有。

2 耳鼻喉发炎

耳鼻喉的问题通常会有发炎现象，所以会有红肿的产生，是一种病毒感染。症状多变，常见的有发热、咳嗽、流鼻水、喉咙红肿（宝宝通常不愿意进食）等。

该疾病容易并发中耳炎、耳窦炎、肺炎等，也会有高烧39℃以上的危险。

3 玫瑰疹

因玫瑰疹病毒感染而得名，1岁前后的宝宝最容易得。典型的症状就是会莫名高烧，发烧39℃以上，持续3~4天，然后起红疹。之后烧会退去，红疹会慢慢消退，不会留下任何疤痕，也没有其他并发症。

4 接种疫苗

因接种疫苗而引起轻微发热的宝宝很多，但会引起较明显发热的通常是在注射“白喉、百日咳、破伤风”的疫苗后。

若有身体不适或感冒则不适合带宝宝去打疫苗，以免症状混淆。72小时内是注射疫苗发热的观察期，超过就不是因为疫苗而引起的发热了，父母要另外做判断。

5 败血症

败血病是一种细菌侵蚀到血液中的疾病。通常是近亲联姻、先天免疫不良或使用高剂量类固醇的结果。

有败血症的患者会有1/3概率并发脑膜炎，所以较为危险。

6 尿道感染

1岁以下男女宝宝是好发年龄。女宝宝通常是大便、尿片污染；男宝宝则是膀胱输尿管回流所致。除了容易发热至38.5℃以上外，外观不易察觉。尿道感染因属细菌感染，所以就医通常给予抗生素的药物治疗，大约需要2周才可痊愈。

可能的并发症是肾功能受损和肾炎。

7 脑炎、脑膜炎

6个月至3岁的宝宝是该病好发年龄。最典型的症状就是容易高烧至39℃以上。而且伴随精神倦怠、眼神呆滞、食欲欠佳，甚至有抽筋现象出现。尽快就医是唯一的方法，目前唯一的检查方法是抽脊髓检验法。

脑炎住院的患者通常给予降脑压以及抗病毒的药物。脑膜炎住院的患者则需要以抗生素来治疗，需要2~3周才能痊愈。

因为会有侵害性的并发症，如听力、视力变差，智能不足，神经功能障碍（脑麻痹），甚至死亡，所以危险性极大。

8 穿太多、发牙热、夏季热

穿太多、发牙热、夏季热这类原因所引起的发热通常是短暂而无危险性，却是许多父母容易疏忽的。只要宝宝活动力和精神状况均佳，食欲也不错，宝宝身体有发热现象，可能只是穿得太多或室内温度太高了，只要改善现况，通常就不会再有过热的问题了。

9 肠胃炎并发脱水

肠胃炎分为细菌（沙门氏杆菌）感染和病毒（轮状病毒）感染两种。症状有：呕吐、拉肚子、食欲下降、精神不佳、发热38.5℃以上（会并发脱水）。

此病一定要及时就医，需给予注射添加电解质的点滴，其排泄物也需要特别隔离。状况轻微的3天可以痊愈，但通常7~14天才好。

10 川崎症

1岁至1岁半的宝宝是该病的危险族群，而且原因目前仍不详。症状颇多，例如持续多日高烧39~40℃，眼红，口唇有草莓舌、唇裂、手脚四肢肿，颈部淋巴肿，打卡介苗的部位会红肿等。

此病一定要住院治疗，医生会先进行心脏超声波检查（检查冠状动脉有无扩大），然后给予免疫球蛋白的治疗，通常需要10~14天才有可能痊愈。愈后，四肢和肛门口周围会有脱皮的现象产生。

每个宝宝都是独立个体，发热的发病机制多种多样，以上所述只是其中的一部分而已，宝宝发热也有可能是其他原因，所以及时去医院检查诊治是最好最安全的方法。

发热初期有什么症状

体温本身并不是观察宝宝疾病的真正的最关键的方法，体温的高低并不能反映出疾病的轻重程度，因为宝宝的身体对温度的控制还不完善。有的宝宝在感染轻微疾病时，发热也达40℃，也可能在得更严重的疾病时只有38.3℃。

宝宝发热时，父母更应观察他的脸色、神态和行动。一个体温为38.3℃却脸色灰白、安静得有点反常的宝宝，也许比一个体温为39.4℃但仍能满屋子乱窜乱闹的宝宝病得重。

新生宝宝与非新生宝宝所反映出来的症状会有所不同，如果发热的宝宝出现以下症状，不管体温如何，都应请医生诊断。

新生阶段宝宝

1 环境温度高。新生宝宝在热环境下首先是皮肤血管扩张，以后开始出汗，汗珠先出现在前额、两侧鬓角，以后在胸部和大腿内侧。若不注意补充水分可致脱水，引起高钠血症、高胆红素血症。如环境温度增高过快，由于新生宝宝体温调节功能不健全，不能维持产热和散热的平衡而发热，可使新生宝宝每分通气量减低或致呼吸暂停、呼吸衰竭，严重高热可导致死亡。存活者可致脑损伤。

2 新生宝宝脱水热。出生后2~3天体温升高，烦躁、哭闹、周身皮肤潮红和尿

少，经适当降低环境温度或松开包被，多补充水分后，体温便可降至正常。

3 感染。各种感染使体温升高，除发热外，伴有感染中毒症状，如反应迟钝、吃奶减少、哭声低弱，面色发灰，等等。如为肺炎引起，有气急、发绀、呛奶和口吐泡沫等症状；如为脐部感染，可发现脐炎等体征。与原发感染疾病不同，有相应症状和体征改变。神经系统感染、消化系统感染、泌尿系统感染、败血症等，除共有发热、感染中毒症状外，相应临床表现需及时咨询医生。

非新生阶段宝宝

1 一直哭闹不停，不管谁来安慰都没有用。

2 睡觉沉，很难被唤醒。

3 如果有人想触碰或者移动宝宝，他就哭闹。

4 宝宝脖子僵硬，不灵活。

5 手臂、大腿或身体的其他部位出现不能控制的抽动、痉挛。

6 神志不清，行动怪异，看见或听见不存在的东西，说些很奇怪的话或行为反常。

7 呼吸时伴有杂音。

8 不能吞咽任何食物，并不住地流口水。

9 皮肤上出现紫色的斑点。

10 肤色灰白或呈暗蓝色。

11 脉搏微弱却快、急（不满1岁的宝宝每分钟脉搏超过160下；年满1岁的宝宝每分钟超过120下）。

12 排尿时有灼烧或疼痛感。

13 腹泻时大便中带血。

根据宝宝所表现出的症状，父母应及时发现、及时治疗，避免病情的加重。

如何测量体温

如宝宝精神状态不好，可以给他量量体温，一般测量宝宝身体温度的方法有：口温、耳温、腋温、肛温等四种。其中1岁以下的宝宝最好避免测量口温。

不论以哪一种方法来帮宝宝量体温，前提必须是在宝宝安静的状态下进行才可测得准确的温度。因为宝宝刚哭完或刚喝完奶马上量体温，所测得的温度较高，刚洗完澡则较低。

耳温

使用工具：耳温枪。

准备工作

检查耳温枪的电池是否有电。检查宝宝耳朵内是否有太多耳屎，若有需先清除干净以免影响测量结果。

测量步骤

1 打开耳温枪的电源。

2 固定宝宝，将宝宝的耳朵轻轻往下、往后略倾斜。2岁以上的宝宝则是将耳朵轻轻往上往后略倾斜。

3 把耳温枪探测头插入宝宝耳道里面，轻按测温按钮。通常会听见“哔”的一声。

4 取出耳温枪观看结果，荧幕显示数字即为所测得的温度。

5 耳温枪测得温度就等于宝宝当时体温，无须再加减温度。

腋温

使用工具：一般温度计、酒精棉球。

准备工作

1 用酒精棉球从温度计的末端往上擦拭一遍进行消毒处理。

2 将温度计用力甩一下，让水银指针回归到35℃以下。

3 检查宝宝腋下是否有汗，若有要先擦干。

测量步骤

1 将宝宝衣服稍作松解，以腋下能放入温度计为原则。

2 固定宝宝，把宝宝的手轻举，将温度计放到腋下中心点，手放下压住并夹紧5~10分钟。

3 取出温度计观看结果，水银指针指到的那一刻度即为所测得的温度。

4 腋温所测温度加0.5℃就等于宝宝当时的体温。

背温

使用工具：一般温度计、酒精棉球。

准备工作

1 用酒精棉球从温度计的末端往上擦拭一遍进行消毒处理。

2 将温度计用力甩一下，让水银指针回归到35℃以下。

3 检查宝宝背部是否有流汗，若有要先擦干。

测量步骤

1 将宝宝衣服稍作松解，以背后能放上温度计为原则。让宝宝平躺，将温度计放在宝宝衣服内背后，避开中间脊椎和两侧肩胛骨的地方，量其棕色脂肪的温度，压住5~10分钟。

2 取出温度计观看结果，水银指针指到那一刻度即为所测得的温度。

3 背温所测温度加0.5℃就等于宝宝当时体温。

4 背温适合给熟睡中的宝宝测量。

肛温

使用工具：肛温温度计（肛表）、酒精棉球、凡士林。

准备工作

1 用酒精棉球从温度计的末端往上擦拭一遍进行消毒处理。

2 将温度计用力甩一下，让水银指针回归到35℃以下。

3 将肛温温度计的前端涂上凡士林：1岁以下涂1.5厘米长左右；2岁以上涂2.5厘米长左右。

测量步骤

1 让宝宝平躺，先脱掉宝宝的尿片，一只手固定宝宝双脚并抬高。

2 将涂有凡士林的肛温温度计插入宝宝肛门1~2厘米深。

3 压住宝宝屁股让宝宝夹紧1~2分钟。

怎样防止高热惊厥

高热惊厥是宝宝较常见的危急重症，是中枢神经系统以外的感染所致体温38℃以上时出现的惊厥。大多在体温突然升高时，超过孩子大脑体温调节中枢范围引起。首次发病多见于6个月至3岁发热的宝宝，6个月以下及6岁以上发病者甚少。

高热惊厥的症状

宝宝往往是先有发热，随后发生惊厥，惊厥出现的时间多在发热开始后12小时内，在体温骤升之时，突然出现短暂的全身性惊厥发作，发作时患病宝宝突然意识丧失，两眼凝视、斜视或上翻，头向后仰，面部和四肢肌肉抽动，手握得很紧，一般持续数分钟。多数患病宝宝每次发热只抽1次，发作过后神志很快清醒，抽风的严重程度并不与体温成正比，惊厥持续几秒钟到几分钟，大多数不超过10分钟，发作过后，神志清楚。

高热惊厥的预防

高热惊厥发作时很可怕，而且如果频繁发作的话，会影响大脑功能，还可能会引起癫痫，因此预防发作很重要。以下方法可预防宝宝高热惊厥：

1 提高免疫力。加强营养、经常进行户外活动以增强体质、提高抵抗力。必要时在医生指导下使用一些提高免疫力功能的药物。

2 预防感冒。天气变化时，适时添减衣服，避免受凉；尽量不要到公共场所、流动人口较多的地方去，如超市、车站、电影院等，以免被传染上感冒；如家中大人感冒，需戴口罩，尽可能与宝宝少接触；每天定时开窗通风，保持家中空气流通。

3 积极退热。曾经发生过高热惊厥的患病宝宝在感冒时，父母应密切观察其体温变化，一旦体温达38℃以上时，应积极退热，并及时去医院就医，不要不做任何退热处理就抱着宝宝去医院，很容易在去医院路上发生抽搐。

4 备好急救物品。

首次发生高热惊厥后有30%~40%的患病宝宝可能再次发作，75%的患病宝宝再次发作是在首次发作后1年内，90%在2年内。因此父母在家中要备好一切急救物品和药品，如体温计、压舌板、退热剂、止痉药等；如果宝宝出现发热，应及时测量体温，体温在38℃左右即应予以药物降温；对既往有高热惊厥史的患病宝宝，在发热早期即应使用医生指导量抗惊厥药，体温升至高热时，体内抗惊厥药已达到抑制惊厥的有效浓度，从而能抑制惊厥，有效预防宝宝高热惊厥再次发生。

因高热惊厥容易复发，所以宝宝每次发烧时，父母不要给宝宝穿得过多、盖得过

厚，即不要“捂汗”，应积极用物理方法或药物退烧，以免引起高热惊厥。

高热惊厥的急救法

高热惊厥约半数发生在家中，患病宝宝的样子可怕，大多数父母都感到束手无策。在宝宝第一次惊厥发作时，父母首先要镇静，不要大喊大叫，乱摇患病宝宝。家庭急救要点是：将患病宝宝放在没有硬物的地板或床上，不要垫枕头，把头偏向一侧，以便唾液或呕吐物可以顺利流出口腔；快速解开衣服扣子，然后用大拇指按压宝宝“人中”穴位（在鼻唇沟中点），较强刺激1~3分钟，直到患病宝宝发出哭声，急送附近医院做进一步诊断和治疗。

患病宝宝抽风时，不能喂水、进食，以免误入气管发生窒息与引起肺炎。家庭处理的同时最好先就近求治，在注射镇静及退烧针后，一般抽风就能停止。切忌长途奔跑去大医院，因为如果抽风不能在短时间内控制住，会引起宝宝脑缺氧，造成脑水肿甚至脑损害，最终影响宝宝智力，个别患病宝宝还会危及生命。

秋冬季节咳嗽如何防治

Qiudong Jijie Kesou Ruhe Fangzhi

如何预防宝宝咳嗽

宝宝咳嗽是自我保护的行为，是通过咳嗽把异物或者痰咳出来，因此，咳嗽只是一种正常的生理反应，而引起宝宝咳嗽的疾病才是真正的罪魁祸首。

哪些疾病容易引起宝宝咳嗽

上呼吸道感染、咽炎、气管炎和支气管炎、肺炎、过敏、鼻窦炎、扁桃体炎、气管异物等都会引起宝宝咳嗽。

应找到宝宝咳嗽的原因对症治疗，才可有效地治愈宝宝咳嗽，父母掌握了科学的育儿方法也可预防宝宝咳嗽。

如何预防宝宝咳嗽

1 保持居室内空气新鲜

污浊的空气对呼吸道黏膜会造成不良刺激，可使呼吸道黏膜充血、水肿、分泌物增加而加重咳嗽。因此，要保持室内空气新鲜，厨房油烟要排出，父母更不可在家吞云吐雾过烟瘾，应定时开窗换气。室内新鲜的空气也能起到消毒作用，应上下午各开一次，每次20分钟左右即可。

2 调节室温，及时增减衣被

适宜的温度是25℃~28℃。一般条件下很难保持这种温度，但可以做到室温不至于过高、过低。许多父母误认为宝宝比大人怕冷，他们往往不分季节、不分室内室外，将宝宝捂得过厚、包得过严，不让宝宝受一点寒气，其结果是造成机体调节能力差，抵抗力低下。

3 居室保持适当湿度

环境过于干燥，空气湿度下降，黏膜发干、变脆，小血管可能破裂出血，纤毛运动受限，痰液不易咳出。呼吸器官有炎症时，影响更为明显。因此气候干燥时，应使用加湿器，或者常用湿拖把拖地。

4 注意调节饮食

俗话说“鱼生火，肉生痰，青菜豆腐保平安”。中医认为，鱼、蟹、虾和肥肉等荤腥、油腻食物，可能助湿生痰，有的还可能引起过敏反应，加重病情。辣椒、胡椒、生姜等辛辣之品，对呼吸道有刺激作用，会使咳嗽加重，要注意避免。而新鲜蔬菜如青菜、胡萝卜、西红柿等，可以供给多种维生素和无机盐，有利于机体代谢功能的恢复。

5 保证充足睡眠

睡眠时，全身肌肉松弛，对外界刺激反应降低，心跳、呼吸、排泄等活动减少，有利于各个器官的机能恢复及疾病康复。

6 保证饮水量

不论是哪种咳嗽，都应该积极让宝宝喝水，不要等口渴了才想到喝水。宝宝饮用足够量的水，能使黏稠的分泌物得以稀释，容易被咳出。同时，喝水能改善血液循环，使机体代谢产生的废物或毒素迅速排出体外，从而减轻对呼吸道的刺激。

7 耐寒训练，增强体质

从初秋起就用冷水洗脸、擦浴，或定期让肌肤与清爽空气做亲密接触等。训练方式各有不同，关键在于持之以恒。但要注意把握一个度，以免锻炼不成反而受寒。

8 祛痰为主，慎重用药

宝宝呼吸系统尚未发育完全，无法像成人那样将痰液有效咳出，容易滞留痰液，如果一咳嗽就给予镇咳药治疗，咳嗽是止住了，但咳嗽抑制后就使痰液更难排出，结果会堵塞呼吸道，不但使咳嗽加重，还容易导致肺部感染。因此宝宝咳嗽早期应该先进行祛痰治疗。

宝宝咳嗽，因为病因复杂或宝宝抵抗力不佳，往往不能很快治愈。宝宝为什么容易咳嗽，这要找出原因，以便正确预防。

风寒咳嗽如何护理

变幻莫测的天气会使很多宝宝感染风寒咳嗽，让宝宝快点康复成了父母所关心的问题，那么，什么是风寒咳嗽，该如何辨别及护理呢?

风寒咳嗽是指感受风寒所致的咳嗽。症状以咳嗽频发，痰稀色白，鼻流清涕，舌淡红白，苔薄咳嗽声重，头痛身热，甚则喘急为特征。

如果患病宝宝舌苔是白的，则是风寒咳嗽，说明宝宝寒重，咳嗽的痰也较稀、白黏，并兼有鼻塞流涕，这时应吃一些温热、化痰止咳的食品。

1 生姜+红糖+大蒜

宝宝患了风寒感冒，喝温热的生姜红糖水能起到很好的治疗作用，如果宝宝同时还伴有咳嗽，可在生姜红糖水里再加2~3瓣大蒜一起煮，要用小火煮10分钟，把蒜头的辣味煮掉，这样宝宝才肯喝。

2 蒸大蒜水

取大蒜2~3瓣，拍碎，放入碗中，加入半碗水，放入一粒冰糖，把碗加盖放入锅中去蒸，大火烧开后改用小火蒸15分钟即可。当碗里的蒜水温热时喂给宝宝喝，大蒜可以不吃。一般一天2~3次，一次小半碗。大蒜性温，入脾胃、肺经，治疗寒性咳嗽、肾虚咳嗽效果非常好，而且方便简单，宝宝也愿意喝。

3 烤橘子

将橘子直接放在小火上烤，并不断翻

动，烤到橘皮发黑，并从橘子里冒出热气即可。待橘子稍凉一会儿，剥去橘皮，让宝宝吃温热的橘瓣。如果是大橘子，宝宝一次吃2~3瓣就可以了，如果是小贡橘，宝宝一次可以吃一只。最好配合大蒜水一起吃，一天2~3次。橘子性温，有化痰止咳的作用。吃了烤橘子后痰液的量会明显减少，镇咳作用非常明显，而且宝宝都愿意吃。

4 麻油姜末炒鸡蛋

将一小勺麻油放入炒锅内，油热后放入姜末，稍在油中过一下，随即打入1个鸡蛋炒匀。宝宝风寒咳嗽及体虚咳嗽时，每晚让宝宝在临睡前趁热吃一次，坚持吃上几天，就能起到明显效果。

5 梨+花椒+冰糖

梨一个，洗净，横断切开挖去中间核后，放入20颗花椒，2粒冰糖，再把梨对拼好放入碗中，上锅蒸半小时左右即可，一只梨可分两次吃完。蒸花椒冰糖梨对治疗风寒咳嗽效果非常明显，但有的宝宝不喜欢花椒的味道，父母可自行选择。

以上是治疗风寒咳嗽的食疗护理方法，父母在运用这些方法治病的同时，还应注意以下性寒凉的食物不能让宝宝吃：绿豆、螃蟹、蚌肉、田螺、蜗牛、柿子、柚子、甘蔗、西瓜、甜瓜、苦瓜、荸荠、慈姑、海带、紫菜、生萝卜、茄子、芦蒿、藕、冬瓜、丝瓜等。

风热咳嗽如何护理

风热咳嗽主要症状表现为咳嗽不爽或咳声重浊，吐出的痰黏稠、颜色黄，有少量血丝，不易咳出，口渴，咽痛，鼻流浊涕；或伴发热、头痛、怕风，微有汗出；舌色红，舌苔薄黄。那么，父母们在家中该如何护理患风热咳嗽的宝宝呢？

1 川贝冰糖梨。梨洗净，靠柄部横断切开，去核后放入2~3粒冰糖、5~6粒川贝，川贝要敲碎成末。把梨上部拼对好，可以用牙签插紧，放入碗中，上锅蒸30分钟左右即可。分2次吃，有润肺、止咳、化痰的作用。

2 煮萝卜水。白萝卜洗净，切4~5薄片，放入小锅内，加大半碗水，放火上烧开后，改小火煮5分钟，即可。对风热咳嗽、鼻干咽燥、干咳少痰的效果良好。

此汤对2岁内的宝宝特别好。宝宝单喝白萝卜水，就能起到顺气、化痰、止咳、消食、健胃、清热、生津的作用，一天可以喝2~3次。

3 梨子。性凉，味甘，能清热化痰，热咳者宜之。将一个梨削皮后，将梨核掏出，放入川贝粉1~3克，隔水炖食，每日2次。

4 罗汉果。清肺止咳，肺热咳嗽和风热咳嗽者宜服。用罗汉果1个，柿饼15克，用水煎服食。

5 枇杷。性凉，味甘，能润肺化痰止咳，适宜热咳吐黄脓痰的宝宝。

6 西瓜。夏天宝宝有风热咳嗽时，可多给他吃西瓜。

7 荸荠。将2~3只荸荠去皮，切成薄片，放入锅中，加一碗水，在火上烧5分钟即可。给宝宝喝荸荠水，能化痰、清热，对热性咳嗽吐脓痰者效果好。

宝宝患风热咳嗽时，还可以给他吃冬瓜煨汤、炒丝瓜、炒藕片、炒苦瓜，同样起到消内热、祛火、止咳的作用。此外，辛辣、容易上火的食物应禁止食用，如羊肉、狗肉、乌骨鸡、鱼、虾、枣、桂圆肉、荔枝、核桃仁、辣椒、樱桃、蚕蛹等。

如何化痰

宝宝免疫力较差，感冒后易诱发呼吸道疾病，呼吸道有了炎症，分泌物自然会增多。成人气管及肺内有发育完善的纤毛系统，可以将异物和过多的分泌物以痰的形式运送到咽喉部，刺激人体产生咳嗽反射，将痰咳出。婴幼儿期的宝宝的这种祛痰能力很差，一旦大量的痰液和病菌堆积在呼吸道内，就会导致细菌感染，继而发展成肺炎。那么，父母应该采取什么办法给宝宝祛痰呢？

1 拍背法

拍背法不仅能促进患病宝宝肺及支气管内的痰液松动，向大气管内排出，而且可促进心脏和肺部的血液循环，有利于支气管炎好转。拍背要选择在吃奶前，避免过于震动引起吐奶。

方法：将宝宝竖着抱起，拍时手要微微蜷起，形成中空状，这样宝宝不会感到疼痛。拍背时应在两肺的上下左右前后都拍到，不要有遗漏。每次拍痰时，两边肺各拍100下，一天拍3~4次。由于宝宝的背和肺下部更容易产生痰液积聚，所以重点要拍这些部位。如果有了肺炎，应重点拍炎症的一侧。拍背时要有“啪、啪”的响声，这样才能达到目的。有的父母唯恐将宝宝拍疼，便小心翼翼地轻柔地拍，这样的拍很难起效，其实只要拍背姿势正确，并不会把宝宝拍痛。

当痰出来后，宝宝虽然不会咳出，但他会咽下去。消化道内的消化酶和酸性液体，可以杀灭这些细菌。

2 饮水法

咳嗽的宝宝常有不同程度的脱水，这会使呼吸道内分泌物更黏稠而不易咳出。多喝水可使黏液分泌物得以稀释，容易被咳出。饮水还可以改善血液循环，使机体代谢产物及毒素从尿中排出，从而减轻了对呼吸道黏膜的刺激。此外，饮水对咽喉部有良好的湿润和物理治疗作用。饮水的温度在23~24℃为宜，于两餐之间及晨起饮用。

3 蒸汽法

蒸汽吸入可使痰液稀释便于咳出，还可减轻气管和支气管黏膜的充血和水肿，减少咳嗽。方法是将沸水倒入大口罐或茶杯中，抱起宝宝，使其口鼻对着上升的水蒸气吸入。使用时父母要注意不要烫伤宝宝。

4 药物法

父母在医生指导下使用祛痰药。不要用带罂粟壳类的镇咳药，以免抑制咳嗽中枢不利于排痰。在用药时，一定严格按照医生的指导服用。

由于宝宝咳嗽能力较弱，加上气管较细，很难将痰咳出，所以遇到宝宝有痰时，除口服化痰药外，重要的是增加气管内水分稀释痰液，可进行雾化吸入盐水或盐酸氨溴索，也可将浴室内放足蒸汽，让宝宝尽可能多待一些时间，吸入一些水分。

久咳不愈怎么办

宝宝咳嗽给父母带来无尽的烦恼，而且做父母的一听到咳声就会心疼。宝宝久咳不愈怎么办？最好的办法就是采取食疗法及提前预防，科学地去“调养”。俗话说“三分治，七分养”，欲治愈宝宝久咳，不可不注意“养”。

预防及调养

1 合理饮食

饮食要注重清淡、味道爽口。多食新鲜蔬菜如青菜、大白菜、萝卜、胡萝卜、西红柿等，可以提供多种维生素和无机盐，有利于机体代谢功能的修复。黄豆制品含优质蛋白，能补充炎症时机体损耗的组织蛋白，且无增痰助湿之弊。还可适当增添少量瘦肉等富含蛋白质的食物。

菜肴要避免过咸，尽量以蒸煮为主，不要油炸煎烩。鱼、蟹、虾和肥肉等荤腥、油腻食物，可助湿生痰，有的还可能引起过敏反应，加重病情，不宜多食；辣椒、胡椒、生姜等辛辣之品，对呼吸道有刺激作用，使咳嗽加重，也应少食。

2 调节室温

温度过高或过低，易削弱宝宝的抗病力，影响咳嗽的恢复。所以要及时调节室内温度，最好控制在25~28℃为宜。

3 控制湿度

干燥的空气不利于咳嗽的痊愈，尤其是幼儿期宝宝呼吸器官发育不成熟，自我保护机制较差，当室内空气干燥时黏膜变干，小血管易破裂出血，痰液不易咳出，导致咳嗽。一定的湿度有利于呼吸道黏膜活动，有利于把气管内壁的尘埃排出。所以要及时调整室内湿度，最好保持在60%~70%为宜。常用的办法是在室内放盆水，或直接在地上洒些水。

4 保暖适度

要根据气候变化给宝宝适当增减衣服，不宜穿得过多。因为保暖太过，会使宝宝体温调节能力下降，抵抗力降低，反而不利于咳嗽的恢复。

5 通风换气

污浊不洁的空气是宝宝咳嗽的诱因。要避免室内人员过多；厨房油烟，室内烟雾，都可使宝宝呼吸道黏膜充血、水肿，加重咳嗽；父母应禁烟，经常打开门窗通风换气，保持室内空气新鲜。

毛细支气管炎和肺炎

Maoxizhiqiguanyan He Feiyan

毛细支气管炎有什么症状

毛细支气管炎的病变主要发生在肺部的细小支气管，也就是毛细支气管，所以病名为“毛细支气管炎”，通常是由普通感冒、流行性感冒等病毒性感染引起的并发症，也可能是由细菌感染所致，是宝宝常见的一种急性下呼吸道感染疾病。

发病原因

毛细支气管炎的病原主要为呼吸道合胞病毒，可占80%或更多；其他依次为腺病毒、副流感病毒、鼻病毒、流感病毒等；少数病例可由肺炎支原体引起。感染病毒后，细小的毛细支气管充血、水肿、黏液分泌增多，加上坏死的黏膜上皮细胞脱落而堵塞管腔，导致明显的肺气肿和肺不张。炎症常可累及肺泡、肺泡壁和肺间质，故可以认为它是肺炎的一种特殊类型。

疾病特征

1 毛细支气管炎，不同于一般的气管炎或支气管炎，临床症状像肺炎，但以喘憋为主，此病多发生在2.5岁以下的宝宝，80%在1岁以内。

2 一年四季均可发病，但以冬春季较多见。

3 起病较急，有感冒前期症状，如咳嗽、喷嚏，1~2天后咳嗽加重，出现发作性呼吸困难、喘憋、面色苍白、口唇发绀、三凹征，肺部体征早期喘鸣音为主，继之出现湿音。症状严重时可伴充血性心力衰竭、呼吸衰竭、缺氧性脑病以及水和电解质紊乱。一般体温不超过38.5℃，病程1~2 周。

4 血白细胞多正常或轻度增加。血气分析可见低氧血症以及动脉血二氧化碳分压降低或升高。胸部X光片以肺纹理增粗、双肺透亮度增强或有小片阴影和肺不张。有条件可做呼吸道分泌物病毒快速诊断以明确病毒种类。

5 全身中毒症状较轻，可无热、低热、中度发热，少见高热。体检发现呼吸浅而快，60~80次/分，甚至100次/分，伴鼻翼扇动和三凹征；心率加快，可达150~200次/分，肺部体征主要为喘鸣音，叩诊可呈鼓音，喘憋缓解

期可闻及中、细湿啰音；肝脾可由于肺气肿而推向肋缘下，因为可触及肝脏和脾脏。

及时就医

毛细支气管炎是2岁以下宝宝多发的一种疾病，要及时处理，以免感染其他部位如肺部引起肺炎等疾病，如果引起心衰，后果很严重。

和肺炎一样，毛细支气管炎也是出现在感冒2~3天后。所以，如果感冒症状没有好转，反而出现干咳、急咳，喘息困难、呼吸急促，拒绝饮食、嗜睡，口唇、舌头发青等症状，另外呼吸音粗而且带有哨声，说明宝宝有可能感染了毛细支气管炎。毛细支气管炎的症状与肺炎的症状很像，父母不能明确判断，但在发现这些症状后，及时看医生是很有必要的。1岁以下的宝宝只要出现咳喘症状后就应该带着去医院检查，出现呼吸困难，或口唇、舌头发青、嗜睡等症状，最好叫救护车。

怎样防治毛细支气管炎

宝宝患毛细支气管炎以后，咳不停、闹不止，父母也难以安心，那么，怎样防治宝宝毛细支气管炎呢?

1 促进排痰。增加空气湿度极为重要，一般可使用室内加湿器。较重的宝宝可合理应用雾化治疗的方法，一般雾化器可结合给氧进行雾化；超声雾化只在有呼吸道痰堵时应用，每次20分钟，3~4次/天，吸雾后要拍背排痰。应用加温湿化有时可使患病宝宝安静下来。至于直接冲洗咽喉部及从喉支气管吸出痰液的办法，只能对个别患病宝宝在耳鼻喉科配合下应用喉镜进行。

雾化治疗可以稀释痰液，减轻支气管痉挛，疏通呼吸道，对支气管炎的痊愈有很好的作用。在雾化治疗之后，要及时给宝宝翻身拍背，充分震动胸部，使口咽部的痰液排出，可避免病情加重。

2 防止缺氧。对喘憋重者首先要抬高头部与胸部，以减少呼吸困难；遇有明显缺氧时，最好应用雾化器给氧，应连接口罩，或用头罩；对轻度缺氧的患病宝宝，有条件的地方可试用冷空气疗法，也可采用鼻管给氧，导管尖端放在鼻前庭即可。

3 避免被传染。毛细支气管炎是由具有传染性的病毒引起的，要注意让宝宝远离患感冒或者其他呼吸道感染的人群，避免被传染。

3 宝宝的精神状况

要想及时发现宝宝肺炎，细心的妈妈也应该注意宝宝的精神状态。如果宝宝在发热、咳嗽、喘的同时精神很好，能玩、爱笑，则提示患肺炎的可能性很小。相反，宝宝精神状态不佳、口唇青紫、烦躁、哭闹或昏睡、抽风，少数患病宝宝可出现谵语，则说明宝宝病得较严重，得肺炎的可能性较大。

4 宝宝的食欲情况

小儿肺炎的症状在食欲上很容易看出来。如果宝宝得了小儿肺炎，那么食欲会显著下降，不吃东西，或一吃奶就哭闹不安。患病宝宝还可出现呕吐、腹胀、腹泻等消化系统症状。如果确诊宝宝已经得了肺炎，应继续喂奶、喂食，多喝汤类食物，防止宝宝体力下降。

肺炎的症状和感冒非常相似，容易误判，父母要学会鉴别，如果肺炎治疗不及时，有可能引起心肌炎等更严重的疾病。因此当宝宝出现了类似感冒的症状，食欲和精神、睡眠受到了较大影响就要警惕了。

小儿肺炎如何防治

肺炎一般都是由上呼吸道感染引起的，所以预防肺炎就要预防上呼吸道感染，大部分轻症及中等严重的肺炎患病宝宝可以在家中治疗，这样父母了解有关肺炎的护理知识非常重要。

保持环境清洁

1 冬季室内温度最好保持在18~20℃，湿度50%~60%，有条件的家庭，可以在室内安放加湿器。

2 空气要新鲜，因此，不论春夏秋冬都要通风换气，但不要使宝宝处在有对流风的地方。

3 居室要安静，光线不宜太强，以利于宝宝休息。

4 衣被要轻柔，冬季要保暖，衣服要宽松，以免影响宝宝呼吸。

患病宝宝的饮食照料

宝宝患病时，要给宝宝以易于消化、高热量、高营养及富含维生素的食品，细心照料宝宝的饮食。

1 每次喂水喂食物都不应过多，这一方面是由于肺炎时，宝宝消化功能下降，食欲降低；另一方面是因为患肺炎时，肺部呼吸面减小，宝宝呼吸困难，若一次喂食过多，胃肠胀气，压迫肺部，加重呼吸困难。

2 喂水喂饭时要耐心，因肺炎宝宝多有咳嗽及呼吸困难，一不小心容易呛入气管。

3 少量多次饮水，肺炎时进食少，呼吸快，常有发热，这些都会增加机体水分的丢失。

4 可以饮淡茶水、果汁（新鲜水果汁更好）、葡萄糖水等，有利于减轻中毒症状，改善肝脏与肺脏的功能，对肾脏功能也有好处。

患病宝宝的护理要点

1 保持宝宝气道畅通，及时清除鼻痂及鼻腔分泌物。经常给患病宝宝翻身，变换睡眠体位或轻拍其背部（并发心力衰竭者除外），以利于排痰。

2 要定时测体温，因为高热对肺炎宝宝不利，如有高热，应及时处理。当腹部胀气时，可以给宝宝轻轻按摩腹部。

3 注意让宝宝多锻炼，增强体质，天气寒冷外出时要加衣服，在感冒流行的季节，别到人群密集的地方去，等等。

此外，应按时给宝宝注射肺炎疫苗，一般2岁以下的宝宝接种7价肺炎疫苗，3个月到2岁，共需4剂，可以预防97%以上的肺炎，2岁以上的宝宝可接种23价肺炎疫苗，接种一剂可以保护5年。

手足口病

Shou Zu Kou Bing

什么是手足口病

手足口病是由肠道病毒引起的传染病，多发生于5岁以下的宝宝，可引起手、足、口腔等部位的疱疹，少数患病宝宝可引起心肌炎、肺水肿、无菌性脑膜炎脑炎等并发症。个别重症患病宝宝如果病情发展快，甚至会导致死亡。

病因

引起手足口病的病毒很多，最常见的是柯萨奇病毒A16型，此外柯萨奇病毒A的其他株或肠道病毒71型也可引起手足口病。肠道病毒包括脊髓灰质炎病毒、柯萨奇病毒和埃可病毒。柯萨奇病毒是肠道病毒的一种。其感染部位是包括口腔在内的整个消化道，通过污染的食物、饮料、水果等经口进入体内，并在肠道增殖。

症状

1 普通病例表现

急性起病，发热，口腔黏膜出现散在疱疹，手、足和臀部出现斑丘疹、疱疹，疱疹周围可有炎性红晕，疱内液体较少。可伴有咳嗽、流涕、食欲缺乏等症状。部分病例仅表现为皮疹或疱疹性咽峡炎。多在一周内痊愈，预后良好。部分病例皮疹表现不典型，如单一部位或仅表现为斑丘疹。

2 重症病例表现

少数病例，尤其是小于3岁宝宝，病情进展迅速，在发病1~5天出现脑膜炎、脑炎（以脑干脑炎最为凶险）、脑脊髓炎、肺水肿、循环障碍等，极少数病例病情危重，可致死亡，存活病例可留有后遗症。

神经系统表现：精神差、嗜睡、易惊、头痛、呕吐、谵言甚至昏迷；肢体抖动、肌阵挛、眼球震颤、共济失调、眼球运动障碍；无力或急性弛缓性麻痹；惊厥。查体可见脑膜刺激征，腱反射减弱或消失，巴氏征等病理呈阳性。

呼吸系统表现：呼吸浅促、呼吸困难或节律改变，口唇发绀，咳嗽，咳白色、粉红色或血性泡沫样痰液；肺部可闻及湿啰音或痰鸣音。

循环系统表现：面色苍灰、皮肤花纹、四肢发凉，指（趾）发绀；出冷汗；毛细血管再充盈时间延长。心率增快或减慢，脉搏浅速或减弱甚至消失；血压升高或下降。

手足口病的感染途径有哪些

手足口病是由肠道病毒引起的婴幼儿常见传染病。患者、隐性感染者和无症状带毒者为主要传染源。主要是通过人群间的密切接触进行传播的。一年四季都可发生，常见于春末夏初。手足口病的主要传播途径有：

1 手足口病病毒主要透过患者的粪便污染的食物而传播，直接接触患者穿破的水疱亦会传播病毒，患者咽喉分泌物及唾液中的病毒，可通过空气飞沫传播，患者的粪便在数周内仍具传染性。

2 此外，与病人密切接触或接触被病毒污染的手、毛巾、手绢、牙杯、玩具、食具、奶具以及床上用品、内衣等或饮用或食入被病毒污染的水都能发生感染。

因此，对于宝宝而言，在疾病高发季节接触别的患儿，或者去游乐场所玩患儿接触过的玩具都有可能被感染。

怎样预防手足口病

手足口病是婴幼儿易患的疾病，大多数病例症状轻微，主要表现为发热和手、足、口腔等部位的皮疹或疱疹等，如果宝宝有手足口病的症状，应及时就医，不要在家治疗，以免耽误病情。如经医生判断症状较轻不必住院，应在家中治疗、休息，避免交叉感染。此外，在日常生活中，要注意预防手足口病。

1 应培养宝宝养成良好卫生习惯，做到饭前便后洗手、不喝生水、不吃生冷食物，勤晒衣被，多通风。对玩具、餐具要定期消毒。

2 在手足口病流行时，尽可能少带宝宝到公共场所，尤其是医院。宝宝接触公共场所的娱乐设备后回来要洗手，若此病在托儿所或幼儿园内流行时，首先应将患儿与健康儿童隔离，将玩具用消毒液消毒。

3 宝宝有异常时，要做到早发现、早治疗、早隔离。

第五章

妈妈最关心的早教问题

0~3岁是宝宝大脑发育的黄金期，也是宝宝性格和行为模式形成的萌芽期，这个时期的正确教育会影响宝宝的一生。早期教育不可忽视，父母都行动起来吧，在开发宝宝潜能的同时，也是父母的一个自我升华过程。

什么是早教

早教是教宝宝知识吗

婴幼儿时期是宝宝神经系统发育最快、各种潜能开发最为关键的时期，是进行教育的好时机。早期教育核心在于提供一个教育营养丰富的环境，对宝宝的大脑发育和人格成长进行“激活”。

由于中国传统教育的影响，有许多家长认为早教就是教宝宝知识，在早教中偏重于灌输知识，比如有的家长以宝宝能背诵多少唐诗、能认识多少汉字作为评价宝宝聪明与否的标准，意图把宝宝培养成一个天才或神童。但是3岁以前的宝宝虽然能靠鹦鹉学舌的方式将内容死记硬背下来，记住的内容并不能帮助其提高心智水平，对提高他们的学习能力也没有帮助，反而给宝宝增加了心理压力，导致厌学。

早教阶段应该侧重于培育亲子感情，促进宝宝语言、行为、独立性、逻辑思维等各方面能力的发展，以培养宝宝的健全人格为主。要注意在尊重宝宝意愿、符合宝宝兴趣的前提下培养宝宝的个性和能力，即使要学习知识也要融合到游戏中去。

对于3岁前的宝宝来说，最重要的早教就是父母悉心照料他、陪伴他、与他交流，带他去了解他生活的环境。情感的安全性、感觉和运动的经历、语言交流的经验，这些在早期是最重要的。

早教有什么好处

人的脑细胞、脑容量都差不多，而造成各人的智力上的差异，除遗传因素外，主要是由于不同的环境、不同的学习和教育、不同的培养与训练造成的。根据敏感期和大脑发育理论，人类对各种信息和各项能力发展的敏感期都集中出现在生命的最初几年，这个时期是人一生中独特和重要的发展阶段，也是宝宝发展的机会之窗，就是宝宝获得智慧的最佳时机。

父母都知道，给宝宝买玩具，可以开发宝宝的智力。因为宝宝的玩具，几乎都是现实生活的微缩。比如让宝宝认识汽车、娃娃、厨房用具、医生听诊器，教用积木搭房子等。宝宝正是通过玩这些玩具来学习生活、认识生活、体验生活的。宝宝爱玩的“过家家”游戏，拍着娃娃睡觉，娃娃病了学着医生的样子看病打针，他们开飞机、开汽车，学着警察的样子开枪抓坏蛋。所以，宝宝的玩与学是统一的，不是对立的，早教的目的，就是让宝宝在玩中学习，在生活中学习。

不同阶段早教的侧重点如何

对于0~3岁的宝宝，由于他们生长发育很快，体现出很强的阶段性。因此，不同阶段的宝宝，早教的侧重点也有所不同。

0~3个月的宝宝

刚出生的宝宝对这个新的世界会感到不适应，因此，正确解读宝宝的需求并及时给予满足，多抱多抚摸宝宝，带他去接触大自然……这些亲子互动，能够帮助宝宝建立安全感。

动作方面，可以每天训练宝宝俯卧抬头，这对增强宝宝的颈部力量有很大的帮助。

此外，这个时期的宝宝，可以开始训练初步的动作能力以及各种感知觉能力。

3~6个月的宝宝

3~6个月的宝宝已经具备一定的能力，动作幅度加大，这阶段最大的变化是学会翻身，进入第3个月后，妈妈就可以开始训练宝宝翻身来增强宝宝腰腹部的力量。翻身会让他们以一个全新的视角去观察这个世界，因此，他们对这项新技能感到兴奋，并乐此不疲地玩。

这个时期宝宝的抓握能力也开始发育，可以训练宝宝主动取物。

6~12个月的宝宝

6~12个月的宝宝在大动作方面会经历从坐到爬到站的过程，有些发育较快的宝宝11个月左右甚至可以开始走。所以这个阶段对宝宝的训练可以着重于这几个方面。

此外，宝宝的手指也越来越灵活，拿东西渐渐从一把抓发展到用大拇指和食指捏起细小的东西，妈妈可以尝试各种小游戏来锻炼宝宝的精细动作能力。

此阶段的宝宝开始能够理解一些语言，有一定的认知能力，因此，语言、认知和人际能力也是此阶段早教的重点。

12个月以上的宝宝

12个月以上的宝宝自我意识越来越强，自己动手的意愿也越来越强，这个阶段的早教重点可以侧重于培养宝宝良好的性格和独立的能力。

建立和谐的亲子关系

Jianli Hexie De Qinzi Guanxi

抚触对亲子关系的影响有多大

新生宝宝抚触是一种新的科学育儿手段，对宝宝的身体发育有很大的促进作用，还能够安抚宝宝的情绪，让宝宝感到舒适和愉悦，而身体的舒适会让宝宝更加健康、快乐。同时，在抚触过程中的亲子互动，也会增进宝宝"被爱"的体验。

抚触对宝宝的好处

1 解除烦躁，安抚情绪。当宝宝哭闹时，身体会产生压力激素，这时免疫力会下降。通过抚触可以让宝宝的压力激素降低，免疫力恢复。抚触还可以促进宝宝的EQ发展，所以妈妈可通过抚触来稳定宝宝情绪。如果宝宝出生3个月中都没有被拥抱或抚摸，情绪会容易发展为暴躁。

2 增加体重。通过皮肤上的抚触刺激，可以增加迷走神经活动，使人体产生更多的激素，这有助于食物吸收，所以抚触可以让宝宝的体重增加。抚触的过程增加了宝宝的运动量，在一定程度上使宝宝的食欲增加。而且适当的抚触，可以缓解宝宝肠胃的胀气。

3 减轻疼痛。抚触可以让疼痛减轻，这从宝宝的反应就可观察出。一个哭闹不休、身体不舒服的宝宝，借着抚触可以让他安静下来。

4 安然入睡。研究显示，接受抚触的宝宝大部分能安然入睡，而且也比较少哭闹，不安情况大幅降低。

在抚触中宜多与宝宝沟通

抚触可以让宝宝感受到妈妈的爱心与耐心，在充满爱的呵护下，宝宝会觉得被重视，也能增加宝宝以后的自信心。由于妈妈抚触时会注视着宝宝，宝宝会感受到妈妈眼神中的母爱。

在抚触时，妈妈可以播放一些轻柔或欢快的音乐，跟宝宝聊聊天，或者做一个鬼脸逗宝宝一乐。在帮宝宝抚触时，可以边抚触边说出身体各部位的名称，例如：这是小手手、这是小脚脚等，让宝宝渐渐熟悉这些部位。

如何及时了解宝宝的需求

对于小月龄的宝宝而言，他们虽然不能用语言或手势动作表达自己的需要和感受，却会通过身体的动作和表情向照料者发出信息。妈妈如果能够理解，并适时给予恰当照料，将有助于小宝宝的情绪、智能及身体健康发育，并为日后形成良好行为习惯打下坚实基础。下面列举的一些信息可有助于妈妈们破译宝宝的特殊语言。

1 饥饿或情绪不佳

宝宝脸部及身体动作增多，有时还发出一些简单声音；经常把小脸转向照顾者，并用手抓着不放，轻轻一碰他的嘴巴就有吸吮动作；情绪激动不安，容易哭闹；给予刺激时反应不热烈，注意力也不太集中；如果无人理睬，会表现出运动增强，甚至出现自发性惊跳。

这时宝宝大多是饿了或者情绪需要安抚，妈妈要及时哺喂，如果小宝宝是因饥饿而哭闹，可以让他一边吃奶，一边轻轻拍拍他，或让宝宝的小手摸着妈妈的身体。这样，小宝宝就会很快安静下来。

2 需要帮助

宝宝对感性刺激不感兴趣，眼睛紧闭，脸变得发红，四肢有力地踢蹬着，情绪很不安定，甚至会哭闹不止。这时妈妈可以检查是不是尿布湿了、身体不舒服、要大人抱或陪伴。

3 想休息了

宝宝大脑反应已处于不积极状态，表现出眼睛半闭半睁，目光不灵活，有时眼皮出现闪动；脸上没什么表情，对平时反应积极的声音或东西的刺激表现出有些迟钝，身体运动减少。这种状态时常发生在刚醒后或入睡前。此外，有的宝宝爱闹觉，如果感觉困了，就大哭不止。妈妈可以结合宝宝平时的作息时间快速做出判断。

当然，每个宝宝的表达方法是不一样的，这就需要妈妈在平时的照料中多摸索规律，只要细心观察，妈妈就可以找到打开宝宝小小心门的钥匙，建立和谐默契的母子关系。

如何向宝宝传递爱的信号

亲子关系亲密的宝宝更容易拥有积极的情绪、健康的人格，因此父母要注意培养。

第一，要多抱抱宝宝，满足他的情感需求。对于1岁以内的小宝宝而言，父母应多抱抱他，拥抱可以满足宝宝对肌肤相亲的渴望，让他感觉更安全。对于2~3岁能走会跑的宝宝，父母也需要经常抱抱他，让他感觉自己被爱。

第二，要大声跟宝宝说“我爱你”。爱不仅仅需要行动证明，也需要语言表达，宝宝现在还小，可能无法感受大人太含蓄的爱，说出来的爱更直观。

第三，强化宝宝的优点，弱化宝宝的弱点。宝宝需要赞美，这会激发他内在的动力，让他做得更好，但是一定要注意尺度，如果动不动就赞美，会让宝宝觉得自己无所不能，从而不能恰当、客观地看待自己，时间久了还会对赞美无动于衷，那么赞美就起不到激励作用了。宝宝做不好是自然的，这是能力所限，所以批评没多大用处，鼓励才是宝宝真正需要的，可以把批评化为鼓励，不要说“你这样做不好”，而改为“如果那样做，会更好”。鼓励可以用多种方式，比如鼓掌、语言、小红花等，不要总是用物质鼓励，那样会让宝宝的满足感迟钝。

第四，专心听宝宝说话，及时给予回应。父母要专心听宝宝说话，甚至可以拿出5分钟专门跟宝宝聊聊天，这会让宝宝感到自己受到关注和重视，养成有事就对父母说的习惯。

第五，做宝宝的避风港。当宝宝受了委屈、伤害，父母要及时出现在宝宝的身边，让他知道只要他需要，父母随时会在他身边，这样宝宝就会有勇气去尝试新事物，有了负面情绪也能找到合适的渠道发泄。

第六，让宝宝做主。宝宝有了自己的想法和意见，父母可以适当让宝宝做做主，比如由他选择玩什么玩具、听什么音乐、穿什么鞋子等，这样会让宝宝获得成就感，从而感到快乐。

父亲在早教中担任何种角色

母亲在早教中的重要性众所周知，因此父亲在早教中的作用往往容易被忽略，事实上，这是非常不应该的。

由于男女思维方式的区别，父亲的逻辑思维和创造力、想象能力一般都优于母亲。他们与宝宝游戏时，善于变换花样，更能满足宝宝们的不同爱好和情趣的需要。一些运动量较大的活动，如骑车、游泳等，有父亲陪伴和指导，宝宝就能玩得更积极、更科学和更安全。

此外，父亲参与早教有利于培养爸爸的社交能力。爸爸常和宝宝在一起，宝宝在人际关系中就有安全感和自尊心，容易与他人友好相处。

因此，如果父母一起关心培养宝宝，那么无论男孩还是女孩，在语言、理解各种概念和数学计算等方面都发展得比较全面。

由于工作和在家庭中承担的责任不同，父亲与宝宝有时候会显得得有点疏远。作为父亲，如果你的爱总是受到宝宝的拒绝，那就要好好反省一下自己，是不是陪宝宝的时间太少，对他太过冷漠或严厉， 如果是，不妨尝试下下面的方法吧：

1 与妈妈一起出现在宝宝的视野中。比如当妈妈跟宝宝做游戏时，不要站在一边做旁观者，更不要不闻不问，放下手中的工作，加入他们吧。

2 尽可能多抱抱宝宝。因为只有当宝宝被大人抱着的时候，他才感觉自己是安全的，所以不论工作有多忙、多累，爸爸都应该一回到家就抱抱宝宝，用手拍拍他，抚摸他，和他做一些简单的游戏。这样经常性的身体接触会使宝宝增加对爸爸的信任。

3 多与宝宝进行交流。放下大人的身段，了解宝宝的想法，站在宝宝的角度来跟他沟通，在宝宝遇到困难时，幽默地帮他化解。久而久之，宝宝就会跟父亲越来越亲近。

培育一个高情商的宝宝

Peiyu Yige Gaoqingshang De Baobao

培养情商的方法有哪些

多与小朋友一起玩

多让宝宝与小朋友在一起玩有很大的好处，宝宝们在一起不会陌生，可以互相学习动作和发音，有时还会有意想不到的“创造性”表现出来。

让宝宝与其他同龄的宝宝在一起玩玩具，让宝宝主动与小朋友打招呼。见到小朋友会打招呼，如发笑、点头、招手、尖叫、摇身体等。开始时妈妈先示范，然后扶着宝宝的手做打招呼的动作，并且说：“嘿！”“欢迎欢迎！”让宝宝模仿。

如果宝宝不会同小朋友们打招呼，主要是因为没有机会同小朋友接触。当宝宝开始学站立或牵手学走时最好到附近有小朋友的地方，看着会走的宝宝玩耍，这会增强宝宝的交往意识。

目前几乎所有家庭都仅有一个宝宝，在家中他们习惯于独占一切玩具。与大人做游戏时大人迁就，不能学会体谅别人。因此要告诉他，同别的宝宝一起玩耍时一不能独占，二要听从吩咐，三要体谅别人，否则会遭人拒绝。宝宝们都害怕别人不同自己玩，处处要使自己符合大家的意愿，这种教育是家庭和妈妈不可能代替的。

培养幽默感

幽默感是人际关系的润滑剂，具有幽默感的人通常情商比较高。宝宝9个月的时候，幽默感开始出现了，宝宝会逐渐理解幽默的含义。比如他会因为妈妈的鬼脸、可笑的声音而兴奋起来。

妈妈经常逗乐的宝宝长大后多性格开朗，有乐观稳定的情绪，这非常有利于其发展人际交往能力，使其更乐于探索，好奇心比较强，这样会使宝宝学到更多的知识，就更有利于宝宝的智力发展。

如果不常逗宝宝玩，不给宝宝丰富的适度刺激的话，宝宝的脑袋里就只能是一片空白。因此，千万别低估了逗宝宝玩的教育意义，更不要以忙为借口逃避和宝宝一起玩。

培养宝宝的爱心

婴幼儿期是人各种心理品质形成的关键时期，爱心的形成也是在婴幼儿时期。因此培养宝宝的爱心，要从宝宝很小的时候抓起。

在宝宝时期，妈妈要经常爱抚宝宝，对宝宝微笑，让宝宝感受到妈妈对他的爱，这是宝宝萌生爱心的起点。随着宝宝一天天长大，妈妈要把自己看作宝宝的伙伴，陪宝宝游戏、聊天、学习，让宝宝感受到家庭的温暖，感受到被爱的幸福，为宝宝奉献爱心打下基础。

但是，妈妈也不能一味地疼爱宝宝，却忽略了给宝宝提供奉献爱心的机会。其实施爱与接受爱是相互的，如果让宝宝只是接受爱，渐渐的，他们就丧失了施爱的能力，只知道索取，不知道给予，并且觉得妈妈关心他是理所当然的。有的妈妈以为给宝宝多点关心和疼爱，等他长大了，他就会孝敬妈妈，疼爱妈妈。其实这是一种误解，你没有给宝宝学习关爱的机会，他们怎么会关爱妈妈呢?

有时候爸爸妈妈由于工作忙或其他原因，对宝宝表现出来的爱心视而不见，或训斥一番，把宝宝的爱心扼杀在萌芽之中。比如长大的宝宝为刚下班的妈妈拿拖鞋，妈妈却着急地说："去去去，一边待着去，别添乱了。"再如宝宝蹲在地上想帮受伤的小鸡包扎，宝宝的妈妈生气地说："谁让你摸它了，小鸡多脏呀！"宝宝的爱心就这样被爸爸妈妈剥夺了。事实上，在很多情况下爸爸妈妈并不知道自己的行为会在不经意间伤害或剥夺宝宝的爱心。

教宝宝礼貌用语

家庭中要注意应用礼貌语言，通过日常的模仿，宝宝很容易学会。例如每天早晨起床要问"您早"，妈妈可以先做示范，也可趁势用英语说"Good morning"，渐渐成为习惯，每天早晨第一次遇到人时要说："您早。"平常妈妈让宝宝干一些杂事时，也不要忘记说："请你给我拿××。"当他递过来时说："谢谢。"也要求宝宝在请求妈妈帮忙时说"请"或"Please"。妈妈帮忙后也说"谢谢"或"Thank you"。这样礼尚往来才能培养有礼貌的宝宝。

当有人离开时要互道"再见"或"Good-bye"。晚上睡前要说"晚安"或"Good night"。有亲朋来访时要问候"您好"或说"叔叔阿姨好"。客人离开时一定要送出门口，请客人有空再来。客人带来的小朋友由小主人负责接待，拿出玩具共同玩耍。如果宝宝躲避怕生可以暂时不管，千万不要在客人面前数落宝宝。待客人离开之后，只有两个人时才告诉他应该如何去做，鼓励点滴进步。

如何看待宝宝的认生问题

认生是宝宝智力发展的表现

宝宝早则5个月，晚则7个月时都会有认生的现象，表现为见到陌生人、到了陌生地方感觉不安，尤其不喜欢让别人抱，往往只认妈妈一个人。宝宝认生虽然让妈妈更多劳累，但这是宝宝智力发展的表现。

宝宝在3~4个月的时候，能意识到妈妈和别人的不同，会来回看妈妈和陌生人的脸观察，对陌生人往往注视的时间更长。但他这个时候只是能区分出不同，对这种不同还没有更深刻的认识。到了5个月以后，宝宝会逐渐明白妈妈是那个会给他吃的、给他保护的人，所以在妈妈身边的时候他感觉安全，其他人则可能会剥夺这种保护，所以他感觉害怕。由此可知，怕生也是宝宝自我保护的一个措施、信任妈妈的一个表现。

到了一岁以后，宝宝学会信任更多人，认生期就慢慢过去了。

正确看待宝宝认生的问题

宝宝认生是必须经历的一个过程，但不是无休止或者特别激烈的，如果宝宝特别害怕陌生人，甚至不许陌生人接近，因为陌生人哭闹起来根本无法安抚，可能存在发育障碍，需要去看医生。而宝宝如果过了7个月仍然没有认生的现象，也不正常，这可能说明宝宝并没有分清远近亲疏之间有什么不同，可能连自己的父母都不认识，引起这种现象的原因可能是宝宝的认知能力有欠缺，也有可能是亲子关系比较薄弱。

如果宝宝不认生，父母要多给宝宝一些关爱，多跟宝宝游戏，用目光、动作、表情、语言多跟宝宝交流，还要多给宝宝做做按摩，并且在做这些的时候，要从内心里感觉到开心、快乐、甘愿，如果只是为了完成任务而做，宝宝是能够感应到的，跟父母是

无法建立起亲近感的。

如果宝宝特别怕生，也不要为了避免引起哭闹而减少他接触陌生人，相反的应该让他更多地接触陌生人。越不接触陌生人越怕生，会缩小宝宝的生活圈子，导致宝宝懦弱、胆怯、缺少自信、人际关系差等问题。

帮助宝宝克服怕生的心理

宝宝认生不可避免，但适当注意一下宝宝与人交往的方法，能减轻宝宝的认生程度。

要经常带宝宝出去接触陌生人和陌生环境，有意识地让他接触各种面孔，消除恐惧感。如果宝宝已经认生了，可以通过逐渐扩大交际圈来消除认生心理，开始的时候在较多的熟人环境中，然后加入一两个生人，在宝宝熟悉后再将交际圈子扩大，接触更多的陌生人，慢慢地认生心理就会弱化了。

如果宝宝对与陌生人交往非常抗拒，也不可过分勉强。在抱着宝宝遇到陌生人时，不要突然把宝宝交给陌生人抱或者让陌生人摸等，可以先跟陌生人说一会儿话，由着宝宝自己观察陌生人，过一会儿恐惧感消除了，就可以请陌生人摸一摸，甚至抱一抱了。

如何指导宝宝自己解决人际疑难

宝宝在与小朋友交往中，出现问题很正常，宝宝就是在处理各种与小朋友的交往问题中成长的。妈妈要记住的是宝宝的问题让他自己去解决，千万不可遇事代替宝宝出头，从而剥夺了他提高人际交往能力的学习机会。在宝宝解决困难时，妈妈也要给予一定的援助。

宝宝受欺负时

1 让宝宝知道，他被别人欺负并不是他的过错，告诉他，无论是谁，欺负别人都是不对的，如果有人故意欺负他，你一定会帮助他。

2 和宝宝谈谈，了解宝宝被欺负的经过和真相，帮他分析其中的原因。是否有他的责任，而别人是故意欺负还是无意的，如果是无意的，就较宽容地对待。

3 教宝宝学会提前做出反应、主动提出解决问题的办法或请求帮助，千万不要“以暴制暴”，用拳头解决问题是不可取的，反而会使宝宝的处境更糟。

4 平时鼓励宝宝多交朋友，放手让宝宝自己去面对自己的事情，和小朋友相处，不要怕宝宝吃亏，过分保护。宝宝的朋友越多，他就会越开朗自信，受到欺负的机会就会越少。

5 当宝宝确实受到比较严重的伤害时，父母一定要控制自己的怒火，安定情绪和对方父母商讨合理的解决办法。吵闹只会伤害感情，于事无补。

宝宝欺负别人时

当宝宝欺负别的小朋友时，一个劲地道歉，并当着大家的面责骂孩子，这样子虽然能息事宁人，但并不能够真正地帮助孩子。

1 找出原因。用温和的谈话，让宝宝告诉你，他为什么要欺负别人。宝宝欺负别人常常是因为他心中有不痛快或不安全感，父母要找到宝宝爱欺负人的根本症结所在。

2 帮助宝宝寻找解决问题、发泄情绪的最佳办法，学会思考，提高其正确分析、独立解决问题的能力。

3 引导宝宝正确面对自己犯的错误，学习体会别人的情绪，并承担后果，道歉、弥补等。

4 当宝宝学着改正或表示改正时，你一定要给他信心，向他保证你仍然爱他。

5 换位思考，让父母扮演宝宝，宝宝扮演那个被欺负的小朋友，让他体会一下被欺负的感受。

宝宝犯错误了怎么办

宝宝一岁左右就能听懂许多语言了，这时父母就应该为宝宝建立一套简单、明了、容易操作的行为规则了，让他知道什么是对的，什么是错的；哪些可以做，哪些不可以做。给他一个宽松而具有规则的环境，使他逐渐学会自律。

宝宝犯错误，父母也不必过于紧张。正确的做法是既要让宝宝认识到自己的错误，又要保护他的自尊心。你可以对宝宝说明自己的感受，并以一种关心孩子的口吻表达出来：“当你做某某事时，我感到……”如“当你把玩具扔到小妹妹床上时我感到很生气，那样做会碰伤她的”。请注意说话的语气和内容，不要大喊大叫让宝宝害怕，也不能嘻嘻哈哈让宝宝觉得没什么大不了，要温和而坚决地表达你的意见。

如何倾听宝宝的意见

会说话后，宝宝越来越有自己的主张，小嘴也越来越能说会道，父母要把握跟宝宝沟通的机会，不要对宝宝的意见不理不睬。

给宝宝自由表达意见的机会

3岁前的宝宝特别依恋父母，因此，父母应该每天花一点时间听听宝宝的诉说、提问，并为宝宝念儿歌，讲故事。1~2岁的宝宝也许还不会用语言表达自己的想法或不能清楚地表达自己的想法。如果父母能够真正学会倾听，多鼓励宝宝大胆地说话，既能促进宝宝语言的发展，也有利于发展亲子关系，使宝宝感觉受尊重，以促进宝宝心理健康。

允许宝宝发表意见，首先要多让宝宝参与成人的活动。有时，父母只顾做自己的事，将宝宝晾在一旁，这样会使宝宝感到受冷落。应鼓励宝宝参加进来，让宝宝感觉到自己的意见很重要。比如在给宝宝布置房间时征求宝宝的意见，问宝宝喜欢什么样的小床，喜欢什么颜色的窗帘，喜欢把玩具放在哪里…… 这样，宝宝觉得自己受重视，自己的意见受到了关注，就会产生自我成就感，并体验到平等，同时也能学会对自己的行为负责。

当宝宝用语言交流的时候，千万不要漫不经心或不耐烦地打断，时间久了会让宝宝失去说话的兴趣，或者也学大人的样子在别人跟他说话的时候表现得漫不经心或者随意打断。

在发生矛盾时要倾听宝宝的辩解

有的父母不允许孩子发表意见，不调查来龙去脉，就一味地发脾气，这种做法是不对的。

宝宝有了自己的想法，跟父母发生矛盾，是很正常的事情。作为父母，应该让宝宝把意见申诉完，耐心地倾听。不要还没等宝宝讲完话，就主观地下结论，那样必然会带来不良的后果，会使宝宝的逆反心理表现得更强烈。

小孩子由于心理、智力都不够成熟，所以，更需要成年人的理解。而很多家长恰恰忽视了这些，常常会用成人的标准要求孩子，结果往往对孩子造成伤害。

如何让宝宝更快乐

真正的快乐可以滋养宝宝的心灵，让宝宝对周围变化繁复的世界有足够的抵御能力。快乐的宝宝都有同样的特点，比如：开朗乐观，有自制力，而且非常自信。然而，有的宝宝性格比较内向，不太跟人接触，当然也不怎么开朗爱笑，这就需要妈妈的帮助了。

1 故意把宝宝的衣服穿错位置。把准备为宝宝换上的干净尿布戴在自己的头上。或者和宝宝开个玩笑，把自己的手伸到他的小衬衫袖子，让他觉得你很滑稽。

2 给吃饭时间加点欢乐。假装拿着勺子去喂冰箱吃饭，一边摸着冰箱一边说“乖乖，张大嘴”。或者在给宝宝盛晚餐时，假装要把食物溢出来。

3 当宝宝淘气把玩具放到意想不到的地方时。不要像往常一样告诉宝宝这是不对的，可以顺着宝宝的思路理解。比如看到澡盆里突然出现的玩具先假装惊奇，“你的小熊怎么会在澡盆里？”“难道你觉得它也该洗澡了吗？”

4 对宝宝喜欢的曲子来个即兴发挥。先小声唱一句，再大声唱出下一句。让你的声音时高时低，时快时慢，宝宝会随着突如其来的变化而兴奋不已。

妈妈和宝宝一起制造音乐。拿起身边可以发出声音的东西，敲敲桌子、拍拍手，总之制造出属于你们的声音，边唱边跳，宝宝一定会兴奋的。

5 抓抓宝宝的痒痒肉。生理上的反应不仅会让你们有止不住的笑声，而且能让你更加了解自己的孩子。知道在他不开心的时候，只要触动哪一小块肉肉就能让他捧腹大笑。

6 说话押韵些。宝宝走路的时候，妈妈可以给他一些节奏。比如“慢点，慢点，慢点，像乌龟一样慢慢地爬”“快点，快点，快点，像小老鼠一样快快跑”，宝宝笑过疯过之后，会体会到什么能让自己开心，也许下一次就是他指挥你哦！

培养优秀的语言表达能力

Peiyang Youxiu De Yuyan Biaoda Nengli

跟小宝宝聊天有用吗

几个月的小宝宝，既不会说话，也听不懂语言，跟他们聊天有什么用吗?

其实，宝宝对语言的理解能力是远远出乎父母的意料的，在满月的时候就已经能听出语气的好坏和善恶了，所以不要认为宝宝不懂而不跟宝宝说话。从宝宝出生起，就常常跟宝宝说话，可以促进宝宝的听觉能力和语言能力的发育，多听是会说的基础。

跟宝宝聊什么

跟宝宝的沟通可以涉及生活的方方面面，例如，帮宝宝换尿布、喂奶、洗澡等时候，都可以告诉宝宝自己在做什么，比如准备洗澡的时候可以说：“宝贝，妈妈要给你洗澡了。”洗澡时说：“洗澡很舒服是不是？”洗完了再说：“真干净啊，洗完澡的宝贝更漂亮了。”等等，其他事也可以跟新生宝宝说：“爸爸干吗去了？六点了还不回来。”等。总之，把宝宝当成家庭中一分子，让他参与到家庭生活中来，什么都说，就可以保证与宝宝充分的沟通了。

跟宝宝对话，没有什么限制，任何时间、任何地点都可以说，任何事情都能说，比如早上起来了，跟宝宝说：“宝宝，你醒来了？早上好啊！”并对他微笑，可以看到宝宝会露出愉快的微笑。吃奶的时候，也可以说：“宝宝，吃奶了。”然后，指着乳房或者奶瓶说：“奶，这就是你吃的奶。”这样的对话方式强化某个字，可以加深宝宝的理解和记忆。另外，也可以给宝宝介绍接近的人：“这是奶奶，是你爸爸的妈妈。”诸如此类，都可以说。

宝宝喜欢的聊天方式

跟宝宝说话的时候，语调要温柔，还要亲切、富于变化，另外面部要表情丰富，让宝宝时时刻刻感到新鲜，有利于集中他的注意力。

跟宝宝聊天时，要面对面，这种方式更容易使宝宝集中注意力，而且面对面的时候，父母脸上的表情变化、口型变化都能被宝宝看在眼里，对宝宝的刺激、引导作用更大，所以父母要注意增加跟宝宝面对面交流的机会。在宝宝躺着的时候，可以俯下身来跟他说话、逗笑，有空的时候，可以将他竖抱起来，这时候宝宝可能会咿咿呀呀地发出声音，父母可以学着他的样子给予回应。

早期有哪些开发语言能力的方法

除了前文说到的经常和宝宝聊天，父母还可以尝试下面的方法来开发宝宝的语言能力。

父母都要教宝宝说话

爸爸和妈妈的说话方式是不同的，给宝宝的语言刺激自然也不同。一般情况下，妈妈倾向于使用简单的词语，单词重复性强，但表达方式却多样化，语音语调也比较夸张，具有强烈的感性化和形象化，这有利于宝宝接受和学习、理解语言。爸爸的语言则相对更理性、客观和规范，跟宝宝交流时所使用的词汇也更加丰富，句式更加完整，这对促进宝宝使用语言有更好的作用。

所以，爸爸和妈妈的语言对宝宝来说，其作用是相辅相成的，父母都应该教宝宝说话，跟宝宝交流，不要总是由其中一位担当，这样可以使他的语言发展更全面。

训练宝宝说话的游戏

看图说话：每天固定一个时间，将宝宝抱在膝头，摊开一本跟生活相关的图画书，跟宝宝一起翻页看书，当翻到宝宝比较感兴趣的图画，就反复说其中的物品名称，引导宝宝说。

唱儿歌：给宝宝唱儿歌，带着丰富的表情，并跟着儿歌内容做动作。比如读“小白兔，白又白，两只耳朵竖起来”的时候，就把手指放到头顶，左右摆动，继续朗读到“蹦蹦跳跳真可爱”时就扶着宝宝一起蹦跳。这样做可以增强他对语言的理解能力。

说出来才给：父母可以拿着宝宝感兴趣的玩具，问宝宝想不想要，诱导他说出“要”这个词，然后再向他想要什么，诱导他说出玩具的名称，比如“球”。

宝宝为什么不肯开口说话

小习惯会延迟宝宝说话

宝宝不肯开口说话，很多时候并非不会说，只是不习惯用语言表达而已。这是因为经过一年左右的相处，父母已经能够充分理解宝宝的需求，并迅速给予满足。宝宝就会认为说话没太大必要。

人的能力总是在有需要的时候，不得已的时候才能被充分激发的，宝宝的说话能力也是这样的，如果他的愿望在说出来之前就已经得到满足，那么他就不会再开口说。

因此，在训练宝宝说话的阶段，父母不要过分体贴他的需求，比如宝宝看着奶瓶，立刻把奶瓶拿给宝宝，宝宝用手指着玩具，马上把玩具拿给他，这种体贴一定要合理控制。相反的，应该努力逼迫宝宝说话、发音，让他运用语言提出要求。正确的做法是当宝宝看着奶瓶的时候，父母就问他："你要喝奶吗？喝奶吗？奶？"然后拿给他，跟他说："这个是奶，奶——"能够让宝宝跟着也说出"奶"这个字是最好的，在宝宝已经掌握了一定的发音技巧的时候，就可以坚持让宝宝说出"奶"这个词才把奶瓶给他。

宝宝语言发育迟缓无须大惊小怪

有的宝宝说话较晚，当妈妈看到跟自家宝宝一样大的宝宝已经会说几个词的时候，而自家宝宝却没动静，就开始着急，怀疑自家宝宝是不是有什么问题。建议父母不要过

于急躁，更不能用一些让宝宝感到紧张的方式逼迫宝宝说话，这只会适得其反。

说话看似简单，但对宝宝来说却犹如打破坚冰一样，需要准备很长时间。父母只要观察宝宝是否具备一些说话的技能，比如他能否发出各种声音，音调是否有高有低，是否能辨别声音的方向，对声音是否有选择性地听，是否有模仿发声的行为等，如果宝宝已经具备了这些技能，说话只是迟早的问题。有的宝宝开口说话很晚，但是一旦开口就学得很快，迅速赶上其他同龄宝宝，这说明他一直在准备。

当宝宝不肯开口的时候，父母不要气馁，也不要急躁，坚持跟宝宝说话，玩训练说话的游戏，宝宝在某一天就会给父母带来惊喜。

重复宝宝错误发音有何负面效果

宝宝在刚学说话的时候，很多发音都是不准的，比如他会把“鞋”说成“茄”，把“踢”说成“七”，有时候还爱使用叠音，比如会把“吃奶”说成“奶奶”，在大人听起来这种发音非常可爱，许多父母都会无意识地学宝宝这种发音，其实这样对宝宝学习语言是没有好处的。

如果父母将错就错学习宝宝的错误发音，那么宝宝就会得到错误暗示，认为自己的发音是对的，这种错误的发音可能会因此很长时间难以改变。

宝宝现在正是学习语言的时候，他需要了解正确的发音，爸爸妈妈而应当用正确的语言来与宝宝说话，时间一长，在正确语音的指导下，宝宝的发音自然会逐渐正确。如果总是学宝宝说话，只会延缓他的学习过程。

所以，在宝宝发音不正确时，妈妈要坚持正确的发音，久而久之，宝宝就会纠正过来。

如何通过聊天和阅读提高语言能力

丰富宝宝的语言环境是宝宝语言能力获得进步的一个必要条件，但是现在的家庭人口较少，宝宝接触的人有限。许多妈妈采取替代的方法，如给宝宝播放童话故事光碟，看动画片等，然而此种方法效果并不好，因为电视和录音中的故事是单向的，只是在灌输，宝宝没有提问或发表意见的机会，只能听，而语言进步，必须是在一个有交流的环境中，通过你来我往的对话才能实现的。

所以，要想提高宝宝的语言智能，让宝宝会说话，善于沟通，最好的方法还是妈妈多跟宝宝聊天了。妈妈最好能每天抽出最少10分钟时间，跟宝宝聊聊天，或者讲一个故事，并让宝宝倾诉一下自己的心声。聊天不但能锻炼宝宝的语言表述能力，还能锻炼其语言构思能力。

在跟宝宝聊天的时候，不要用儿语，尽量用标准的语音、丰富准确的词汇，这样才能给宝宝足够多的、足够新鲜的刺激，快速地提高宝宝的语言能力，不至于原地打转。

提高宝宝语言智能的另一途径就是让宝宝多读些书。买书时，不要以妈妈的喜好为标准，让宝宝自己选择。妈妈要尽量多跟宝宝一起看书，以促进宝宝发现读书的乐趣。每次读完书，可以让宝宝讲讲书里的内容，并且与宝宝分享读书的感受，丰富宝宝的语言表述能力，提高他对读书的兴趣。

宝宝的自我意识和独立能力

Baobao De Ziwo Yishi He Duli Nengli

自我意识的发展规律是怎样的

自我意识，是人对自己以及自己与世界的关系的一种意识，包括对自我的认识和理解，还有对自己的情绪的体验和感知以及对自我的控制和调节。

刚出生时的宝宝没有自我意识，他认为自己跟妈妈是一体的，到了3~4个月开始出现情绪，能够表达愤怒和生气，通过大人对他情绪的反应，逐渐感知出自己的能量，到了8~9个月的时候，宝宝就开始意识到自己的动作能引起一定的后果，特别喜欢扔东西叫别人拿。10~15个月的宝宝自我意识发展比较快速，喜欢自己动手，能够意识到自己和别人、别的东西是分开的，能够指认自己的身体，还会说出自己的感觉，比如“宝宝饿”等。16~24个月，宝宝对他人的认知发展很快，可以感受到别人的痛苦，并表现出同情。24~36个月，宝宝已经掌握了代词，能够熟练运用“你”“我”，并经常说“不”，自我意识真正开始快速发展。

如何避免自我意识发展的两个极端

自我意识正确的人对自己有比较清晰的认知，能很好地控制、调节自己的情绪，从而能很好地处理人际关系，与人和谐地共处，因此自我意识的发展直接关系到宝宝健康个性的形成。

在发展宝宝自我意识的过程中，要避免两个极端：胆怯自卑和骄傲自大。如果总是否定宝宝，不让他动手，他的自我意识发展不良，会逐渐模糊、失掉自我，这样的宝宝容易胆怯自卑，什么事都不敢动手，也不能流畅地表达自己的感受；如果走向反面，总是宠溺宝宝，什么都由着他，他的自我意识就会过头，变成了自我中心，以为自己无所不能，谁都应该听他的，从而变得霸道、蛮横，不能很好地与人相处。因此，在发展宝宝自我意识的时候，要把握好度，正确引导。

如何正确引导宝宝自我意识发展

为避免宝宝的自我意识走向极端，培养宝宝的自我意识需要注意以下两点：

首先，不要事事限制宝宝，要充分满足他的好奇心。宝宝在做事的过程中体会到自己的能力，事情成功后感到骄傲、自豪，由此可以引发很多比较积极的正面的情绪，并形成积极的性格，让宝宝更有进取心，更勇敢。

其次，不能过分由着宝宝，及时克服不良的倾向和行为。宝宝的无理要求，要适当拒绝，让他受些挫折，如果做事过分还可以小小惩罚一下，让他吃点亏。最终让他学会与别人分享，不吃独食等好品质。

自我意识在一岁以后就会逐渐明晰起来，一定要有意识地正确引导，使他的自我意识得到良好发展。

如何引导宝宝的独立意识

宝宝的独立意识萌芽后，“我自己来”的想法出现得会越来越频繁，大约满一岁后，开始喜欢反抗父母，做事不喜欢父母插手，也不愿意按照父母的指示行动，父母觉得宝宝难管了，但实际上恰恰是宝宝独立能力发展了的表现。

父母要正确看待宝宝的独立意识，对宝宝的行为既不能不管，也不能多管。如果管得太严，宝宝的独立意识被压制，容易养成事事依赖、懒于思考和动手的不良习惯，也比较缺乏信心，但如果不管宝宝，又会让他形成随心所欲、为所欲为、独断专行的执拗性格，会让宝宝很难适应将来的生活。

这时候适当的教育不但可以减少宝宝的反抗表现，还有助于发展其独立能力，可以参考以下做法：

首先，改变爱的方式，放手让宝宝学习。父母在前段时间习惯了事事代劳，周到照顾，但现在要改变，鼓励宝宝多动手。

其次，确定让宝宝自己动手的范围，放手让他自己干。宝宝能做的事就尽量让他自己做，随着年龄长大，自己动手的范围逐渐扩大。

再次，教会宝宝做事的技能。宝宝想自己做，还得会做，才能做得有信心、有兴趣，因此宝宝在做不好的时候，父母要耐心指导技能，千万不要苛责，以免宝宝产生胆怯、自卑的心理。

最后，让宝宝持之以恒地坚持自己做。某件事新鲜的时候，宝宝很喜欢做，一旦做惯了，就不再感兴趣，父母要鼓励他坚持，比如需要他自己完成的穿衣、洗脸的事一定要鼓励他自己完成。

有些事，宝宝愿意做，但是却力不能及，父母不要简单制止，而是要讲清道理，让他明白为什么不能做。

如何平稳度过宝宝的第一个“叛逆期”

一岁半左右，一向乖巧的宝宝突然变得难以管教起来，这个时期的宝宝特别喜欢拒绝大人的要求，越是禁止他做的事越是喜欢去做，这种行为常常让大人感到很恼火，然而，宝宝似乎很乐意看到大人恼火的样子。

宝宝的叛逆行为是自我意识的苏醒

其实，宝宝这种叛逆，是生长发育中的一个必经阶段。心理学上称之为宝宝的“第一叛逆期”或“第一反抗期”，通常发生在一岁半到三岁，持续时间为半年到一年。

这个时期的宝宝，开始有了自主的愿望，不愿意别人干涉自己的行为。因此，一旦遭到父母的反对和制止，或被大人强行要求做某件事，就容易产生对抗心理，出现说反话、顶嘴的现象。加上此时的宝宝的情绪控制能力还很弱，一旦没有满足他的要求，便会用吵嚷、哭闹等形式表现出来。

如何与叛逆期的宝宝相处

要帮助宝宝平稳度过叛逆期，父母要适当调整和孩子的沟通策略。

1 要细心观察、把握好提要求的时机，站在宝宝的角度去理解他的行为，而不是一味地责怪、批评。比如孩子不吃饭，可能是因为他正在兴致勃勃地看某个电视节目，那么下次吃饭之前，就可以先将电视关掉或者将他带离有电视的房间。

2 在可能发生矛盾之前，提前和宝宝“约法三章”，先满足宝宝的要求，再提出条件。比如，告诉孩子“可以下楼，但只能在院子玩，不许跑到大街上去，外面的汽车可能伤害你”。

3 转移宝宝的注意力。比如，当宝宝坚持要吃某种你不希望他吃的零食时，不妨尝试以别的事情来吸引他的注意力，如果他还是不理睬你，那么你可以自己先开始，如果这样还不能让他平静，让他自己回自己屋里生闷气吧。和他隔离一段时间，当他开始平静下来，重新和他在一起。

4 对于宝宝正确的行为要及时肯定和鼓励，让孩子不断巩固良好行为。

改掉宝宝的不良习惯

Gaidiao Baobao De Buliang Xiguan

宝宝爱咬人是疾病还是坏习惯

宝宝爱咬人，不一定是疾病，也不一定是缺钙，大多数情况下是一种习惯。一般来说，宝宝爱咬人多是下面几种情况。

出牙期咬人

长牙时期会因为牙龈黏膜受到刺激而发生牙痒痒的现象，于是有不少宝宝由于牙痒而咬人，他们有很强的咬东西的欲望而无法得到满足。可以帮他买点磨牙饼干或磨牙棒。这种咬人行为会在牙齿萌出后自动消失，不用特别紧张。

家长的反应过激

宝宝在偶尔咬人时，父母异常、夸张等特别的反应会加深宝宝的印象，会使宝宝觉得特别好玩，促使宝宝记住并重复这样的动作，达到强化的效果。咬人时，家长忍着，不做出任何特别反应，几次后宝宝就会觉得没意思而忘掉这种行为。

需要发泄情绪

2岁左右的宝宝往往表现出强烈的自我中心，当他的心里感到不满时，就要通过咬人来发泄出来。比如，有时父母外出，没有带宝宝一起出去，他就有一种不满的情绪要发泄。于是，当父母回家之后，他会用咬人来向爸爸妈妈宣泄。

研究证明：强度刺激是引起咬人的最常见的因素之一，一个拥有安静的睡眠，并且睡眠充足的宝宝一般较少用牙齿咬人。让宝宝玩安静的游戏，保证他充足的睡眠可以平静宝宝的情绪，当他们有不满心理时，也不至于极端地采取咬人行为。而且当宝宝出现不满情绪时，可以用安静的游戏进行转移，让他们可以尽快忘记刚才的不快。

模仿别的小朋友

有时候宝宝咬人是一种社会性模仿。宝宝的好奇心总是特别强烈，当他们看到其他小朋友咬人时，会觉得是件很新奇的事，于是自己也会尝试着去咬人。由于这阶段的宝宝模仿能力特别强，就会导致群体中的咬人事件频繁发生。

这时候要明确告诉宝宝：咬人是一种很不好的行为，爸爸妈妈、老师和同伴都不喜欢，还会伤害到别人，应该对宝宝反复强调这种思想。当看到宝宝有咬人的倾向时，就要用话语或眼神严厉地制止，让他明白，爸爸妈妈不希望他这样做。

需要注意的是，如果发现宝宝习惯性咬人，还是请儿科医生加以诊断为好。有的幼儿是由于药物治疗引起情绪不稳，可以通过调整药物进行改善。

过度恋母怎么办

宝宝与妈妈的感情是与生俱来的，但有些宝宝对自己的妈妈有着深刻的依恋，看到妈妈笑的时候会笑得很开心，看不见妈妈的时候就情绪低沉。有些宝宝，甚至都不愿离开妈妈的怀抱一分钟，一看不到妈妈，就大哭大闹，就算是睡觉，也要紧紧地搂住妈妈的脖子才能安心入眠。

过度恋母不利于宝宝成长

过度恋母不利于宝宝的健康成长。妈妈若过分地溺爱宝宝，不积极地加强对宝宝自主能力的锻炼，也会加剧宝宝依赖妈妈的习惯，甚至导致心理障碍。

为了避免这种情况的发生，妈妈应该在宝宝具备足够自理能力的时候，逐渐训练宝宝的自我动手能力和独立的性格。

宝宝过度恋母怎么办

1 缩短相处时间

减少妈妈与宝宝相处的时间，让宝宝用更多的时间与爸爸、爷爷奶奶等人接触，比如，以前妈妈和宝宝在一起多达90%的时间，现在你可以抽出30%的时间给爸爸、30%的时间给其他人，让宝宝逐渐适应与其他人相处。

2 与家人同时照看宝宝

过度恋母一般发生在妈妈一个人照顾孩子的家庭，妈妈可以离宝宝远一点或做自己的事情，让他跟家人或保姆玩，但要让他看到你。

3 让宝宝接触更多的人

经常带宝宝到公园、游乐场、儿童乐园等人多的地方，把宝宝介绍给其他孩子和家长，让宝宝与别的孩子一起玩。

4 让宝宝学会与别人合作

妈妈可以把两个人的游戏设计为多人游戏，让孩子学会与别人合作。比如两个人的传接球游戏，可以设计为三人、四人传接球，让爸爸和其他人也参与进来。

妈妈不要觉得宝宝反正自己会玩，或者反正他睡着了，发现妈妈不在哭一下就好了，这会给宝宝带来不安全感，造成不能信赖妈妈的心理。

宝宝爱看电视怎么办

很多人对宝宝看电视这一观点持反对意见，怕对宝宝的视力有不良影响。其实只要方法正确，是可以适当地让宝宝看看电视的，而且看电视还有很多好处，可以发展宝宝的感知能力，培养注意力，防止怯生。5个月时，宝宝已有了一定的专注力，而且对图像、声音特别感兴趣。这时，不妨让宝宝看看电视。但是妈妈抱着宝宝看电视时要注意以下几个问题：

掌握时间

1 不宜在哺乳或快睡觉时给宝宝看电视。

2 宝宝看电视的时间不要超过10分钟。看完电视后用湿毛巾给宝宝洗个脸。

3 等到宝宝慢慢长大，可能会比较迷恋电视节目，妈妈要从小就养成宝宝定时定位看电视的好习惯，不要一味地迁就宝宝或把电视当保姆，这对宝宝的生长发育是非常有影响的。

看电视的环境

1 不要把照明灯都关闭，在电视机后方安上一盏小红灯，可起到保护视力的作用。

2 最好选择宝宝心情非常好，并且环境比较安全时跟宝宝一起看几分钟电视。

距离与音量

1 不要让宝宝离电视太近，宝宝和电视机的屏幕的距离至少要在2~3米，如果家里的电视大距离还要加远。

2 每次看电视可选择1~2个内容，声音不应过大，过于强烈，以使宝宝产生愉快情绪，而且不疲劳。

选择的节目内容

1 看电视时要选择画面稳定景色优美的节目给宝宝看，不要选择画面跳跃性强的节目。

2 看电视的内容要有选择，一般来说宝宝喜欢看图像变换较快、有声、有色、有图的电视节目，如儿童节目、动画片、动物世界，甚至一些广告节目等，这些电视内容都可作为宝宝看电视的内容。

宝宝讲脏话怎么应对

1~3岁的宝宝正处于模仿能力强的时候，有时听见大人不经意的一句脏话，他就会一直不停地重复；或者在外面听别的小朋友讲了脏话，觉得挺有意思的，也会不停地讲。宝宝讲脏话并不是不文明，他根本不明白脏话的意思，只是单纯觉得好玩，妈妈不必大惊小怪，只要处理得当，宝宝很快就能改正这个毛病。

1 不表现得过于激动。让大人发笑、生气或不安，是小孩子想拥有的一种强大力量。宝宝第一次说脏话或讲粗口时，可以态度平和地告诉他这是不对的。一定不要因为觉得可爱而大笑，也不要过于激动或愤怒，那样宝宝势必会把这当作正面的鼓励而重蹈覆辙。所以当宝宝第一次说脏话，不做任何反应才是最好的处理方法。

2 如果宝宝是因为语言能力有限，没有合适的替代词来表达强烈的愤怒或沮丧才说脏话的，鼓励他大声说“我生气了”或“我很烦”也许有帮助。

3 适度惩罚。对于较大的宝宝，如果在被警告了一两次之后还说粗话，那就该适度惩罚了。在宝宝说了脏话后，大人都不要理他，让他觉得没有意思；如果宝宝是因为想要什么东西而讲脏话，就不要让他得到想要的东西。

4 注意自己的言行。如果要求宝宝不说脏话，父母就首先要规范自己的言行，创造文明礼貌的家庭环境，用优美的语言环境来给宝宝以潜移默化的影响。

怎样巧妙化解宝宝的坏脾气

尖叫、打滚、扔东西、撞脑袋……随着宝宝一天天长大，脾气也跟着越来越大。为什么宝宝越来越爱发脾气，妈妈又如何见招拆招来化解他的小脾气呢?

宝宝为什么发脾气

宝宝发脾气主要是因为认知能力有限，他们有自己的主张，但是还没有能力判断自己的主张是否正确，也没有能力理解别人为什么会和自己不同，所以他们会变得非常愤怒。此外，他们的语言能力也有限，当别人不听他的时候，他更着急，脾气就更大。所以，从这个角度来看，孩子不会越大脾气也越长，相反，随着他们认知能力的发展，他们会更有能力表达、理解和控制。

巧招应对宝宝的脾气

1 排除疾病因素

当宝宝总是发脾气时，建议先带宝宝去医院看医生，排除疾病的可能。要注意观察，尽可能找出诱发的原因。

2 多和宝宝交谈，告诉他对待生气的方法

不管宝宝多大，父母都要养成跟他讲道理的习惯。这个过程中，不管宝宝如何闹腾，父母首先一定不要发脾气，也不要让步，更不要利用贿赂、打耳光或威胁等手段来对待宝宝的发脾气行为。

3 计时隔离，让宝宝自己冷静下来

当宝宝发脾气无法控制时，可以把他放在一个安全的房间里，告诉宝宝："我爱你。我知道你很生气，你可以在这里生完气再跟我一起玩。"如果在公共场所，要根据情况决定是留在原地，还是以最快的速度把他带离现场。

4 提供"生气玩具"发泄不良情绪

给宝宝买一面小鼓、一个充气怪物等作为"生气玩具"，当他生气的时候，他可以击打这些玩具来发泄自己的不满。也可以给他一个枕头，让他击打这个枕头来发泄自己的不满情绪。

5 一起尖叫，再诱导他恢复正常情绪

当宝宝尖叫哭闹时，父母可以在一旁以跟宝宝不同的方式尖叫："我很生气！"这时，他的注意力会被吸引过来，甚至开始模仿你。然后你尖叫几声以后再慢慢地降低音量，但是以更快速的方式说："我很生气！我很生气！"慢慢的，宝宝就会明白，表达生气的情绪不一定要用很高的音量。

6 适当让步，采取迂回政策改变宝宝

当宝宝发脾气时，父母一定要把握住自己的情绪，适当做出让步，切记要把握让步的幅度，让步不能过大，也不能过于频繁，否则，他很可能会养成用发脾气与你讨价还价的习惯。

7 转换心情，化解宝宝无法控制的小脾气

当宝宝大发脾气的时候，最好不要跟他硬碰硬，可以考虑让他做些别的事情，这样宝宝的注意力就会转移到别的事情上。

8 控制宝宝情绪，防止他受伤或者伤到别人

宝宝发脾气时，可能会在身体和情绪上完全失去控制，此时你一定要冷静，尽量抱住他，让他平静下来，以防他伤害自己或他人。

父母要尽量学会从宝宝的角度去看待问题，多给宝宝一些自由，或者指导他去决定一些比较重大的事情，这样，他的自信心得到提高，也会更好地成长，发脾气的机会也会得到相应的减少。

宝宝喜欢打人怎么办

宝宝喜欢打人并不表明宝宝喜欢暴力行为，而是在这个阶段，他的语言能力还没有跟上行为能力的发展，他只能用最直接的行动来表达情绪。理解宝宝的打人行为，但并不是说妈妈就可以放任宝宝打人，实际上，只要引导得当，宝宝的打人行为是可以纠正的。

1 立即制止打人行为。很多宝宝一而再、再而三地打人，以致发展到“屡禁不止”，往往是因为刚开始的几次“尝试”没有得到立即有效的制止。宝宝如同一张白纸，无意间写上“暴力”两个字，如果没有及时擦掉，就会越描越深、越画越重，无心之过反而成为一种恶习。

2 进行“冷处理”。不要选择以暴制暴的方法，那样只会树立一个坏榜样。有时，没有行动也是一种行动——“冷处理”的效果比简单的呵斥、打骂好。所谓“冷处理”，就是作为“惩罚”，在一段时间内全家人都不跟他说话，用肢体语言告诉他，刚才的表现让他不受大家欢迎了。

3 宝宝之间发生了矛盾，妈妈不要一味地责怪自己的宝宝或别人的宝宝，最好让宝宝们自己解决，自己不能解决时再帮助解决，教会宝宝明白是非观念。

父母不恰当的处理态度

第一次发现宝宝出现打人行为时，如果

父母处理不当，很有可能就会强化宝宝的这种行为。比如，当宝宝打人时，因为宝宝年龄小，大人往往觉得十分有趣，从而会大声哄笑，甚至认为这是宝宝智力发育的表现，而鼓励宝宝再来一个。殊不知，父母的这种反应就会给宝宝一种误导，会觉得这种行为是好的，是值得常做的，无形中强化了宝宝的攻击行为。

如何正确对待宝宝的顽劣行为

宝宝长大了，能力越来越强，但父母可能会发现宝宝越来越淘气，越来越顽劣了，有时候会让父母无从下手。多次制止之后，都没有效果，可能很多父母都采取了惩罚手段，比如打骂等。

宝宝顽劣的原因

顽劣的原因，可能是宝宝在跟父母开玩笑，可以看到当他的顽劣行为引起大人的激烈反应时，他会非常开心，对着父母的激烈反应哈哈大笑，这是宝宝的一种幽默感。这种行为常常让大人无奈又好笑。

顽劣还有另外一个原因是想要得到父母的关注。很多父母都习惯于在宝宝安静的时候，抽空去做些事，而当宝宝淘气的时候，就放下手上的工作，过来制止或呵斥宝宝，等宝宝停止了淘气行为，转身又去干别的事了。宝宝发现了这个规律，想要引起父母注意的时候，就会在父母转身之后，又开始淘气，亲子之间的拉锯让父母倍感劳累，就有了宝宝太过顽劣的印象。

对宝宝的顽劣，父母不要总是责怪，要尽量包容，只有包容才能仔细去分析原因，并解决问题。

宝宝顽劣不是绝对坏事

宝宝顽劣比较难管理，但并不一定就是坏事，因为顽劣的宝宝一般都精力旺盛、思维活跃，想象力也比较独特，探究的本领和成长的力量也更强，长大后行动力很强，在同伴中特别有感召力，具有一定的领导特质。

所以，面对宝宝的顽劣时，最好不要气急败坏、以惩罚了事，最好坦然接受这个事实，只有这样才可能不断尝试，从而找到最适合宝宝的教育方式。纠正宝宝顽劣行为的时候，要耐心，并多着眼于他的进步，即使宝宝有时候又犯错了，也不要随便给宝宝贴上消极的标签，更不要认为没救了而放弃他。要用发展的眼光看待他，尽力激发他的渴望。

顽劣的宝宝一旦内心的渴望被唤醒、激发，他们就会很快学会自律，潜力是不可估量的，比听话的宝宝进步要快得多。

如何对待顽劣宝宝

宝宝顽劣时，最好不要怒火冲天地打骂，打骂可能会增加宝宝的逆反情绪或者感觉压抑，也有可能抹杀宝宝的幽默感。关键是给予他足够的关注并在日常生活中多向宝宝灌输正确的做法。

首先，多跟宝宝玩，如果不能跟他玩，要交代清楚，自己要干什么，让他自己玩一会儿，过一会儿再来陪他。宝宝知道父母一会儿还会来跟他玩，就不会太急切地想要引起关注而做一些出格的事。

其次，对宝宝的顽劣行为不要太关注。宝宝顽劣，如果父母反应太过激烈，宝宝会感觉很好玩，进而一次次重复干。因此，对宝宝偶尔出现的顽劣行为可以视而不见，他觉得没意思也就不会再做了。

当宝宝能够听懂大人语言了，多用语言沟通，问问宝宝为什么要这么做，并告诉他正确的做法，比如要什么可以说，不要任性胡闹。